职业教育城市轨道交通专业教材

城市轨道交通车站设备
（第2版）

主　审　张　莹
主　编　吴　冰
副主编　张　亚　余雨婷

电子工业出版社
Publishing House of Electronics Industry
北京·BEIJING

内 容 简 介

本书为"职业教育城市轨道交通专业教材"之一，主要介绍城市轨道交通车站设备或系统的结构、使用、维修及故障处理等方面的技能型知识。本书分为9个项目，主要内容包括地铁车站消防系统、自动售检票系统、电扶梯系统、车站安全门系统、低压配电及照明系统、空调通风系统、给排水系统、机电设备控制系统。

本书以满足城市轨道交通实际工作岗位职业能力需求为基本出发点，依据城市轨道交通车站的典型工作任务，进行教学化处理，选取了具有代表性的37个任务，以便向学生传授相关设备的结构、工作原理等基本理论知识，并通过相关设备的正常操作、故障处理、检查巡视、定期检修等实操训练，培养学生的岗位技能和职业素养，以满足城市轨道交通行业对高素质、高技能型人才的迫切需求。

本书可作为职业院校的城市轨道交通专业及相关专业的教学用书，也可以作为城市轨道交通行业在职员工的参考资料和培训用书。

未经许可，不得以任何方式复制或抄袭本书之部分或全部内容。
版权所有，侵权必究。

图书在版编目（CIP）数据

城市轨道交通车站设备 / 吴冰主编. -- 2 版.
北京 : 电子工业出版社, 2024. 7. -- ISBN 978-7-121-48542-8

Ⅰ．U239.5

中国国家版本馆 CIP 数据核字第 2024XV8517 号

责任编辑：陈　虹
印　　刷：北京天宇星印刷厂
装　　订：北京天宇星印刷厂
出版发行：电子工业出版社
　　　　　北京市海淀区万寿路 173 信箱　邮编　100036
开　　本：787×1092　1/16　印张：12.25　字数：370.8 千字
版　　次：2011 年 9 月第 1 版
　　　　　2024 年 7 月第 2 版
印　　次：2024 年 7 月第 1 次印刷
定　　价：42.00 元

凡所购买电子工业出版社图书有缺损问题，请向购买书店调换。若书店售缺，请与本社发行部联系，联系及邮购电话：(010) 88254888，88258888。
质量投诉请发邮件至 zlts@phei.com.cn，盗版侵权举报请发邮件至 dbqq@phei.com.cn。
本书咨询联系方式：chitty@phei.com.cn。

序 Prologue

职业教育与普通教育具有同等重要的地位，且职业教育正在发挥越来越重要的作用。

对职业教育来说，基础知识十分重要，而基础知识包括通识基础、专业基础、技术技能基础等知识。在知识更新迅猛、技术日新月异的当今，大学生学习能力的培养远比知识技能教育更为重要，而素质教育则是重中之重。素质教育小则关乎个人的成长成才、成仁成功，大则关乎祖国的希望和民族的未来。

湖南铁道职业技术学院一直高度重视学生的素质教育，并为国家和地方经济社会建设培养了一大批高素质技术技能人才。经不完全统计，湖南铁道职业技术学院毕业生成长为"高铁工匠""铁路工匠"，获"火车头奖章"及全国、全路技术能手称号者约有125人。自湖南铁道职业技术学院立项为"中国特色高水平高职学校建设单位"以来，学校把学生的素质教育放在更加突出的位置，并着力构建"厚基础、重复合、强素养"的育人体系，重新修订专业人才培养方案，开展"主修专业+辅修专业"培养试点，组织实施《学生素质教育创新发展行动方案》。湖南铁道职业技术学院重构公共基础课程体系，优化确立专业课程群的内容和组织结构，加强模块化课程改革，增设"铁道概论""人工智能""幸福人生""跨文化交互"等特色素质教育课程，实施"湖南铁道大体美劳工程"，培养具有"家国情怀、宽广视野、阳光心态、火车头精神"的湖南铁道职业技术学院特质学生，致力为城市轨道交通行业和地方培养基础扎实、德技并修的发展型、复合型、创新型、国际化高素质技术技能人才。

教材是课程教学的重要支撑，是实施教学改革的重要载体。国家的新要求、产业的变革及教育教学的改革引领着教材的创新。湖南铁道职业技术学院组织公共课教师、专业课教师和企业兼职教师将时代主题融入教材，结合近年来公共和专业课程改革与实践，借鉴和汲取职业教育新理念与学科领域最新研究成果，编写了《大学语文》《应用数学》《信息技术》《大学生入学教育》《新时代大学生劳动教育》《大学体育与健康教程》《大学生心理健康教程》《大学美育》《大学生安全教育》等模块化公共课程系列教材。湖南铁道职业技术学院的轨道交通机车车辆学院2022年1月启动专业升级和数字化改造工程，推动《城市轨道交通车站设备》《城市轨道交通车辆电气设备》《轨道交通线路及站场》《轨道交通运输

服务礼仪》等专业平台课程新型教材建设工作,以期进一步推动课程革新,推进课堂改革,提升学生素养。

谨以此序,拉开湖南铁道职业技术学院课程改革的序幕,让更多的精品课程和教材精彩呈现,让广大学子从中获益。

前言 *Introduction*

城市轨道交通是现代城市公共交通的主要形式。城市轨道交通不仅具有安全、快捷、正点的特点，而且具有节能、省地、少污染等特点，可以满足日益增长的城市居民出行需求。城市轨道交通是一种节约资源、保护环境的城市公交系统，符合城市可持续发展原则。城市轨道交通种类繁多，有地铁、轻轨、有轨电车、单轨交通、市郊铁路、磁悬浮线路、机场联络铁路、全自动旅客捷运系统等。城市轨道交通运输设备是保障城市轨道交通正常运行的必需物质基础和技术基础。城市轨道交通运输设备包括城市轨道交通线路与站场设备、车辆、牵引供电系统、信号设备、通信设备和客运设备等。

本书作为"职业教育城市轨道交通专业教材"之一，是结合城市轨道交通职业岗位能力需求分析及专业人才培养方案进行编写的，涵盖城市轨道交通车站设备的全部内容。为适应职业教育的需要，编者在教学的形式和教学的内容方面都力求体现"工学结合"的当代职业教育新理念，紧跟城市轨道交通行业发展，尽量使教材内容保持一定先进性和新颖性。

本书分为9个项目：绪论、地铁车站消防系统、自动售检票系统、电扶梯系统、车站安全门系统、低压配电及照明系统、空调通风系统、给排水系统及机电设备控制系统。这9个项目又分为37个任务，全面介绍上述系统的基本组成、内部结构、工作原理，以及部分设备的操作运用和故障处理案例。其中，在介绍各系统时，都是以目前国内外新型城市轨道交通车站使用的新型设备为例进行介绍的，以保证知识的先进性。

本书在体例设计上突破了传统教材的编写模式，教材内容以"项目—任务"形式体现。本书大部分任务或实操案例均来源于真实的工作任务，只是根据教学需要做了必要的教学化处理，从而能体现"工学结合"的职业教育新理念。本书中的任务一般包含3个方面的内容：理论模块、实操模块和拓展模块。其中，理论模块介绍设备的结构、工作原理等理论知识，为完成实操模块中的工作任务做知识储备；实操模块是工作岗位中涉及本部分知识的具体工作任务，一般为设备的使用方法、操作步骤、故障处理等方面的真实案例；拓展模块则收集了一些与本任务相关的知识或最新技术、最新设备等资料，用于拓宽读者的知识面。每个任务不是全都包含以上3个模块，而是根据任务的具体情况对这些模块有所选择。

本书注重实用性，内容通俗易懂，融入和结合了城市轨道交通专业骨干教师和工程技

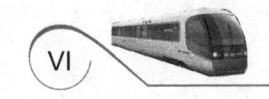

术人员多年的工作经验，采用"学中做，做中学"的方式，使学生的理论知识和职业技能都得到提高。

  本书由湖南铁道职业技术学院吴冰担任主编，张亚担任副主编，吴冰和张亚共同完成整本书的修订工作，湖南铁道职业技术学院张莹担任主审。本书在编写过程中得到了南车集团株洲电力机车有限公司、青岛四方机车车辆有限公司等许多城市轨道交通企业及专业人士的大力支持和帮助。在此，对他们表示衷心感谢！

  为了方便教师教学，本书还配有教学指南、电子教案及习题答案（电子版），请有此需要的教师登录华信教育资源网免费注册后再进行下载，有问题时请在华信教育资源网留言板留言或与电子工业出版社联系（E-mail: hxedu@phei.com.cn）。

  由于城市轨道交通正处于快速发展期，技术装备日新月异，各城市的轨道交通运输设备也都有各自的特点，资料收集很难达到齐全和最新，再加上编者水平所限，书中技术资料和数据肯定存在不足和差异，错误和疏漏在所难免，敬请读者谅解，并恳请读者批评指正。

编　者

目录 Contents

项目一　绪论　1

项目二　地铁车站消防系统　6
  任务一　FAS 的认知　7
  任务二　自动气体灭火系统的认知　16
  任务三　自动喷水灭火系统　19
  任务四　通过综合后备盘实现火灾时设备的紧急控制　21
  任务五　常用消防设备的使用　22
  任务六　消防设备的定期检查　25
  任务七　地铁车辆和车站发生火灾时的自救技巧　30

项目三　自动售检票系统　36
  任务一　地铁车票的认知　37
  任务二　自动售检票系统的认知　45
  任务三　自动售票机的使用　48
  任务四　半自动售/补票机的使用　54
  任务五　自动检票机的使用与维护　59

项目四　电扶梯系统　65
  任务一　曳引驱动电梯的使用与维护　66
  任务二　自动扶梯的操作与应急故障处理　72
  任务三　楼梯升降机的使用　76

项目五　车站安全门系统　80
  任务一　屏蔽门结构的认知　82

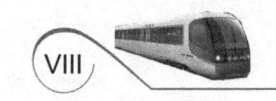

任务二　安全门结构的认知 …………………………………………………… 88
　　任务三　屏蔽门/安全门的控制/监视系统 ……………………………………… 91
　　任务四　屏蔽门/安全门的控制模式 …………………………………………… 97
　　任务五　屏蔽门/安全门常见故障处理 ………………………………………… 101
　　任务六　防淹门结构的认知 …………………………………………………… 102

项目六　低压配电及照明系统　　　　　　　　　　　　　　　107

　　任务一　低压配电系统的认知 ………………………………………………… 108
　　任务二　照明系统的认知 ……………………………………………………… 111
　　任务三　低压配电及照明系统的运行管理 …………………………………… 116
　　任务四　低压配电及照明系统的故障处理 …………………………………… 120

项目七　空调通风系统　　　　　　　　　　　　　　　　　　　123

　　任务一　通风系统的认知 ……………………………………………………… 124
　　任务二　空调系统的认知 ……………………………………………………… 129
　　任务三　空调水系统的认知 …………………………………………………… 133
　　任务四　空调通风系统的控制及运行管理 …………………………………… 143

项目八　给排水系统　　　　　　　　　　　　　　　　　　　　146

　　任务一　给排水系统的认知 …………………………………………………… 146
　　任务二　给排水系统的运行管理 ……………………………………………… 151
　　任务三　给排水系统设备的维修 ……………………………………………… 152
　　任务四　给排水系统的故障处理 ……………………………………………… 156

项目九　机电设备控制系统　　　　　　　　　　　　　　　　158

　　任务一　BAS 的认知 …………………………………………………………… 159
　　任务二　BAS 操作界面的使用 ………………………………………………… 165
　　任务三　BAS 对空调系统模式的控制 ………………………………………… 181
　　任务四　BAS 对广告照明系统模式的控制 …………………………………… 186

项目一 绪论

英国首都伦敦于 1863 年开通了世界上第一条长 6.4km 的地下铁道（简称地铁），时至今日，地铁在城市公共交通中起到了越来越重要的作用，在特大型城市更是如此。例如，北京、上海、莫斯科、东京、巴黎和伦敦等国际化大都市都拥有完善而高效的城市轨道交通网，在组织城市公共交通中发挥了重要作用。

车站是城市轨道交通运营系统中的重要组成部分。它既是城市轨道交通系统对外提供客运服务的窗口，又是城市轨道交通系统内部最主要的生产基地；既是城市轨道交通客运服务的起始点，也是客运服务的终止点；既是乘客上下车、换乘的场所，也是列车到发、通过、折返、临时停车的地点。

一、城市轨道交通车站的分类

（1）城市轨道交通车站按空间位置可分为地下车站、地面车站和高架车站。

（2）城市轨道交通车站按站台形式可分为岛式站台车站、侧式站台车站和岛侧混合式站台车站。

岛式站台车站：站台位于上、下行线路之间，如图 1-1 所示。

侧式站台车站：站台分别位于上、下行线路两侧，如图 1-2 所示。

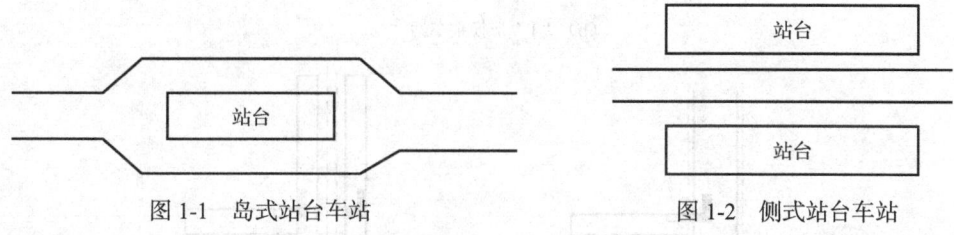

图 1-1　岛式站台车站　　　　　图 1-2　侧式站台车站

岛侧混合式站台车站：既有岛式站台车站，又有侧式站台车站，如图 1-3 所示。

（3）城市轨道交通车站按运营功能可分为终点车站、中间车站、换乘车站、区间车站（又称折返车站）和通勤车站。

（4）城市轨道交通车站按车站施工方法可分为明挖车站（又可分为浅埋式车站和深埋式车站）和暗挖车站。

（5）城市轨道交通车站按车站断面结构可分为矩形车站（又可分为单层矩形车站、双层矩形车站、多层矩形车站）、拱形车站（又可分为单拱车站、多跨连拱车站）、圆形车站

(又可分为正圆车站、椭圆车站)和马蹄形车站。

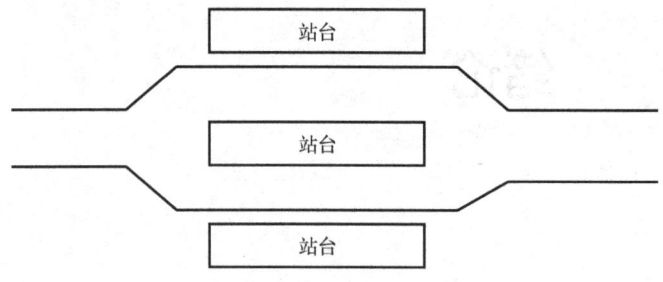

图 1-3　岛侧混合式站台车站

（6）城市轨道交通车站按换乘方式可分为"十"字形换乘车站、"L"形换乘车站、"T"形换乘车站，如图 1-4（a）～（c）所示。

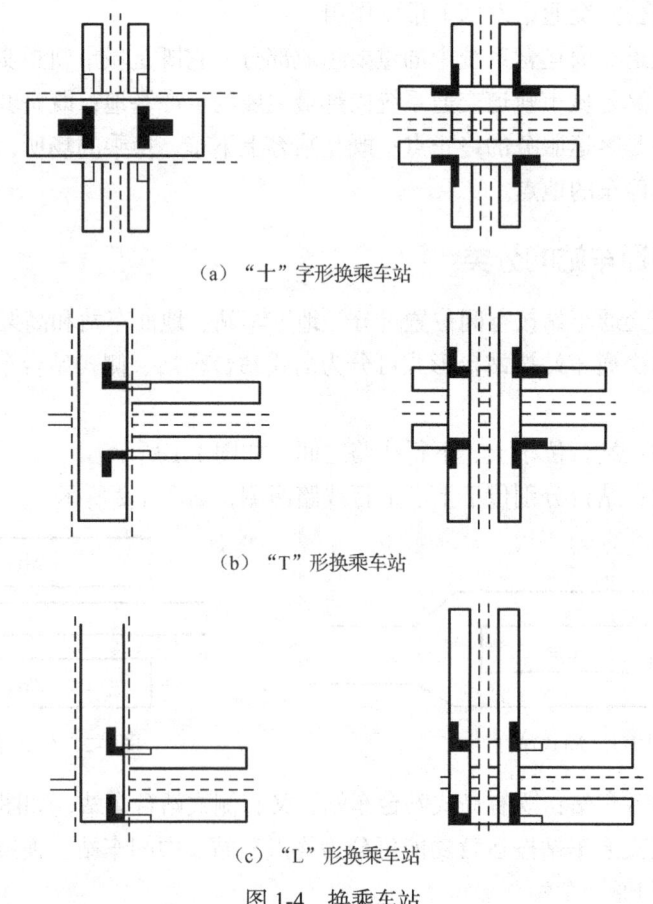

(a)　"十"字形换乘车站

(b)　"T"形换乘车站

(c)　"L"形换乘车站

图 1-4　换乘车站

二、城市轨道交通车站的组成

从服务的角度出发，大型城市轨道交通车站一般分为出入口、站厅和站台 3 个层次。其中，站厅包括售检票亭、车站控制室、技术设备房、车站生产用房等。

（1）出入口：用于吸引和疏解客流。出入口一般布置在街道交叉口，以便能大范围地吸引和疏解客流，如图1-5所示。

（2）站厅：主要用于售检票，一部分作为服务与控制设备的场所。站厅的布局方式主要取决于车站的售检票方式（人工或自动售检票）。一般站厅由自动检票机隔离成付费区和非付费区两大功能区。典型地下城市轨道交通车站中间站厅平面布置图如图1-6所示。

另外，为了便于乘客出行和购物，位于大型商场附近的地下城市轨道交通车站站厅通常会通过地下商业街直接通往购物商场，同时也用于多条线路的换乘。

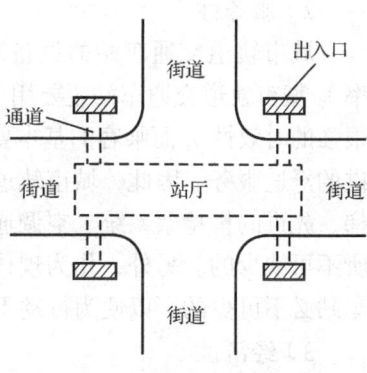

图1-5 出入口平面布置图

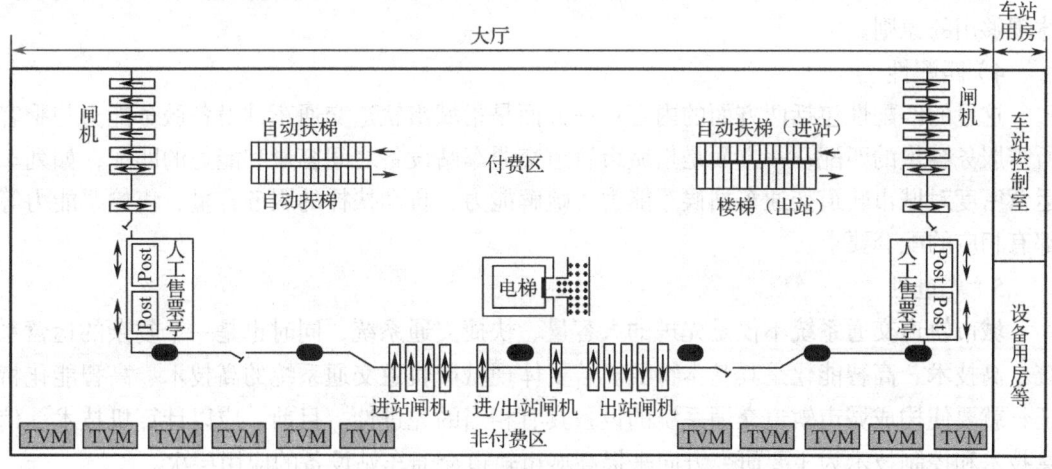

图1-6 典型地下城市轨道交通车站中间站厅平面布置图

（3）站台：是乘客上下车的平台，是分散客流的场地。

三、城市轨道交通车站的设计

1. 城市轨道交通车站的设备配置

对于城市轨道交通车站的设备配置，首先要满足面向乘客的服务要求；其次要考虑设备的能力匹配与经济性；最后要体现城市轨道交通在各类城市公共交通服务模式中的先进性，具体表现为以下几个方面。

1）安全性

与其他各类城市公共交通工具一样，城市轨道交通运营的安全性是最重要的。城市轨道交通车站的安全运营不仅要依靠严格而又科学的运营管理，还要依靠设备的可靠运行。对于城市轨道交通车站，不仅要严格把关所配置设备的安全可靠性，还要配置必要的应急设备，如城市轨道交通车站的供电系统必须配置必要的应急供电设备，以防万一。

2)服务性

城市轨道交通车站的设备配置要符合城市轨道交通车站服务的特点（短暂性和高频率）。城市轨道交通车站主要用于完成乘客在城市轨道交通车站服务系统中汇聚与疏解（有很强的时效性），而乘客的基本要求是在短暂的移动过程中充分享受城市轨道交通车站所提供的舒适服务。因此，城市轨道交通车站的设备配置首先要考虑的服务性问题，如自动扶梯、先进的售检票系统、空调通风系统等设备都是城市轨道交通车站完成其优质服务功能所不可缺少的。另外，作为现代文明城市的对外窗口，无障碍通行系统也是城市轨道交通车站必不可少的，以便为行动不便的乘客提供最大的出行方便。

3)经济性

由于城市轨道交通系统投资巨大，城市轨道交通车站所配置的设备既要满足乘客所需的服务要求，同时也要防止出现闲置。城市轨道交通车站的设备配置应在满足乘客乘降需求的前提下，本着提高设备利用率的原则，从设备的等级、规模、先进程度等方面出发，体现够用的原则。

4)匹配性

这里的匹配性包括两方面的内容：一方面是指城市轨道交通车站设备服务能力与乘客所需服务容量的匹配；一方面是指城市轨道交通车站设备之间容量和能力的匹配，如列车运营密度对城市轨道交通车站候车能力、疏解能力、自动扶梯的服务容量、售检票能力等都有相应的配套要求。

5)先进性

城市轨道交通系统不仅是先进的大容量、快捷交通系统，同时也是一个复杂的运营系统。高技术、高智能化是其基本特征。若要体现城市轨道交通系统的高技术、高智能化特征，就要使构成城市轨道交通系统的设备具有相当的先进性。目前，应以计算机技术、信息技术和控制技术为主要研究方向来提高城市轨道交通车站设备的应用层次。

2. 城市轨道交通车站的设计步骤

城市轨道交通车站的设计步骤如图 1-7 所示。

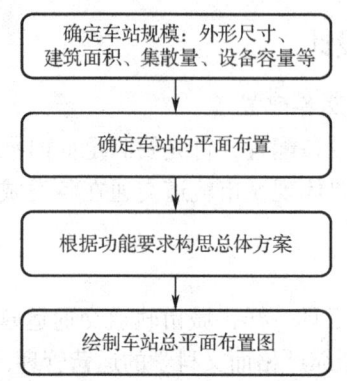

图 1-7　城市轨道交通车站的设计步骤

另外，城市轨道交通车站的设计除了要考虑自动扶梯、电梯、售票机、检票机、空调通风系统等这些主要服务设施外,还要考虑一些特殊设施,如车站消防设施、紧急疏散设施、无障碍通道、风亭等的设计,使城市轨道交通车站能够为所有乘客提供安全、可靠、便捷的服务。

 思考与练习

(1)试分析城市轨道交通车站在城市轨道交通系统中的作用和地位。
(2)试分析岛式站台车站和侧式站台车站的优缺点。
(3)试参照图1-6,设计一个高架车站平面布置图。

项目二 地铁车站消防系统

地铁被誉为城市交通运输中的"绿色"交通工具，与城市交通运输中的其他交通工具相比具有很多的优点。但是，地铁系统会存在一些缺陷，其中主要的是由火灾带来的安全隐患。据不完全统计，我国地铁自 1969 年至 2005 年，共发生 156 起火灾，其中重大火灾为 3 起，特大火灾为 1 起。2003 年的韩国大邱地铁火灾死亡 198 人的悲惨事件更是让人触目惊心。因此，在地铁系统内部设置全方位的、可靠的火灾报警系统及反应迅速的、灵敏的灭火系统具有重大意义。

地铁车站消防系统有火灾报警系统（Fire Alarm System，FAS）、自动气体灭火系统、机电设备控制系统、排烟系统及消防水系统等。当地铁车站发生火灾时，FAS 能够及时检测到火灾的发生及发生地点，并将这些信息传送给机电设备控制系统，由该系统向自动气体灭火系统、排烟系统和消防水系统发出控制指令，使这些设备协调工作，迅速有效地进行灭火工作。其中，排烟系统能将火灾发生时产生的大量浓烟排出地铁车站或隧道（详见项目七）；消防水系统提供灭火所需的水源（详见项目八），机电设备控制系统控制所有机电设备协调工作，进行灭火（详见项目九）。

本章将重点介绍 FAS 及自动气体灭火系统的有关知识。

学习目标

（1）了解 FAS 及自动气体灭火系统的功能。
（2）认识 FAS 及自动气体灭火系统的主要设备。
（3）掌握 FAS 及自动气体灭火系统的工作流程。
（4）能够对 FAS 及自动气体灭火系统的主要设备进行日常的检查维护。

学习任务

任务一：FAS 的认知
任务二：自动气体灭火系统的认知
任务三：自动喷水灭火系统
任务四：通过综合后备盘实现火灾时设备的紧急控制
任务五：常用消防设备的使用
任务六：消防设备的定期检查
任务七：地铁车辆和车站发生火灾时的自救技巧

教学建议

可在具有消防设施的场地开展理实一体化教学，或在具有FAS的仿真实训室进行仿真教学，或者先进行理论教学，再到地铁车站进行现场教学。

任务一　FAS的认知

FAS能够及时通过自动（各类探测器）或手动（手动报警器）的方式发现现场的火情并在FAS主机上进行报警；当相关人员对火势情况进行确认后，发出相关设备的联动指令，减小火灾造成的危害。

FAS分布在地铁的站厅、站台、一般设备用房和办公用房等位置，能监视地铁车站消防设备的运行状态，接收火灾探测器、手动火灾报警按钮等现场设备的报警信号并显示报警位置。FAS优先接收控制中心发出的消防救灾指令和安全疏散命令，并能在火灾发生时发出模式指令使机电设备控制系统转入火灾模式运行，实现消防联动。同时，FAS可通过事故广播系统和闭路电视系统组织疏散乘客，对自动气体灭火系统保护区域进行火灾监视，达到及早发现火灾，通报并发送火灾联动指令的作用。

【理论模块】

FAS由检测装置、控制器和执行装置三大部分组成，如图2-1所示。一般情况下，FAS的控制器包括一台集中火灾报警控制器和多台区域火灾报警控制器；FAS的检测装置包括火灾探测器、手动火灾报警按钮及报警开关等装置；FAS的执行装置包括火灾报警装置、排烟阀等装置。

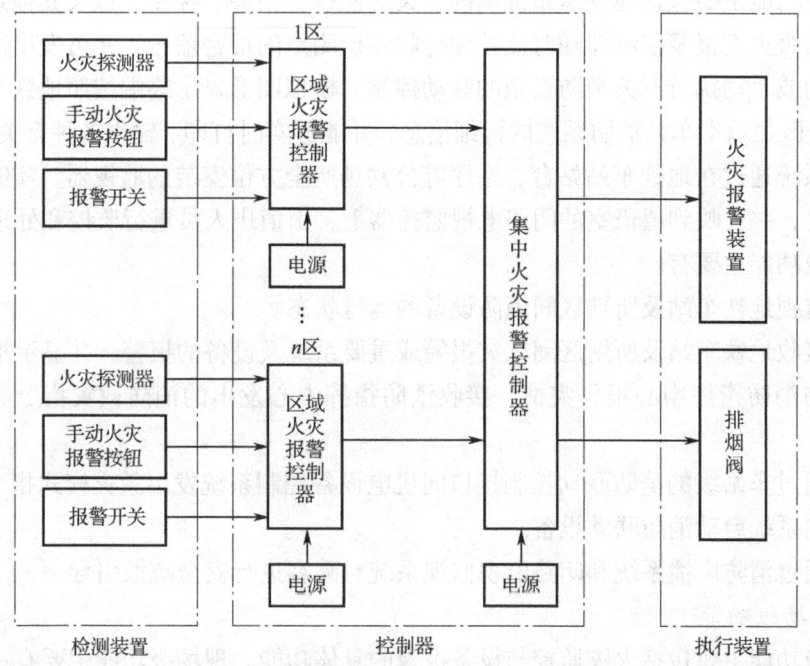

图2-1　FAS的组成

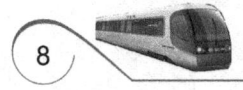

FAS 采用集中管理和分站管理的两级管理制度，并由中央级火灾自动报警系统和车站级火灾自动报警系统构成了两级控制模式，且中央级火灾自动报警系统和车站级火灾自动报警系统之间通过通信光缆连成环形网络，从而实现中央级火灾自动报警系统和车站级火灾自动报警系统的信息传递和指令传输功能。

一、系统功能

FAS 功能可分为中央级、车站级和现场级 3 个层次功能。

1. 中央级功能

中央级功能主要包括在地铁全线各车站、区间隧道、控制中心大楼、车辆段和主变电所等下属所有区域内火灾的监视、报警、控制及其他系统的消防联动，以及在火灾发生时地铁全线的灭火指挥。中央级功能主要有：

（1）接收、显示并储存地铁全线主要火灾报警设备的运行状态。

（2）接收由车站级设备传送的各探测点的火灾报警信号，显示报警部位及自动记录。

（3）自动和人工手动确认火灾报警。

（4）根据火灾发生的实际情况，自动选择预定的解决方案，向各消防控制室发出消防救灾指令和安全疏散命令。

（5）图形控制中心 PC 通过无线发射台及时向市消防局 119 无线报警台进行火灾报警，向消防部门通报火灾。

（6）接收主时钟的信息，使 FAS 的时钟与主时钟同步。

2. 车站级功能

车站级功能主要包括地铁车站范围内火灾的监视、报警、控制，以及其他系统的消防联动。车站级火灾报警控制器随时监控和接收各探测点的报警信号，并可发出声光报警信号；能自动或手动执行有关消防设施的联动控制。模拟图形显示终端按照地铁车站建筑平面分级、分区显示本车站消防系统的详细信息，并能够实时打印、输出各种有关数据报告。视频传输系统通过在地铁车站站台、站厅等公共场所全方位安装的监视器，实时收集站内的视频信息，并反映到值班室的闭路电视监控器上，由值班人员进行监控和处理。

车站级功能主要有：

（1）监视地铁车站及所辖区间消防设备的运行状态。

（2）接收地铁车站及所辖区间火灾报警或重要系统及设备的报警，并显示报警位置。

（3）向消防指挥中心报告灾情，接收消防指挥中心发出的消防救灾指令和安全疏散命令。

（4）通过车站级的消防联动控制接口向机电设备控制系统发出救灾模式指令，再由机电设备控制系统启动消防联动设备。

（5）通过消防广播系统和闭路电视监视系统对乘客进行安全疏散引导。

3. 现场级功能

现场级功能主要包括火灾监控与设备报警的具体功能。现场级功能主要有：

（1）通过火灾探测器对站内设备用房、站厅、站台公共场所等进行火灾自动探测。

（2）火灾现场人员通过手动报警器报警。手动报警器一般安装于站内公共区、设备用房及地铁车厢内。

（3）通过感温电缆实现站台和隧道内的火灾自动探测及报警。

（4）通过紧急电话插孔实现紧急报警。紧急电话插孔一般布置于站内公共区、设备用房的消防栓箱上，以及区间隧道和站内轨道外侧的消防栓箱上。

二、系统设备

FAS 的三级功能分别配有相应的设备，以实现其功能。

1. 中央级设备

中央级设备位于运行控制中心（Operation Control Center，OCC），包括两台用于监控地铁全线 FAS 的图形控制计算机和一台火灾报警控制主机。

两台图形控制计算机根据不同级别的登录密码，分为主图形控制计算机和备用图形控制计算机，分别用于监控管理操作终端和历史资料存档管理操作终端，可以以图形和文本两种方式处理事件，能对事件进行合理分类及筛选，并可以通过对事件存储文件的分析，了解事件的具体情况，便于分析事件发生的原因。

火灾报警控制主机负责接收并储存地铁全线消防设备主要运行状态，接收地铁全线车站、车辆段、主变电所等的火灾报警信息并显示报警位置。它接收的主要报警信息有火灾报警、监视报警、设备离线故障报警、网络故障报警等信息。它存储的信息包括各种报警信息及所有操作人员的各项操作记录等。其中，各项操作记录（如故障、设备维修、清洗等）都可以在图形控制计算机上进行在线编辑、分类检索（按车站、时间、设备类型、故障类型、报警类型分类），并输出至打印机或磁盘等进行历史档案管理。

2. 车站级设备

车站级设备用于监视车站消防设备的运行状态，接收车站火灾报警信号，并显示报警区域，优先接收运行控制中心发出的消防救灾指令和安全疏散命令，并通过车站的火灾报警控制盘的数据接口或消防联动控制盘上的手动控制按钮，向机电设备控制系统发出模式指令，再由该系统启动消防联动设备。

在有的车站级设备中，设有一套单独的火灾报警控制主机，其功能同运行控制中心的火灾报警控制主机类似，当有火灾发生时，可直接由其控制本车站的消防联动设备进入火灾工作模式。

车站级设备网络如图 2-2 所示。

由机电设备控制系统启动消防联动设备的车站 FAS 由 FAS 主机操作盘、图形控制计算机和 FAS 联动控制盘等组成，如图 2-3 所示。

地下车站 FAS 还配有气体灭火控制主机、自动气体灭火装置控制盘、气瓶等设备。地面或高架车站 FAS 则只配有消防水泵及消防栓等手动灭火装置。

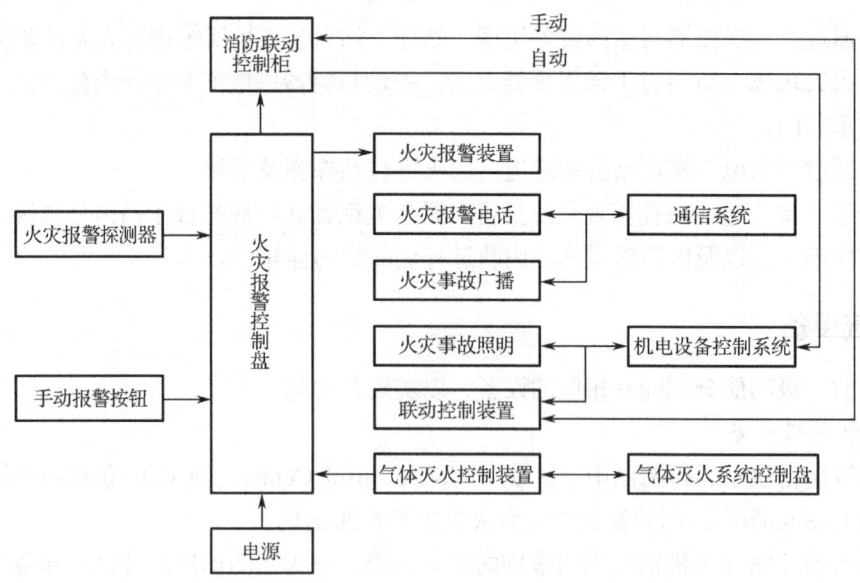

图 2-2　车站级设备网络

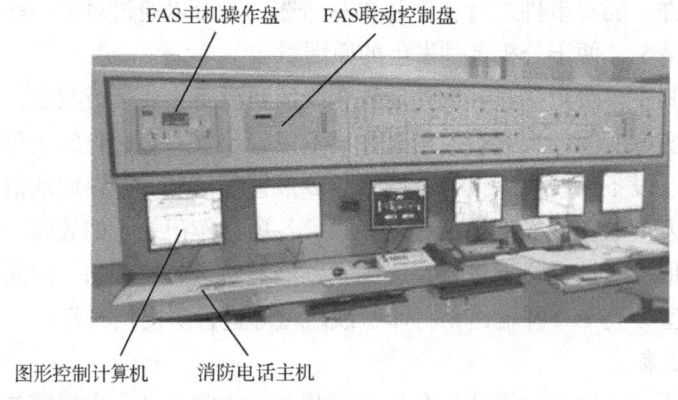

图 2-3　车站 FAS 的组成

下面以某城市地铁车站为例,对其消防设备做详细介绍。

1) FAS 主机操作盘

FAS 主机操作盘是先进的火灾报警设备,具有火灾声光报警、报警信息查询、设备状态信息查询、设备故障信息查询及设备屏蔽等功能。

FAS 主机操作盘由报警信息提示区、声光报警区、按键操作盘等几大部分组成,如图 2-4 所示。报警信息提示区如图 2-5 所示。按键操作盘如图 2-6 所示。

当 FAS 发现新的故障时,FAS 主机操作盘发出报警声音,同时"确认"键的指示灯闪烁,说明有新的情况出现。此时,信息显示及操作如下。

(1) 在按键操作盘上,"信息"键和"故障"键的指示灯会点亮;在报警信息提示区,可以读取相应的信息或故障。

(2) 单击图 2-4 中的"确认"键,对相应的信息或故障进行确认消音(消除报警声音)。

注：以上操作不需要密码。

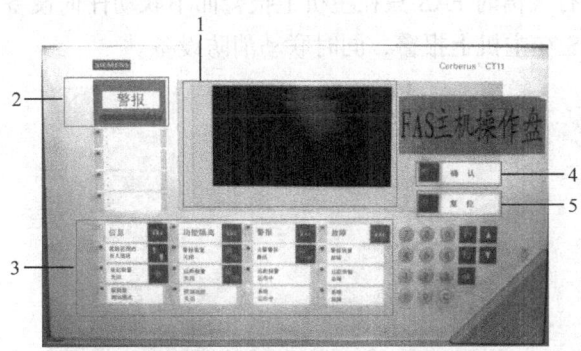
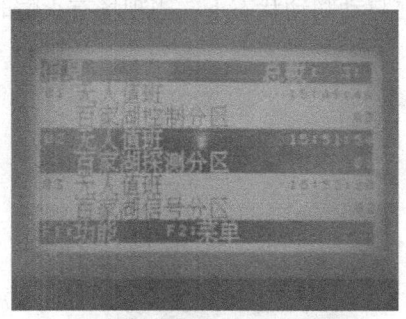

1—报警信息提示区；2—声光报警区；3—按键操作盘；
4—"确认"键及其指示灯；5—"复位"键及其指示灯

图 2-4 FAS 主机操作盘　　　　　　图 2-5 报警信息提示区

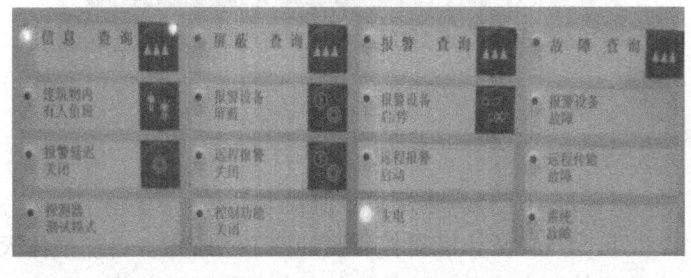

(a)　　　　　　　　　　　　　(b)

图 2-6 按键操作盘

2）图形控制计算机

车站的图形控制计算机的配置及功能与运行控制中心的图形控制计算机相同，但只监控本车站的 FAS。

3）FAS 联动控制盘

FAS 联动控制盘由一台控制器和一个信息数据打印口组成，如图 2-7 所示。FAS 联动控制盘的控制器如图 2-8 所示。

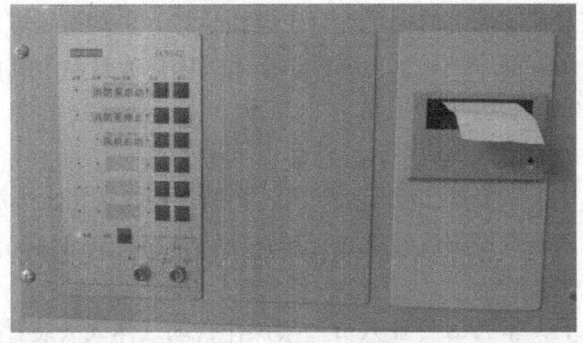

图 2-7 FAS 联动控制盘

FAS 联动状态分为手动联动状态和自动联动状态,并通过图 2-8(a)的右下方钥匙开关进行选择。在手动联动状态下,当现场有火情时 FAS 只在主机上报警而不联动任何设备;在自动联动状态下,当现场有火情时 FAS 在主机上报警,同时联动消防设备。

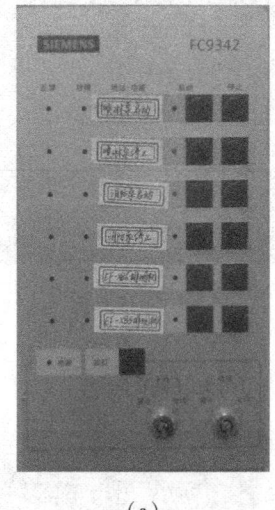

(a)

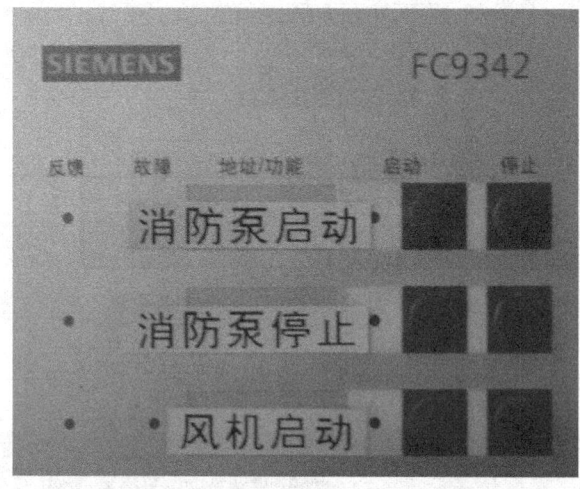

(b)

图 2-8　FAS 联动控制盘的控制器

4)自动气体灭火装置控制盘

自动气体灭火装置控制盘如图 2-9 所示。自动气体灭火装置控制盘安装于防护区门外侧,用于控制防护区内的气体灭火设备。

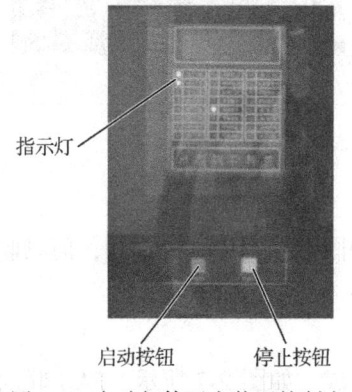

图 2-9　自动气体灭火装置控制盘

自动气体灭火装置控制盘下方有两个按钮:一个为"红色按钮",是手动启动自动气体灭火装置的启动按钮;一个为"绿色按钮",是手动停止自动气体灭火装置的停止按钮。如果按下启动按钮,经过一定的延时时间后自动气体灭火装置即可喷气灭火;但在延时时间(一般为 30~40s)内,如果按下停止按钮,即可紧急切断灭火信号,终止自动气体灭火装置的启动。

自动气体灭火装置控制盘上的指示灯有主电指示灯、手动指示灯、自动指示灯等。在正常情况下,所有指示灯都应该显示为绿色。指示灯闪烁或显示为红色表示出现故障或报警,此时应及时通知相关 FAS 专业人员。

自动气体灭火装置控制盘在使用时应注意以下事项。

(1)如果自动气体灭火装置已经开始喷气,则按下停止按钮也无法中止该装置喷气。

(2)自动气体灭火装置控制盘的盘面有易碎玻璃保护,紧急情况下可击碎该玻璃后操作启动按钮和停止按钮。

(3)在正常情况下,非 FAS 专业人员严禁操作自动气体灭火装置控制盘。

（4）当自动气体灭火装置在防护区内喷气时，严禁任何人进入防护区。

（5）当自动气体灭火装置在防护区内喷气后，非 FAS 专业人员严禁进行开门、复位、检查等操作。

3. 现场级设备

1）火灾探测器

火灾探测器是 FAS 的重要组成部分，如图 2-10 所示。它能够在火灾初期，将燃烧产生的烟雾、热和光辐射等转变成电信号，传输到火灾报警控制器，同时显示出火灾发生的位置，并记录火灾发生的时间。

（a）感烟探测器

（b）感温探测器

（c）感光探测器

图 2-10　火灾探测器

（1）感烟探测器。

感烟探测器是将探测部位的烟雾浓度转换为电信号以实现报警目的的一种器件。它对可见的或不可见的烟雾粒子都能够进行响应。

感烟探测器主要分为以下几种类型。

① 离子感烟探测器。

离子感烟探测器将局部空气变成电离状态，当烟粒子进入空气电离区域时，利用空气的导电性而发出警报。

② 光电感烟探测器。

光电感烟探测器是利用起火时产生的烟雾能够改变光的传播这一特性进行火灾探测的。光电感烟探测器如图 2-11 所示。

（a）JTY-GD-G3 型智能光电感烟探测器

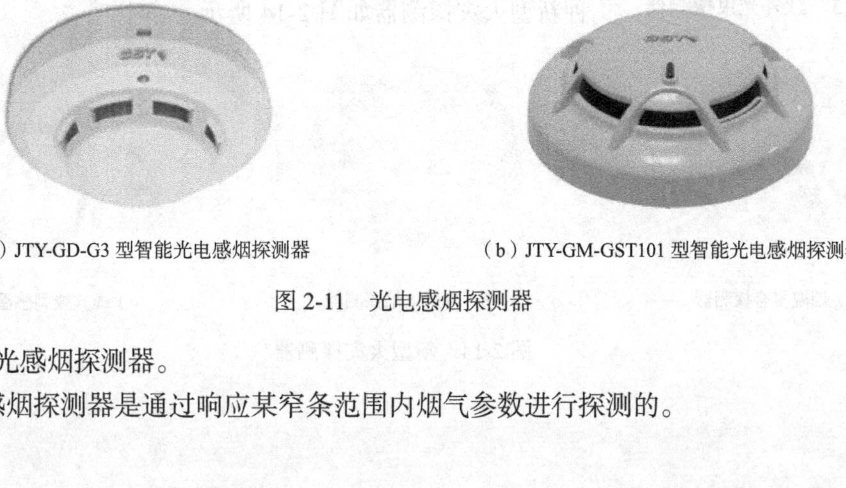

（b）JTY-GM-GST101 型智能光电感烟探测器

图 2-11　光电感烟探测器

③ 激光感烟探测器。

激光感烟探测器是通过响应某窄条范围内烟气参数进行探测的。

感烟探测器主要适宜安装在发生火灾后产生烟雾较大或容易产生阴燃的场所，不宜安装在平时烟雾较大或通风较好的场所。

（2）感温探测器。

感温探测器是对某点或某线路周围温度变化量进行响应的一种火灾探测器。它能将温度变化量转换为电信号以达到报警目的。

感温探测器的主要类型有定温式探测器、差温式探测器和差定温式探测器。差定温式探测器如图 2-12 所示。

（a）JTW-ZCD-G3N 型智能差定温式探测器

（b）JTW-ZOM-GST201 型智能差定温式探测器

图 2-12　差定温式探测器

感温探测器适宜安装在起火后产生烟雾较小的场所，不宜安装在平时温度较高的场所。

（3）红外光束探测器。

红外光束探测器如图 2-13 所示，是一种利用红外光束检测火灾防护区内的温度参数，从而进行火灾检测的一种火灾探测器。在城市轨道交通系统中，它一般用在车辆段的检修库和运用库内。红外光束探测器具有灰尘积累补偿功能。对于非火灾因素灰尘的自然累积，红外光束探测器可以通过灰尘积累补偿功能避免误报。

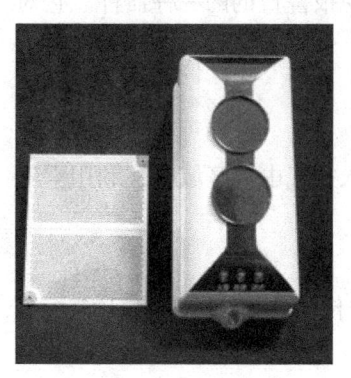

图 2-13　红外光束探测器

（4）其他类型火灾探测器。

随着技术的发展，火灾探测器的类型越来越多样化。几种新型火灾探测器如图 2-14 所示。

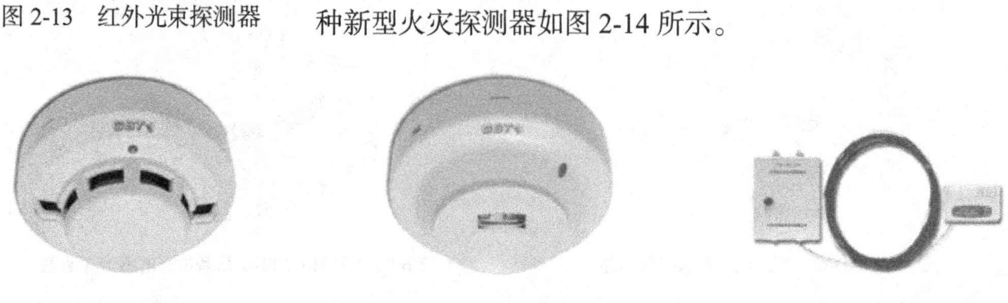

（a）烟温复合探测器

（b）紫外火焰探测器

（c）缆式线型感温探测器

图 2-14　新型火灾探测器

（5）火灾探测器设置要点。

火灾探测区域一般以独立的房间划分。火灾探测区域的每个房间内至少应设置一只火灾探测器；在敞开或封闭的楼梯间、消防电梯前室、走道、坡道、管道井、闷盖和夹层等场所都应单独划分火灾探测区域，并设置相应火灾探测器。火灾探测器的设置一般按火灾防护区的面积确定。每只火灾探测器的火灾防护区的面积和半径的确定要考虑房间高度、屋顶坡度和火灾探测器自身灵敏度3个主要因素的影响。

火灾探测器在正常工作时的干扰因素有粉尘、潮气、电磁场和高速气流等。排除这些干扰因素的主要方法如下。

（1）正确选择火灾探测器的类型。

（2）合理确定火灾探测器的安装位置。

（3）合理规范火灾探测器的布线。

2）气瓶

用于自动气体灭火的气瓶如图2-15所示。气瓶存放于车站气瓶间内，并由气瓶间外的自动气体灭火装置控制盘进行控制。在自动气体灭火装置控制盘自动控制气瓶开启无效的情况下，也可手动开启气瓶。

（a）消防气瓶

（b）电磁气瓶

图2-15 气瓶

3）手动报警按钮

车辆段和高架站的消防栓附近，一般设有手动报警按钮，如图2-16所示。发现火情的现场人员通过手动报警按钮向车站控制室发出火灾信号，然后通过车站控制室的火灾报警控制盘发出命令到消防栓泵控制箱，从而启动相应消防栓泵。

手动报警按钮一般设置在消防栓箱附近的墙体上，其底部距地高度为1.3～1.5m。为防止误动作，一般采用玻璃罩罩起手动报警按钮。当发生火灾时，将这个玻璃罩敲碎，按下手动报警按钮进行报警。

4）警铃

在 FAS 中，用以发出火灾报警信号的装置称为火灾报警装置。警铃是用声音传播火灾报警信号的一种电气设备，属火灾报警装置中的一种，如图 2-17 所示。

图 2-16　手动报警按钮

图 2-17　警铃

为防止火灾发生时地铁乘客的惊慌，地铁车站一般不设警铃。非地铁车站的相关建筑，如运行控制中心、集中冷站、主变电站及车辆段等场所应设置警铃。警铃大部分安装于建筑物的公共空间部分，如走廊、大厅等。

警铃由火灾报警控制盘的电源进行供电，由控制模块进行控制。当发生火警并确认后，由火灾报警控制盘发出命令至控制模块，控制模块动作，继电器触点闭合，警铃得电鸣响。当需要消除警铃声时，按下火灾报警控制盘上的"消音"键，可使控制模块复位，继电器触点断开，警铃失电停止鸣响。

任务二　自动气体灭火系统的认知

【理论模块】

一、自动灭火系统

自动灭火系统是指根据 FAS 或机电设备控制系统的指令，自动控制相关的消防设备和固定式灭火装置进行联动灭火的一套自动化系统。

自动灭火系统配备所需的固定式灭火装置主要有喷洒水设备、消防栓设备、卤化物灭火设备、室外消防栓、消防泵和管路电动阀等设备。根据不同的自动灭火系统，应配置不同的固定式灭火装置。消防栓设备具有使用方便、来源广泛、灭火效果好、价格便宜和适用范围广等特点，是目前建筑物中最基本的灭火设施。

根据灭火材料的不同，自动灭火系统分为自动喷水灭火系统、自动气体灭火系统和自动干粉灭火系统等类型。

自动喷水灭火系统在火灾初期可进行自动喷水灭火，具有用水量少、灭火成功率高、损失小、无人员伤亡、反应灵敏和灭火迅速等优点，但其成本高。

自动干粉灭火系统具有灭火历时短、效率高、绝缘好、灭火后损失小、不怕冻、不用水、可长期储存的特点。

与前两种自动灭火系统相比,自动气体灭火系统具有事后处理工作量小、控制火势蔓延效果好等优点,但其成本较高,并可能对大气造成污染和对人体造成危害。随着技术的不断进步,自动气体灭火系统采用的气体逐渐改进为无害气体,又由于其突出的优点,在城市轨道交通系统车站得到广泛应用。下面就对自动气体灭火系统进行详细介绍。

二、自动气体灭火系统

自动气体灭火系统布置在重要的设备房,如高低压室、通信设备室、环控电控室、信号设备室等,能实现火警信号采集、系统信息处理、声光报警控制、信息报告、相关环控设备联动控制和气体释放全过程自动控制。其控制方式一般有自动控制、电气式的手动控制和机械操作控制三种。目前,应用到地铁项目中的全自动气体灭火系统绝大部分是以卤代烷(如1301、FM200、烟烙尽等)和二氧化碳(CO_2)气体作为灭火材料的。

下面介绍以烟烙尽为主要灭火材料的卤代烷灭火系统(以下简称烟烙尽系统)。

烟烙尽系统的主要设备包括灭火剂容器、瓶头阀、启动阀、启动瓶、选择阀、喷头、液体单向阀、气体单向阀、管道及管道组件(如高压软管)、探测器、自动灭火检测控制箱等,如图2-18所示。

图2-18 烟烙尽系统的主要设备

烟烙尽是一种完全自然组态的气体材料,由52%氮气(N_2)、40%氩气(Ar)和8%二氧化碳(CO_2)三种气体混合而成,密度略大于空气。由于烟烙尽是三种自然界气体的混合物,因此可以将其释放到自然界中。烟烙尽是一种无毒、无色、无味及不导电的纯"绿色"环保气体,属于清洁气体灭火剂。

【实操模块】

[实训任务]

烟烙尽系统的使用。

[实训目的]

会对烟烙尽系统进行开启和急停操作。

[实训要求]

（1）熟悉烟烙尽系统的设备。

（2）掌握烟烙尽系统的开启和急停操作方法。

[实训环境]

具有烟烙尽系统的模拟仿真实训室或地铁车站。

[实训指导]

下面介绍烟烙尽系统的启动和急停操作方法。

1. 烟烙尽系统的启动操作

按下自动气体灭火装置控制盘上的启动按钮，如图 2-9 所示，FAS 主机操作盘上应出现声、光报警信号并显示出事地点，自动气体灭火装置控制盘动作，引起如下联动。

（1）在火灾防护区内，蜂鸣器开始鸣叫，闪光灯发出闪光。

（2）自动气体灭火装置控制盘输出火警信号至中央级消防报警系统总控制盘。

（3）无延时直接启动气瓶，烟烙尽系统开始向防护区内喷射烟烙尽气体。

（4）安装在气体输送管道上的压力开关动作，同时输出信号至消防报警系统总控制盘。

2. 烟烙尽系统的急停操作

在自动控制时，如发现烟烙尽系统误动作，或确有火灾发生但仅使用手提式灭火器或其他移动式灭火设备即可扑灭火灾，则在按下自动气体灭火装置控制盘上的启动按钮到烟烙尽系统开始喷射烟烙尽气体的延时时间内按下自动气体灭火装置控制盘上的停止按钮，可使烟烙尽系统暂时停止释放药剂。

注：在对烟烙尽系统进行急停操作时，必须持久按下自动气体灭火装置控制盘上的停止按钮，直至烟烙尽系统复位！

3. 气瓶的控制

用于自动气体灭火系统中的气瓶，由气瓶间外部的自动气体灭火装置控制盘进行控制。按下自动气体灭火装置控制盘上的启动按钮，可控制气瓶间气瓶的开启，进行喷气灭火。但在按下自动气体灭火装置控制盘上的启动按钮到气瓶开始喷射烟烙尽气体的延时时间内，可通过按下自动气体灭火装置控制盘上的手动停止按钮，紧急切断控制信号，终止气瓶的启动。

在自动气体灭火装置控制盘自动控制气瓶开启无效的情况下，需要到相应的气瓶间找到相应的气瓶，手动拔除其电磁瓶头阀上的止动簧片，压下手柄，从而打开电磁瓶头阀，进行手动开启气瓶。

在手动开启气瓶前，应确保以下几点。

（1）能够找到需要手动开启的气瓶。

（2）火灾防护区内没人，且防火门关闭。

（3）联动设备已进入防排烟工作模式。

任务三　自动喷水灭火系统

自动喷水灭火系统是一种在火灾情况下，能自动启动喷头洒水，以保障人身和生命财产安全的控火、灭火系统。它由洒水喷头、报警阀组、水流报警装置（水流指示器或压力开关），以及管道、供水设施等组成。

自动喷水灭火系统是目前世界上使用最广泛的固定式灭火系统，特别适用于高层建筑等火灾危险性较大的建筑物中，具备其他灭火系统无法比拟的优点，如安全可靠、经济实用、控火效率高。

依照采用的喷头类型，自动喷水灭火系统可分为两类：闭式自动喷水灭火系统（采用闭式洒水喷头）和开式自动喷水灭火系统（采用开式洒水喷头）。

闭式自动喷水灭火系统又分为湿式自动喷水灭火系统、干式自动喷水灭火系统、预作用自动喷水灭火系统、重复启闭预作用自动喷水灭火系统、自动喷水—泡沫联用自动喷水灭火系统。

开式自动喷水灭火系统可分为水幕系统、雨淋系统和水雾系统。

下面重点介绍湿式和干式两种闭式自动喷水灭火系统。

一、湿式自动喷水灭火系统

湿式自动喷水灭火系统主要由闭式喷头、管道、湿式报警阀、报警装置和供水设备等组成。

湿式自动喷水灭火系统原理如图2-19所示。其中，延迟器起到克服水压波动引起的误报警；截止阀为试警铃阀，用于切断水力警铃声，平时为打开状态；闸阀为总控制阀门；截止阀放水阀用于在系统检修时，放空系统中的全部水。当火灾发生时，火灾探测器感知火灾，进行自动报警；同时，闭式喷头内的热敏元件在高温作用下动作，带动水流指示器动作，并将该动作信号传入火灾报警控制箱内，使湿式报警阀动作，压力水通过截止阀和过滤器进入延迟器，使水力警铃及压力开关动作。火灾报警控制箱根据压力开关及水流指示器动作信号或消防水箱的水位信号，自动启动消防泵向管道加压供水，以保证系统持续自动喷水灭火。

湿式自动喷水灭火系统具有结构简单，使用方便、可靠，便于施工，容易管理，灭火速度快，控火效率高，比较经济，适用范围广等优点。由于湿式自动喷水灭火系统管道中充有压力水，易发生管道渗漏，从而损毁建筑，因此该系统适用的环境温度为4~70℃。

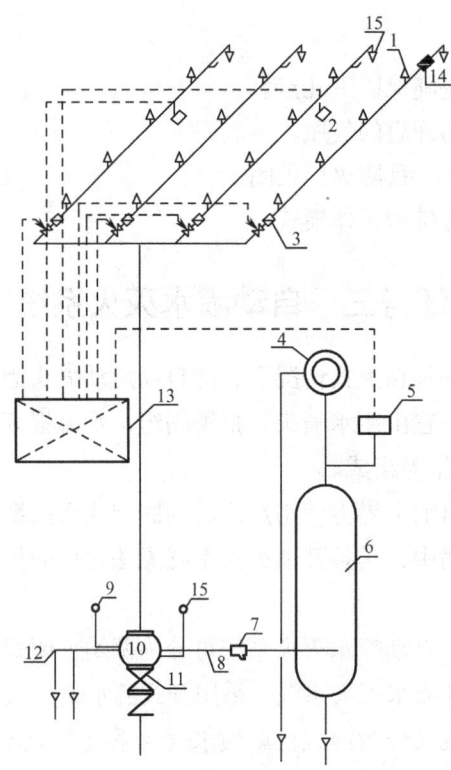

1—闭式喷头；2—火灾探测器；3—水流指示器；4—水力警铃；5—压力开关；6—延迟器；7—过滤器；
8—截止阀；9—压力表；10—湿式报警阀；11—闸阀；12—放水阀；13—火灾报警控制箱；
14—电磁阀和末端试验装置；15—排水漏斗（或排水管）

图 2-19　湿式自动喷水灭火系统原理

二、干式自动喷水灭火系统

干式自动喷水灭火系统与湿式自动喷水灭火系统类似，只是控制阀的结构和作用原理不同。通过设置干式控制阀将配水管道与供水管道隔开。配水管道中平时充满着压力气体用于系统启动。当发生火灾时，干式自动喷水灭火系统的闭式喷头首先喷出气体，致使配水管道内压力降低，供水管道中的压力水打开控制阀而进入配水管道，并从闭式喷头喷出灭火。

干式自动喷水灭火系统由闭式喷头、管道、干式报警阀、报警装置、充气设备、排气设备和供水设备等组成。

干式自动喷水灭火系统多增设了一套充气设备，导致一次性投资高、平时管理较复杂，灭火速度较慢，但因其干式报警阀后的管道内无水，故可避免冻结和水汽化等问题。因此，干式自动喷水灭火系统不受环境温度的制约，可适用于环境温度高于 70℃或低于 4℃的场所。

三、注意事项

在使用自动喷水灭火系统时，要注意以下事项。

（1）检查并确保自动喷水灭火系统的总控制阀阀门处于全开状态。

（2）查清喷水楼层和部位。
（3）检查供水压力和水源，必要时启动消防泵供水。
（4）确认火灾被扑灭后，立即停止供水，以减小不必要的损失。
（5）检查火灾区域内喷头，更换已经动作的喷头和明显受损的喷头，使自动喷水灭火系统恢复正常状态。
（6）若整个消防系统为联动控制，当发生火灾时，自动喷水灭火系统需要根据联动控制指令，能够控制喷淋泵的启动和停止，监视水流指示器、压力开关的动作信号，监视检修用的碟阀的开启或关闭信号。

任务四　通过综合后备盘实现火灾时设备的紧急控制

综合后备盘（Integrated Backup Panel，IBP）位于车控室操作台上，用于火灾时对车站机电设备控制系统中各设备进行紧急操作。下面分别介绍车站火灾综合后备盘和隧道火灾综合后备盘。

一、车站火灾综合后备盘

车站火灾综合后备盘如图 2-20 所示。

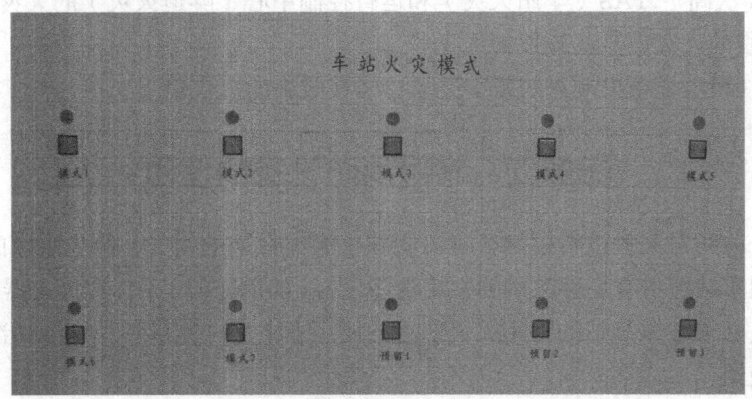

图 2-20　车站火灾综合后备盘

车站火灾综合后备盘为不带锁但带指示灯的按钮盘。其中，按钮为带指示灯可自锁的按钮，且每个按钮表示一种车站火灾通风模式。

当按下某个按钮后，该按钮将不会自行弹起，且该按钮指示灯亮。此时，机电设备控制系统将按照该按钮代表的车站火灾通风模式动作，并启动相应的通风系统设备。

当再次按下该按钮后，该按钮弹起，且该按钮指示灯熄灭。此时，机电设备控制系统复位，停止执行相应的车站火灾通风模式。

二、隧道火灾综合后备盘

隧道火灾综合后备盘为不带锁但带指示灯的按钮盘。其中，按钮为带指示灯可自锁的按钮，且每个按钮表示一种隧道火灾通风模式。

当按下某个按钮后，该按钮将不会自行弹起，且该按钮指示灯亮。此时，机电设备控制系统将按照该按钮代表的隧道火灾通风模式动作，并启动相应的通风系统设备。

当再次按下该按钮后，该按钮弹起，且该按钮指示灯熄灭。此时，机电设备控制系统复位，停止执行相应的隧道火灾通风模式。

三、注意事项

（1）车站火灾综合后备盘和隧道火灾综合后备盘的按钮均无锁，且综合后备盘为优先级最高的输入设备，一旦按下综合后备盘的按钮，机电设备控制系统将立即执行相应的动作模式。因此，不得随意按下综合后备盘的按钮。

（2）根据同一时间只发生一次火灾的设计原则，车站火灾综合后备盘和隧道火灾综合后备盘在同一时间内只能有一个按钮被按下。如果有两个或更多的按钮均被按下，机电设备控制系统将只接受最先按下的按钮的指令。

（3）由于机电设备控制系统可能会接收到来自 FAS、运行控制中心、综合后备盘的火灾信号，按照同一时间只发生一次火灾的设计原则，对火灾信号的处理优先级如下。

① 1级（最高）：综合后备盘（包括车站和隧道火灾）的火灾信号。
② 2级（次高）：FAS（车站火灾）和运行控制中心（隧道火灾）的火灾信号。
③ 同级别的火灾信号，先发的优先。
④ 只有在机电设备控制系统复位之后，才接收新的火灾信号。

任务五　常用消防设备的使用

为在第一时间对火势进行控制，尽可能减小火灾带来的损失，减少乘客的安全隐患，城市轨道交通车站配备有足够数量的常用消防设备，如消防栓、手提式灭火器等，如图2-21所示。站务员必须掌握车站的常用灭火装置的使用方法，并能够根据实际情况进行器材的选取及正确使用。

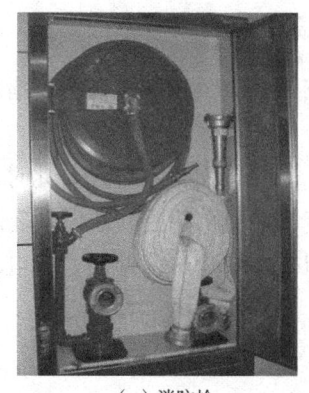　

（a）消防栓　　　　　　　　（b）手提式灭火器

图2-21　常用消防设备

项目二 地铁车站消防系统

【实操模块】

[实训任务]

消防栓和灭火器的使用。

[实训目的]

会使用消防栓和灭火器。

[实训要求]

（1）熟悉消防栓和灭火器的结构。

（2）掌握消防栓和灭火器的使用方法。

[实训环境]

适合消防栓和灭火器使用的教学场地。

[实训指导]

1. 消防栓的使用

消防栓的使用步骤如下。

（1）如图2-22（a）所示，打开消防栓。

（2）如图2-22（b）所示，抛开水带。

（3）如图2-22（c）所示，接上水枪。

（4）如图2-22（d）所示，连接水源。

（5）如图2-22（e）所示，手握水枪头及水管，打开水阀门，即可灭火。

注意：如遇到电器火灾，应先断电再灭火。

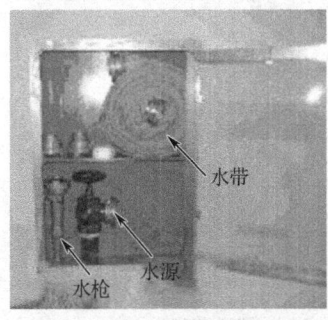
（a）打开消防栓

（c）接上水枪

（d）连接水源

（e）打开水阀门

图2-22 消防栓的使用步骤

2. 灭火器的使用

常用的灭火器有干粉灭火器、二氧化碳灭火器和泡沫灭火器，如图 2-23 所示。

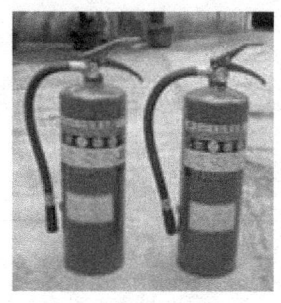

（1）干粉灭火器

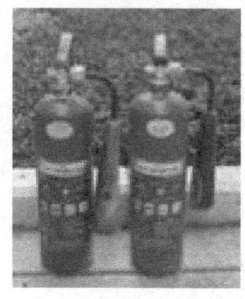

（2）二氧化碳灭火器

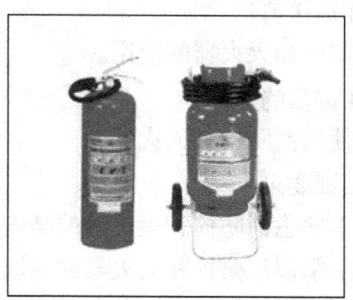

（3）泡沫灭火器

图 2-23 常用灭火器

灭火器的使用步骤如下。

（1）如图 2-24（a）所示，右手拖压把，左手拖灭火器底部，轻轻地取下灭火器。

（2）如图 2-24（b）所示，除掉铅封。

（3）如图 2-24（c）所示，拔掉保险销。

（4）如图 2-24（d）所示，左手握着喷管，右手提着压把。

（5）如图 2-24（e）所示，在距离火焰 2m 的地方，右手用力压下压把，左手拿着喷管左右摆动，喷射干粉并将其覆盖整个燃烧区。

（a）取下灭火器

（b）除掉铅封

（c）拔掉保险销

（d）左手握着喷管，右手提压把

（e）喷射干粉

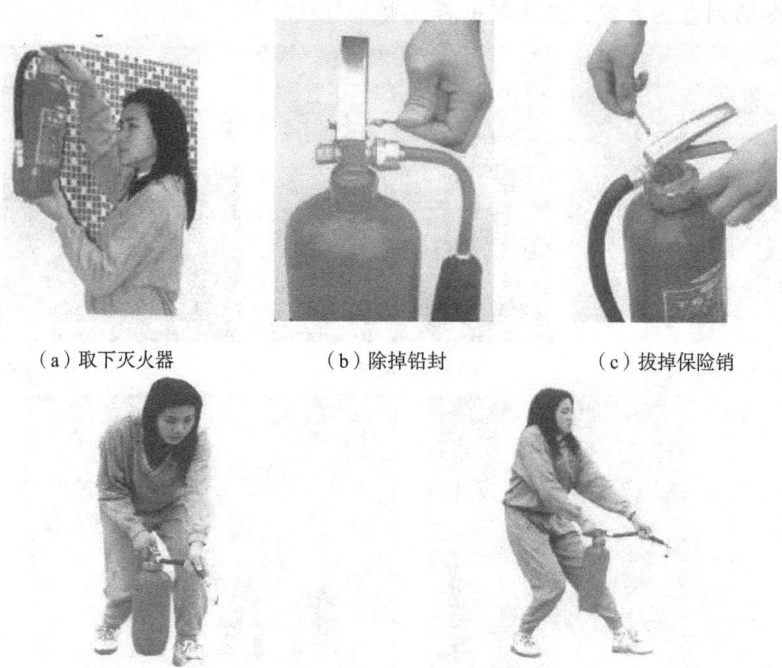

图 2-24 灭火器的使用步骤

任务六 消防设备的定期检查

本任务所指的消防设备包括消防器材和消防设施。

消防器材是指灭火器、干沙箱、防毒面具等器材。消防设施是指建筑物内的火灾自动报警系统、自动喷水灭火系统、水幕系统、防火门、防火卷帘、室内消防栓、室外消防栓、高位水箱、水泵接合器、警铃、消防应急灯（如图 2-25 所示），以及消防安全标志等。其中，消防安全标志是指与消防有关的文字、图案等。安全出口标志如图 2-26 所示。

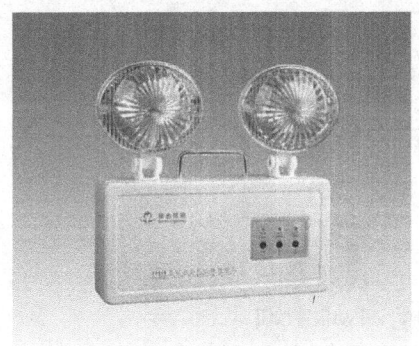
图 2-25 消防应急灯

图 2-26 安全出口标志

消防器材和消防设施的使用和管理有严格的规定。例如，必须由专职人员对消防器材和消防设施的使用情况进行日常巡检；按照消防器材和消防设施的性能要求，每日、每季度或每年进行一次检查；对达不到标准的消防器材和消防设施及时更换或维修。

下面详细介绍各种消防器材和消防设施的定期检查项目和内容。

一、FAS 的定期检查

FAS 的设备如图 2-27 所示。

1. 每日检查

对 FAS 的每日检查应检查集中报警控制器和区域报警控制器的功能，包括自检和巡检，可通过搬动报警控制器上的自检、巡检开关来检查其功能是否正常。对于没有自检、巡检开关的报警控制器，也可以通过给一只探测器加烟（或加温）使探测器报警的方法，来检查报警控制器的功能是否正常。如果发现报警控制器的功能不正常，应在日登记表中记录并及时处理。

2. 每季度试验和检查

对 FAS 的每季度试验和检查如下。

（1）按生产厂家说明书的要求，使用专用加烟（或加温）等试验器分期、分批试验探测器的动作是否正常，确认灯显示是否清晰。若在试验中发现有故障或失效的探测器，应及时将其拆换。

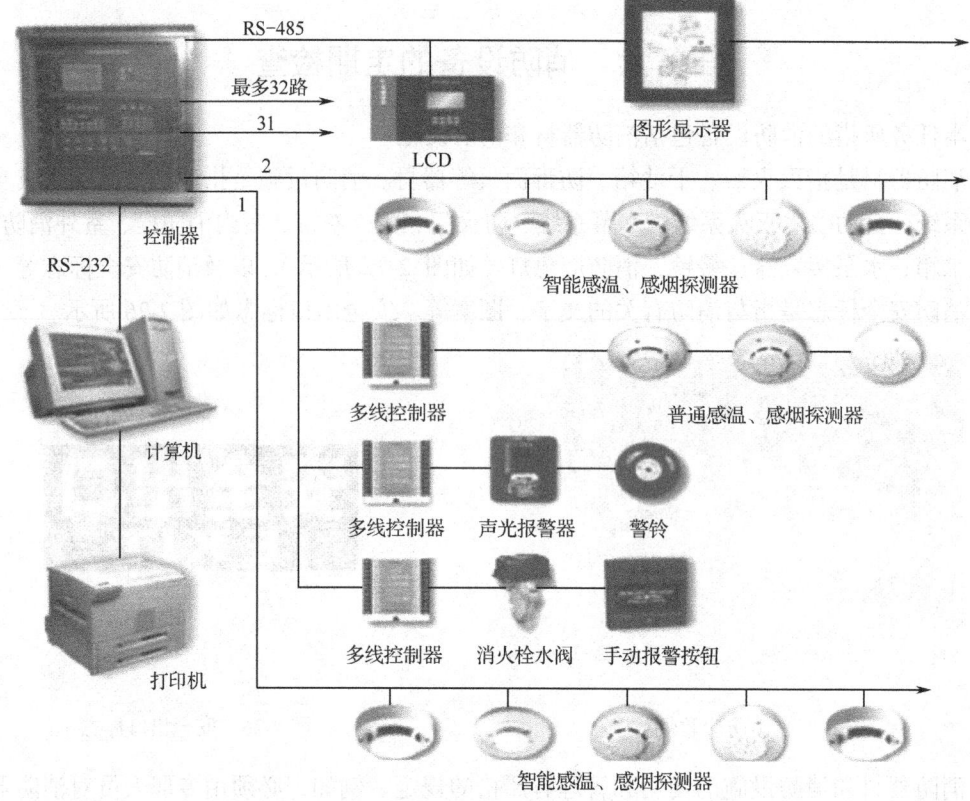

图 2-27 FAS 的设备

（2）检验火灾自动报警装置的声、光显示是否正常。在实际操作试验时，可一次对全部火灾自动报警装置进行试验，也可对部分火灾自动报警装置进行试验，但在试验前一定要做好妥善安排，以防止不应有的恐慌和混乱。

（3）应试验自动喷水灭火系统管道上的水流指示器、压力开关等电动报警装置的报警功能、信号显示是否正常。

（4）对备用电源进行 1~2 次充放电试验，1~3 次主电源和备用电源自动转换试验，以检查其功能是否正常。具体试验方法：切断主电源，查看是否自动转换到备用电源供电，备用电源指示灯是否亮起，4h 后，再接通主电源，查看是否自动转换到主电源供电，再检查一下备用电源是否正常充电。

（5）对于有联动控制功能的系统，应自动或手动检查其控制功能是否正常。

（6）应进行强制消防电梯停首层试验。如果条件许可，可对客梯和货梯切除外选，接通内选，进行一次强制停首层试验。

（7）对于消防通信设备，应对与消防控制室连接的所有电话进行通话试验，且要求通话畅通，语音清楚。

（8）检查所有的手动、自动转换开关，如检查电源转换开关，灭火转换开关，防烟、防火门转换开关，警报转换开关，应急照明转换开关等是否正常。

（9）进行强制切除非消防电源功能试验。

（10）检查备件、专用工具及加烟、加温试验器等是否齐备并处于安全无损、适当保护状态。

（11）直观检查所有消防用电设备的动力线、控制线、报警信号传输线、接地线、接线盒及设备等是否处于安全无损状态。

（12）巡视检查探测器、手动报警按钮和指示装置有无缺漏、脱落和丢失，其位置是否准确，每个探测器的下方及周围各方向、手动报警按钮的周围是否留出规定的空白空间。

（13）可燃气体探测器应按生产厂家说明书的要求进行试验和检查。

3. 年度检查试验

应对 FAS 的功能进行全面年度检查试验，并填写年检登记表。

二、自动喷水灭火系统的定期检查

自动喷水灭火系统的结构如图 2-28 所示。

1. 日常检查

自动喷水灭火系统在使用中，应每日进行以下检查。

（1）检查水源的水量和水压。

（2）检查消防泵动力。消防泵应每天运转一次。当消防泵采用自动控制时，应模拟自动控制参数对其进行启动运转，且每次运转 5min。

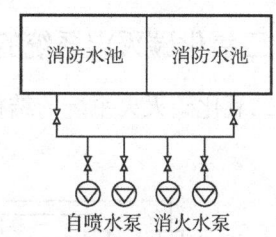

图 2-28　自动喷水灭火系统的结构

（3）检查报警阀各部件的工作状态。每天对一切供水总控制阀、报警控制阀及配件进行外观检查，以保证系统处于无故障状态。

（4）检查自动充气装置（如气压水罐、增压水灌等）的工作状态。

2. 定期检查

除日常检查外，还应每月对自动喷水灭火系统进行一次定期检查。

（1）每月检查一次喷头外观，要求喷头尤其是感温元器件部分的外表清洁；对于喷头上的轻质粉尘，可用空气将其吹除或用软布将其擦净；对于含有污垢的喷头，应将其分批拆换，集中清理，但不能用酸碱溶液或热水洗擦。

（2）每月检查一次室外阀门井中的报警控制阀，保证报警控制阀阀门处于开启状态。对报警控制阀进行开阀试验，观察其阀门开启性能和密封性能，以及水力警铃、延迟器的性能。此试验可通过末端装置进行。如发现报警控制阀阀门开启不通畅或密封不严，可拆开报警控制阀阀门检查，视情况调换阀瓣密封件。对安装的压力表要定期检验。

（3）检查自动喷水灭火系统管道有无腐蚀、渗漏。应定期排空、冲洗湿式自动喷水灭火系统管道。对于水雾系统管道中的过滤装置，应定期清扫。如果发现自动喷水灭火系统管道中有沉积物，应对其进行冲洗。

（4）每月检查一次储存消防用水的水池、水箱，核对其水位。检查消防泵的启动、吸水、流量和扬程，若发现消防泵出现故障，应及时对其进行修理。利用报警控制阀旁的泄放实验阀进行一次供水试验，以检验自动喷水灭火系统供水能力。

（5）每月检查一次水泵接合器的接口及其部件，保证水泵接合器的接口完好、无渗漏且有闷盖。

（6）每月对水流指示器试验一次，通过末端装置实验阀排水，以检查水流指示器能否及时报警。

（7）检查火灾探测报警装置和压力开关的工作状态。如果发现它们出现故障，应及时将其调换或检修。

3．年度检查

（1）每两年应对储水设备维修一次，对其进行修补和重新油漆。

（2）每两年应对消防水泵解体维修一次。

（3）每年应对自动喷水灭火系统进行一次可靠性评价，并对该系统的施工验收、日常管理维护、修理情况进行总结。

三、二氧化碳灭火系统的定期检查

二氧化碳灭火系统的结构如图 2-29 所示。

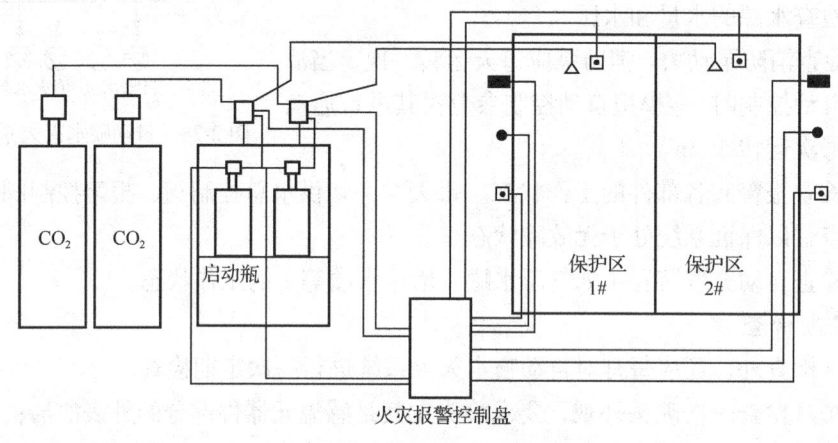

图 2-29　二氧化碳灭火系统的结构

为了使二氧化碳灭火系统保持良好的状态，在发生火灾时能够迅速、有效地投入使用，必须根据规定的使用要求对其进行常规检查，以及定期检查、保养。

1．常规检查

必须由培训过的专职或兼职人员负责对二氧化碳灭火系统每周进行一次常规检查。

（1）检查储气瓶室内是否有潮湿或阳光直射的现象。在冬季和夏季时，还应检查储气瓶室内温度是否符合规定。

（2）检查启动瓶上的压力表指针是否处于正常位置，判断依据如下：

若启动瓶内储存的是氮气，则每年启动瓶内部压力降低值不得大于其 200℃时额定充装压力的 10%；若启动瓶内储存的是二氧化碳，则每年启动瓶泄漏量不得大于其额定充装量的 5%。

（3）检查管道是否有松脱、损坏和严重腐蚀的地方。

（4）检查阀门、控制器等零部件是否完好无损，全部旋钮、开关是否调定到正常位置。

（5）检查电源指示灯是否常亮，备用电源是否可靠。

（6）检查火灾防护区，特别是火灾探测器的清洁卫生状况，以及喷头是否畅通。如果喷头装有罩膜，还应检查该罩膜是否完好。

2. 定期检查、保养

二氧化碳灭火系统应每年至少检修一次，其中自动检测报警系统应每半年至少检查一次。

四、室内消防栓系统定期检查

室内消防栓系统的结构如图 2-30 所示。

对于室内消防栓系统，应每半年至少进行一次全面检查、维修，其具体检查要求如下。

（1）消防栓和消防卷盘供水闸阀不应有渗漏现象。

（2）消防水枪、水带、消防卷盘及全部附件应齐全良好，且消防卷盘应转动灵活。

（3）报警按钮、指示灯及控制电路功能正常，无故障。

（4）对于消防栓箱及箱内装配的消防部件，应无破损，涂层无脱落，箱门玻璃完好无缺，并应保持清洁、干燥，以防止被锈蚀和其他损坏。

（5）消防栓、供水阀门及消防卷盘等所有转动部位应定期加注润滑油。

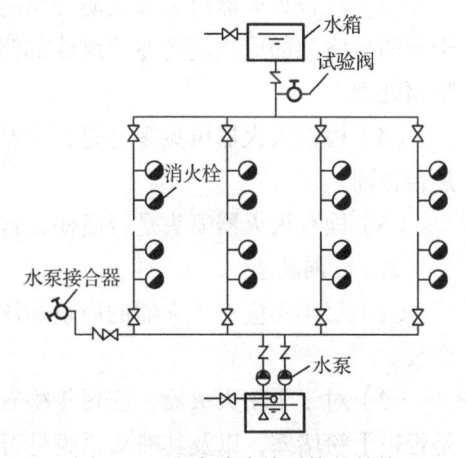

图 2-30 室内消防栓系统的结构

五、消防安全疏散设施的定期检查

消防安全疏散设施包括疏散通道、安全出口、疏散楼梯、疏散门、防火卷帘门、疏散指示标志、应急照明灯等。应按照有关规范配备相应数量的消防安全疏散设施，并建档管理。

（1）每日对安全疏散设施进行巡查，发现有以下问题之一的，应立即整改。

① 占用疏散通道。

② 堵塞安全出口。

③ 锁闭疏散门。

④ 在疏散楼梯上堆放物品。

⑤ 破坏、覆盖、挪用疏散指示标志、应急照明灯。

（2）每月对疏散指示标志和应急照明灯的性能进行检查，若发现其损坏，应及时对其进行更换或维修。

（3）每月对疏散门和防火卷帘门的开启情况进行检查，若发现其开启不灵活、闭门器

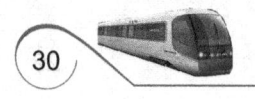

损坏等故障,应及时对其进行维修。

(4)每月进行一次电源切换试验,以检测疏散指示标志和应急照明灯是否完好。

六、灭火器的定期检查

每日应对灭火器进行检查,确保其始终处于完好状态。

1. 外观检查

(1)检查灭火器铅封是否完好。若灭火器已经开启,即使它的灭火剂喷出不多,也必须按规定要求对其进行灭火剂再充装,且充装后应对其进行密封试验并牢固铅封。

(2)检查灭火器压力表指针是否在绿色区域,若该指针在红色区域,应查明原因,并在检修后对灭火器重新进行灌装。

(3)检查灭火器可见部位防腐层的完好程度,对于有轻度脱落的应及时将其补好;对于有明显腐蚀的应送消防专业维修部门对其进行耐压试验,且在耐压试验合格后对其进行防腐处理。

(4)检查灭火器可见零件是否完整,有无变形、松动、锈蚀(如压杆)和损坏,装配是否合理。

(5)检查灭火器喷头是否通畅,若堵塞应及时对其进行疏通。

2. 定期检查

(1)每半年应对灭火器的质量和压力进行一次彻底检查,并应及时对其进行灭火剂的充装。

(2)对于干粉灭火器,应每年检查一次其出粉管、进气管、喷管、喷头和喷枪等部分是否被干粉堵塞,以及其喷头罩膜是否破裂,其筒体内干粉是否结块。

(3)灭火器一般应每5年进行一次水压试验。对于化学泡沫灭火器,应在其充装灭火剂两年后,每年进行一次水压试验。灭火器只有在水压试验合格后,方可继续使用,并标注检查日期。

(4)检查灭火器放置环境及放置位置是否符合设计要求,以及灭火器保护措施是否正常。

任务七 地铁车辆和车站发生火灾时的自救技巧

想一想:当地铁车辆和车站发生火灾时,乘客该如何及时被疏散并进行自救呢?

对于地铁车站,大多通过挖掘的方法获得建筑空间,且隧道外围是土壤和岩石;只有内部空间而没有外部空间,且仅有与地面连接的通道作为出入口,不像地面建筑有门、窗可与大气连通。因此,当地铁车辆和车站在地下发生火灾时,救援是非常困难的。当地铁车站的站厅或站台发生火灾时,站厅和站台的工作人员应该以保护乘客生命安全为第一要务,疏散乘客并根据火灾现场情况运用消防设备控制火势。在疏散乘客时,要注意根据火势用广播提示引导乘客,避免造成乘客慌乱,发生拥挤和踩踏现象。

地铁车辆和车站发生火灾时的自救小知识如图 2-31 所示。

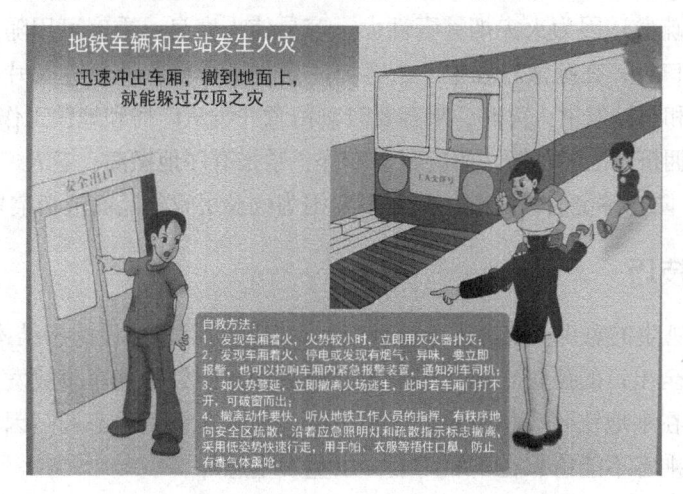

图 2-31　地铁车辆和车站发生火灾时的自救小知识

应急小贴士

当发生火灾时，一定要保持沉着冷静！

【理论模块】

一、火灾特殊性

与地面建筑自然采光相比，地铁隧道完全靠人工照明，采光效果差很多。当地铁车辆和车站发生火灾时，人工照明的正常工作电源往往被烧断，只能靠应急照明灯和疏散指示标志提供微弱的照明；会产生大量浓烟；人只有往上逃到地面上才算是安全的，也就是说，人员的逃生方向与烟气的自然扩散方向是一样的，但烟的扩散速度一般比人的行动快，人员疏散很困难。

总之，地铁车辆和车站发生火灾的突出特点有排烟散热差，人员疏散困难，火情探测和扑救困难。

二、发生火灾时逃生遵循的原则

（1）在地铁行驶中遇险时，切勿破窗、跳车。

在处理突发事件时，列车司机会根据实际情况，尽可能将列车开到前方车站处理，通常只需 1.5min 就能到达下一个车站，而火灾逃生有 3～5min 的黄金时间。

当地铁车辆和车站发生火灾时，需要及时将险情清楚地报告给列车司机；在列车运行期间，乘客千万不要做出拉门、破窗、跳车等危险行为。

（2）必须听从指挥，有序撤离。

当地铁车辆和车站发生火灾时，若列车在隧道内无法运行，需要在隧道内疏散乘客，则乘客必须听从地铁工作人员引导，通过车头或车尾疏散门进入隧道，运行控制中心及地

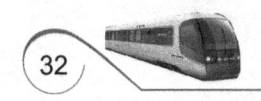

铁工作人员会根据列车所在区间位置、火灾位置、风向等综合因素确定疏散方向，并迅速通知乘客，组织疏散；因为火灾烟雾毒性大，容易使人窒息，乘客可用随身携带的口罩、手帕或衣角捂住口鼻；在疏散过程中，乘客要注意脚下异物，严禁进入另一条隧道。

当地铁车辆和车站发生火灾时，乘客要时刻留意并听从广播和地铁工作人员引导，千万不要盲目地相互拥挤，乱冲乱撞，而应沉着冷静、紧张有序地撤离；老人、妇女、孩子撤离时尽量"溜边"，防止摔倒后被踩踏；乘客不要因为顾及贵重物品而浪费宝贵的逃生时间。

三、火灾逃生技巧

首先，要有逃生的意识。乘客进入地铁后，一定要对其内部设施和结构布局进行观察，熟记疏散通道安全出口的位置。地铁车辆车厢两头和车门处是撞车事故发生时容易受损的部位，所以乘客在乘地铁时应尽量靠近车厢中部。地铁车辆两边车厢门因停站需要经常变换开启方向，故乘客不能倚靠在车厢门上，以免发生意外。

其次，灭火与逃生相结合。当发现火情后，应首先报警，然后寻找附近的灭火器材进行灭火，力求把初期火灾控制在最小范围内，并采取一切可能的措施将火扑灭。若行进的地铁车辆车厢内着火，应一边组织灭火，一边将社会弱势群体先行疏散至别的车厢。若初期火灾扑救失败，应及时关闭车厢门，防止火势蔓延，赢得逃生时间。地铁工作人员一旦接到火灾报警，要立即展开应急措施，开启应急照明和排烟设备，迅速排出烟雾，以降低火场温度，提高火场能见度。

【实操模块】

[实训任务]

制定地铁车辆和车站发生火灾的应急处理预案。

[实训目的]

掌握地铁车辆和车站发生火灾时的紧急处理方法。

[实训要求]

（1）了解地铁车辆和车站发生火灾的危险性。

（2）制定一套合理的应急处理预案。

[实训环境]

地铁车站现场。

[实训指导]

1. 地铁车辆着火的处理方案

在地铁车辆车厢内，由于空间封闭，人员众多且疏散较为困难，在发生火灾时，最好能进行早期扑救。在地铁车辆车厢内，通常设有紧急报警装置和灭火器，可在火灾初期起到重要作用。

当地铁车辆发生火灾时，可按以下步骤进行自救。

1）按下紧急报警按钮报告火情

乘客在发现车厢起火时应立刻按动车厢内的紧急报警按钮，如图2-32所示，及时报告

火情。通常紧急报警装置位于车厢上方或右侧。当按下紧急报警按钮后向列车司机报告火情时，切记要告诉列车司机起火位置（车厢内还是车厢外，列车中部、尾部还是前部）及火势大小。同时，可拨打 119 火警电话进行报警。

2）利用车厢内的灭火器进行灭火自救

当火势不大时，应先利用车厢内的灭火器进行及时灭火，争取把火灾消灭在萌芽状态。

车厢内的灭火器通常放置在车厢中部座位下，及车厢连接处，并有明显的消防标志，如图 2-33 所示。

图 2-32　按下紧急报警按钮　　　　图 2-33　地铁车厢内的灭火器

小型灭火器的使用方法较为简单，步骤如下。

（1）打开座椅下的金属盖板或车厢端部的灭火器柜门，打开灭火器固定扣，取出灭火器。

（2）除掉铅封。

（3）拔掉保险销。

（4）站在距离火焰 2m 处，喷管对准火焰根部或冒烟部位，压下灭火器手把。

3）及时撤离火灾现场

如果火势蔓延无法扑灭，乘客应先行疏散到安全车厢；如果列车无法运行，需要在隧道内疏散乘客，此时乘客必须在地铁工作人员引导下，有序通过车头或车尾疏散门进入隧道，按照地铁工作人员指导的方向从隧道逃生，且在逃生时注意不要触及隧道壁电线，以免触电，如图 2-34 所示。当乘客被疏散至站台时，应打开屏蔽门，从站台逃生。屏蔽门内侧通常设有紧急解锁按钮，扳动该按钮即可打开屏蔽门。

2. 地铁车站着火的处理预案

当发现地铁车站发生较大火灾时，可按以下步骤进行自救。

1）通过火警报警器进行报警

一般在地铁车站的站台墙上都设有火警报警器，如图 2-35 所示，当发现火灾时，在火警报警器附近的人员首先应立刻击碎火警报警器的玻璃，按下其按钮进行报警，或利用火警电话插孔直接向地铁工作人员报告。

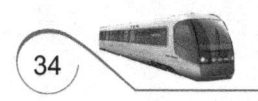

图 2-34 通过车头或车尾疏散门进入隧道

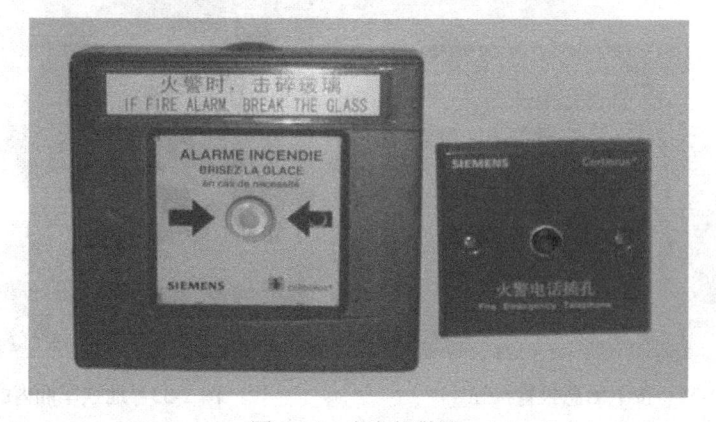

图 2-35 火灾报警器

2）捂住口鼻贴近地面迅速撤离现场

在有浓烟的情况下，捂住口鼻，采用低姿势撤离，如图 2-36 所示。如果烟味太呛，可用矿泉水、饮料等润湿布块捂住口鼻，贴近地面撤离，但不要匍匐前进。当视线不清时，可用衣物包裹手掌，用手扶墙壁撤离。身上着火千万不要奔跑，可就地打滚或用厚重的衣物压灭火苗。

图 2-36 捂住口鼻贴近地面逃离

重要提醒：

（1）在撤离时，要朝明亮处，迎着新鲜空气跑。

（2）当发生火灾时，不可乘坐地铁车站的电梯或自动扶梯，以免突然断电发生危险。

（3）借助疏散指示标志先确定正确的撤离方向。

地铁车辆和车站一旦发生火灾，产生浓烈烟雾，地铁车站里漆黑一片，这时有两种疏散指示标志会指引撤离方向：一种是位于上方的安全出口指示灯，如图2-37所示，它所指示的方向就是地铁出口处；一种是位于下方的应急指示灯，它的箭头也会指明地铁出口的正确方向。

图2-37 安全出口指示灯

思考与练习

（1）请简述FAS功能。

（2）请简述FAS的车站级设备有哪些。

（3）请简述火灾探测器的主要类型及各自的工作原理。

（4）请简述手提式干粉灭火器的使用范围和使用方法。

（5）请简述地铁车辆和车站发生火灾时的自救方法。

项目三 自动售检票系统

人们乘坐地铁，首先要做的就是购票。为乘客提供售票、检票服务的设备及其背后支持的一整套庞大的系统称为自动售检票（Automatic Fare Collection，AFC）系统。

所谓自动售检票系统是以磁卡（纸制磁卡和PET磁卡）或智能卡为车票介质，利用自动售票机（Ticket Vending Machine，TVM）、半自动售票机、自动检票机、查询机等终端设备，并通过计算机网络实现交通运营中的自动售票、自动检票、自动收费、自动统计的封闭式票务管理自动化系统。

自动售检票系统是一个集计算机、网络、通信、嵌入式、大型数据库、机电一体化、自动识别、传感和精密仪器加工等多种高新技术于一体的庞大系统，其中涉及的知识十分广泛。本项目将集中介绍自动售检票系统的基本架构、系统终端设备的使用及故障处理。

学习目标

（1）了解自动售检票系统的架构。
（2）了解车票的类型及使用规定。
（3）掌握自动售票机的使用及故障处理方法。
（4）掌握半自动售/补票机的使用及故障处理方法。
（5）掌握自动检票机的使用及故障处理方法。

学习任务

任务一：地铁车票的认知
任务二：自动售检票系统的认知
任务三：自动售票机的使用
任务四：半自动售/补票机的使用
任务五：自动检票机的使用与维护

教学建议

可在具有自动售检票系统设备模型或实物的教室开展理实一体化教学，或在具有自动售检票仿真系统的实训室进行仿真教学，或先进行理论教学，再到地铁车站或高铁车站站厅进行现场教学。

任务一　地铁车票的认知

车票对于大家而言再熟悉不过了，它直接面向乘客，是乘客乘车的凭证。车票记载了乘客从购票开始到整个行程结束所需要的费用、时间，以及乘车区间等信息。为满足不同乘客的需求，地铁运营方提供多种形式的车票供乘客自由选择。本任务将对地铁车票进行详细介绍。

作为乘坐地铁的乘客和地铁站务员，应熟悉地铁车票的使用规定及购买方式。

【理论模块】

一、车票体系的发展历程

车票相当于自动售检票系统这条生产流水线的最终产品，是乘客乘车的重要凭证，其形式多种多样，有单程票、多程票、储值票、纪念票、出站票、员工票、公共交通卡等，供乘客选用。

城市轨道交通的车票体系演变大致可分成3个阶段：

第一阶段——城市轨道交通运营初期阶段：采用纸质车票，单一票价。北京地铁直到2007年才取消纸质车票。

第二阶段——自动售检票系统的初始阶段：采用计程、计时票价制。车票媒介包括磁卡和IC卡。上海地铁多采用磁卡车票。

第三阶段——现代化联网收费系统阶段：使用非接触式IC卡作为车票媒介，除单程票等形式的车票外，还推出"一票通"和"一卡通"两种通用性车票媒介，方便服务乘客。

"一票通"车票仅用于城市轨道交通系统，是不出站换乘不同线路的乘车凭证。

"一卡通"车票是在城市公交、城市轨道交通、出租汽车、轮渡等系统中通用的一种乘车凭证，具有储值功能。

二、车票的类型

车票可按材质、计价方式和使用性质进行分类。

1. 按材质分类

车票按材质可分为纸质车票、磁卡车票和非接触式IC卡车票。

1）纸质车票

常见的纸质车票有普通纸票和条形码纸票。

（1）普通纸票：将车票的所有信息都直接印刷在车票上，由票务人员识读确认，如图3-1所示。

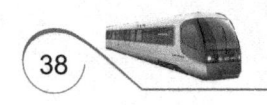

图 3-1　纸质车票

（2）条形码纸票：将车票的相关信息通过条形码储存，由条形码扫描仪完成信息识别，且条形码的信息只供读取而不能改写。

2）磁卡车票

磁卡车票有纸质磁卡车票和塑质磁卡车票：大多在基片上设置磁记录区域存储有关信息，由磁卡读写设备获取相关信息，且该信息是可修改的，如图 3-2 和图 3-3 所示。

图 3-2　纸质磁卡车票　　　　　　　　图 3-3　塑质磁卡车票

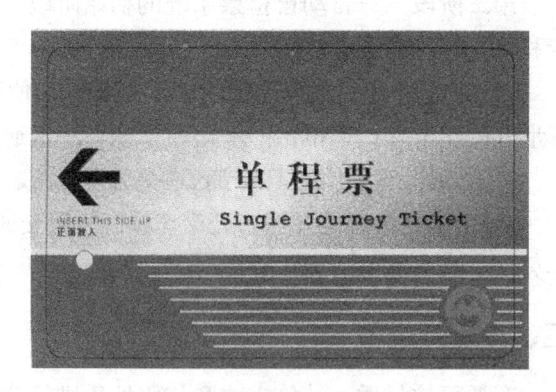

3）非接触式 IC 卡车票

非接触式 IC 卡车票：将车票的所有信息储存在车票的集成电路中，用非接触式 IC 卡读写设备获取相关信息。非接触式 IC 卡车票有卡型 IC 卡车票、筹码型 IC 卡车票和 CPU 卡车票三种类型。

（1）卡型 IC 卡车票。

某些城市轨道交通使用的单程票是卡型塑质非接触式集成电路卡形式的，即卡型 IC 卡车票，如图 3-4 所示，其尺寸通常为 85.9 mm × 54 mm × 0.5 mm。

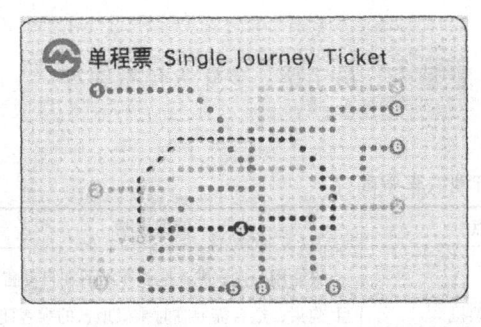

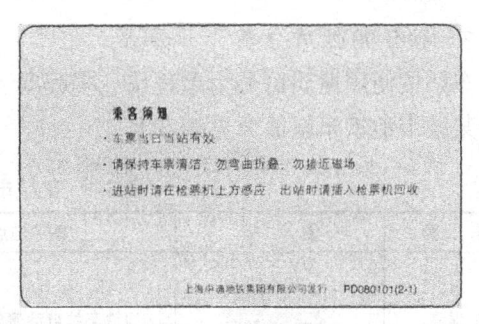

图 3-4　上海地铁的卡型 IC 卡车票

（2）筹码型 IC 卡车票。

部分城市轨道交通使用的单程票是筹码型非接触式集成电路卡形式的，即筹码型 IC 卡车票，如图 3-5 所示。

图 3-5　广州地铁的筹码型 IC 卡车票

筹码型 IC 卡车票是在直径为 30 mm、厚度为 2.0 mm 的非金属材料圆盘内嵌装集成电路及天线，通过电感耦合方式与筹码读写器进行操作的非接触式 IC 卡车票。

（3）CPU 卡车票。

随着黑客攻击手段的进步，传统的逻辑加密卡由于没有算法和密钥的保护，在黑客的攻击下，已经没有安全屏障了。为了对付黑客攻击，在某些城市轨道交通系统乃至整个公共交通系统中，推出了一种 CPU 卡车票。

CPU 卡又称微处理器卡，由一个或多个集成电路芯片组成，封装在便于人们携带的卡片内。在集成电路芯片中，有中央处理器（CPU）、随机存储器（RAM）、程序存储器（ROM）、数据存储器（E^2PROM），以及片内操作系统（COS）。CPU 卡具有暂时或永久数据存储能力，其存储的数据可供外部读取或供内部处理和判断之用。同时，CPU 卡还具有逻辑处理、命令处理和数据安全保护等功能，用于识别和响应外部提供的信息、芯片本身判断状态和命令执行的逻辑功能。CPU 卡车票具有安全性高、功能完善的特点，顺应了技术和市场发展的趋势。

2. 按计价方式分类

车票按计价方式可分为计次票和计程票。一般计次票比计程票优惠。

3. 按使用性质分类

车票按使用性质可分为单程票、多程票、储值卡、员工票、老年人免费票等。
某城市地铁车票简介见表 3-1。

表 3-1　某城市地铁车票简介

类　型	图　标	购买地点	使用说明
单程票		地铁车站自动售票机	只能用一次；进入地铁车站后在自动售票机上购买；适合需要临时乘坐地铁的乘客使用；票价一般为 2~8 元
储值卡		各地铁人工售票营业厅或与地铁合作的报刊亭	与公交卡一样，每次乘车刷储值卡后，会从储值卡里扣除本次消费额；储值卡内余额不足时，可到指定地点充值；适合经常乘坐地铁出行的乘客使用
员工票		不对外发售	只向地铁公司员工发放；只允许地铁公司员工使用；在市场不能流通
老年人免费票		各地铁人工售票营业厅或指定服务中心	符合条件的老年乘客可到规定地点办理此种车票免费乘车
计次票		各地铁人工售票营业厅	可使用多次，计次消费；平均的单程价格比单程票略低，适合经常乘坐地铁出行的乘客使用；不同地铁公司对票价、乘坐次数等有不同的规定

【实操模块】

[实训任务]

在自动售票机上购买单程票。

[实训目的]

了解单程票的购买流程及自动售票机的使用。

[实训要求]

（1）熟悉自动售票机的操作界面。

（2）能熟练使用自动售票机进行购票。

[实训环境]

具有自动售票机的实训室或具有自动售票机的地铁（高铁）车站大厅。

[实训指导]

每个人乘坐地铁一般都是从购票开始的。各城市地铁由于车站设备不同，购票的具体操作方法或操作界面可能不尽相同，但购票流程基本相同。本任务以珠三角某城市的地铁车站自动售票机为例，具体描述单程票的购票流程，如图 3-6 所示。

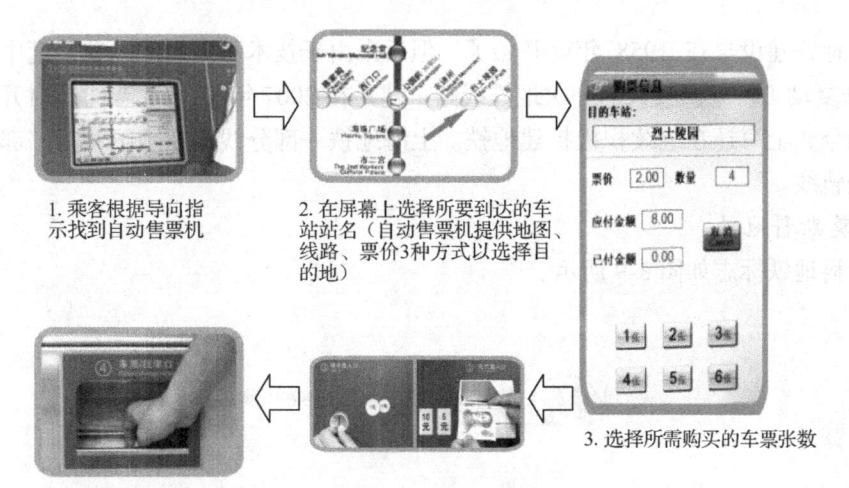

1. 乘客根据导向指示找到自动售票机

2. 在屏幕上选择所要到达的车站站名（自动售票机提供地图、线路、票价3种方式以选择目的地）

3. 选择所需购买的车票张数

4. 根据所示应付金额，投入硬币或纸币（只接受5角或1元面值硬币；5元或10元面值纸币）

5. 取出所购车票及找回的零钱（未投足票款时，按取消键，自动售票机返还投入的所有购票款）

图3-6 单程票的购票流程

在图 3-6 中，步骤 4 关于钱币的面值规定，不同地铁车站会有不同的规定，如增加手机支付功能等。

四、世界十大地铁简介

1. 北京地铁

北京地铁标志如图 3-7 所示。

北京地铁于 1965 年开工建设，约 70%的线路在地下。北京地铁在 2008 年北京奥运会召开前被升级改造：在原有线路的地铁车站内安装了空调和扶梯，消除手机信号盲区，车厢内配备公交移动电视，使乘客可以观看比赛转播。北京地铁在 2008 年北京奥运会后还在继续发展。

图3-7 北京地铁标志

2. 上海地铁

上海地铁标志如图 3-8 所示。

图3-8 上海地铁标志

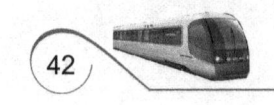

上海地铁建设早在 1958 年就开始了，但后来由于技术和资金问题曾一度中断，直至 1990 年恢复动工。规模较大的一次地铁线路扩建是在 2007 年 12 月，当时同时开通了 3 条线路。如今，上海还在继续积极扩建地铁。上海地铁一部分线路在地下，另一部分线路则为高架轻轨线。

3. 莫斯科地铁

莫斯科地铁标志如图 3-9 所示。

图 3-9　莫斯科地铁标志

莫斯科地铁的第一条线路——索科利尼线开通于 1935 年，而昆采夫站则于 2008 年 1 月 7 日正式运营。莫斯科地铁大部分线路在地下。莫斯科地铁从一开始就是作为地下宫殿来修建的。因此，它被认为是世界上最美的地铁。近年来，莫斯科地铁里出现了一些专题列车，如阅读专列、画廊专列等。

4. 伦敦地铁

伦敦地铁标志如图 3-10 所示。

伦敦地铁是世界上历史最悠久的地铁。伦敦地铁最早使用的是蒸汽机车，从 1890 年开始改用电力机车。伦敦地铁尽管号称"地铁"，但其 55%的线路在地面上。这个"高龄"地铁给负责运营管理的私人公司造成了一定的麻烦。2004 年，其中一家公司不得不通过在 eBay 网站上招标来购买一些早已停产的设备以更换损坏了的伦敦地铁设备。伦敦地铁还被认为是最具电影缘的地铁之一，曾有 100 多部电影和电视剧在伦敦地铁取景。

图 3-10　伦敦地铁标志

5. 巴黎地铁

巴黎地铁标志如图 3-11 所示。

图 3-11　巴黎地铁标志

巴黎地铁的开通是为了迎接 1900 年在巴黎举行的世博会。1998 年,第一条自动化的巴黎地铁 14 号线投入运营。巴黎地铁车站之间的距离非常短,有时通过隧道可以看见相邻地铁车站的灯光。巴黎地铁以其车站入口被装饰成新艺术派风格闻名于世。该设计出自 20 世纪初法国建筑师埃克托尔·吉马尔之手。时至今日,86 个巴黎地铁车站的入口还保留了这种风格。它们成为巴黎地铁的一张名片。

6. 纽约地铁

纽约地铁标志如图 3-12 所示。

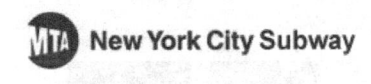

图 3-12 纽约地铁标志

纽约地铁完全由政府管理。纽约地铁的第一条线路共 28 个车站,于 1904 年在曼哈顿开通。纽约地铁的主要部分建于 20 世纪 30 年代。2007 年 4 月,纽约开始动工建设一条新地铁线路——全长 13.7km 的第二大道地铁线。纽约地铁的大部分车站位于地下,但仍有一部分车站建在高架桥上。纽约地铁的一个特点是拥有越站快车,即地铁列车不是每个车站都会停。在地铁车站的入口可以看到绿色或红色的提示灯,绿色的提示灯表示该车站 24 个小时开放,红色的提示灯表示该车站开放时间有限。纽约地铁车站站台上设有非高峰期候车区。该候车区处于地铁工作人员的视线范围之内,因此地铁工作人员会建议乘客晚上尽量在该候车区等车。

7. 马德里地铁

马德里地铁标志如图 3-13 所示。

图 3-13 马德里地铁标志

马德里地铁在开通之初是以西班牙国王阿方索十三世的名字命名的,因为他是修建地铁的积极倡导者。马德里地铁近 90%的线路位于地下。马德里地铁不同的线路以不同的号码和颜色来区分,同时根据站台的长度和车厢的宽度,还分为窄线和宽线。马德里地铁是欧洲发展最快的地铁。从 20 世纪 90 年代中期开始,政府先后实施了 3 个大型扩建项目,铺设了机场支线和 3 条轻轨线路,建成了独一无二的 12 号环线,把马德里及其 5 个卫星城连接起来。

8. 东京地铁

东京地铁标志如图 3-14 所示。

东京地铁是亚洲的第一条地铁。2004 年，东京地铁中的 9 条线路被私人公司收购，其余 4 条线路由政府管理。由于收费方式比较复杂，东京地铁里安装了自动售票机。东京地铁是全世界运载负荷最大的地铁。在客流高峰时，东京地铁有专门的服务人员负责把乘客推进车厢。东京地铁车站站台上标出了车门开启的位置，以便乘客排队候车。在客流早高峰时，东京地铁车辆的个别车厢只有妇女和儿童才能乘坐。东京地铁里安装了地震预警系统，在发生危险时，它将自动停止所有列车的运行。同时，东京地铁里还安装了专门的隔离装置用来阻断台风和洪水。

图 3-14 东京地铁标志

9. 墨西哥城地铁

墨西哥城地铁标志如图 3-15 所示。

图 3-15 墨西哥城地铁标志

墨西哥城地铁开始建设于 1968 年，并以创纪录的速度推进——在第一阶段（4 年的时间）建设完工时，已经建成 48 个车站、41.4km 的线路。墨西哥城地铁的每个车站都有与其站名或所处位置有关的特定标志，这是为了帮助那些不懂西班牙语的人判定方位。例如，理工学院车站的标志是不远处国家理工学院的校徽；萨帕塔车站的标志则是墨西哥农民运动领袖萨帕塔的头像。此外，墨西哥城地铁内还展示出当初在建设过程中发掘的考古文物。在苏亚雷斯车站的过道内可以参观阿兹特克人的金字塔，而在塔利兹曼车站则能看到猛犸象遗骨。墨西哥城地铁在 1985 年 9 月 19 日的强烈地震中完好无损，可以说是非安全可靠的城市交通工具之一。

10. 首尔地铁

首尔地铁标志如图 3-16 所示。

20 世纪 90 年代，首尔实施了大规模的地铁扩展项目，将地铁总长度延长了近 160km，并增设了 4 条线路。目前，首尔地铁还有两条新线路和一部分老线路的路段正在建设当中。首尔地铁超过 70%的线路在地下。首尔地铁不同的线路使用不同的号码和颜色来标记。首尔地铁不仅每条线路有自己的号码，就连每个车站也都进行了标号，而且所有车站的标志都有英文版本。首尔地铁的一些车站还安装了鱼缸、播放音乐短片及电视剧的屏幕。

图 3-16　首尔地铁标志

任务二　自动售检票系统的认知

自动售检票系统是一个集多种高新技术于一体的庞大系统。通过高度安全、可靠、保密性良好的自动售检票系统，可以完成城市轨道交通中的售票、检票、计费、收费、统计、清分、管理等。

在多线路组成的城市轨道交通网络中，根据投资主体、运营管理、换乘方式、城市轨道交通网络的构成方式，以及票务处理、票务分析和票务结算系统的需求，可以采用不同的自动售检票系统架构。根据不同的需求，自动售检票系统架构可分为线路式架构、分散式架构、区域式架构、分级集中式架构等形式。

【理论模块】

一、自动售检票系统架构

自动售检票系统具有五层架构，如图 3-17 所示。

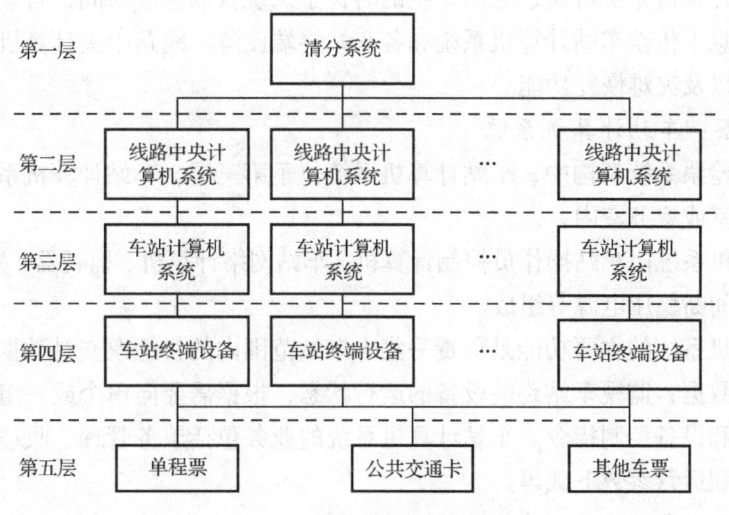

图 3-17　自动售检票系统架构

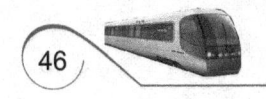

1. 第一层：清分系统

清分系统即综合中央计算机系统，其主要功能是统一自动售检票系统内部的各种运行参数，收集自动售检票系统单程票产生的交易和审计数据，进行这些数据的清分和对账；负责单程票的初始化和调配，以及应急票的制作、线路之间的票款清分和客流统计，通过数据挖掘辅助各业务部门进行分析决策；同时，负责自动售检票系统与城市一卡通清算系统之间的对账、清分和结算等。

清分系统不仅是票务数据的汇总和处理，实际上也是城市轨道交通各条线路和各个车站客流的分析系统，可以及时分析各条线路、各个车站的客流数据，还可以在某条线路或某个车站发生突发事件时及时为相关线路和相关车站做出应急方案提供数据依据。

2. 第二层：线路中央计算机系统

线路中央计算机系统的设备安装在线路控制中心内，由若干台服务器、磁盘阵列、磁带机、工作站（系统管理工作站、数据管理工作站、网络通信管理工作站、参数下载工作站、车票管理工作站、设备监控工作站、报表查询工作站、中央及远程维修工作站）、千兆交换机和路由器等局域网设备，以及打印机、不间断电源、编码机等组成。

线路中央计算机系统是自动售检票系统的管理控制中心。线路中央计算机系统的功能是可与各车站计算机系统进行通信；可自动采集全线路自动售检票系统的交易数据和设备运营状态信息，进行财务和客流统计；能下传费率表、优惠表、黑名单、其他参数和控制命令至各车站计算机系统及车站终端设备。

线路中央计算机系统将需要清分的信息上传给清分系统，接收清分系统下传的清分数据、黑名单、费率表等数据，实现对本线路自动售检票系统数据的集中采集、统计及管理，实现对本线路自动售检票系统运行、收益及设备维护的集中管理，实现对本线路自动售检票系统内所有设备的监控。

线路中央计算机系统可通过通信系统的时钟子系统获取标准时间，自动进行同步，并将标准时间信息下传至车站计算机系统和各车站终端设备。线路中央计算机系统具有备份和恢复功能，以及灾难恢复功能。

3. 第三层：车站计算机系统

在自动售检票系统架构中，车站计算机系统位于第三层。车站计算机系统安装在各车站的车站控制室或票务室内。

车站计算机系统由车站操作员控制计算机、车站网络计算机、监视器、紧急控制系统、网络系统及不间断稳压电源等组成。

车站计算机系统的主要功能是负责采集本车站范围内的售检票交易数据、设备状态数据和其他运营数据，监视车站终端设备的运行状态，根据需要向单个或一组车站终端设备下达运营参数和设备控制指令。车站计算机系统的业务包括票务管理、收益管理、设备管理、设备控制和运营参数下载等。

4. 第四层：车站终端设备

在自动售检票系统架构中，车站终端设备位于第四层。车站终端设备安装在各车站的

站厅，是直接为乘客提供售检票服务的设备。车站终端设备包括自动售票机、半自动售票机、进出站检票机等。

车站终端设备接受线路中央计算机系统和车站计算机系统的管理，按照系统参数配置的方式上传交易数据、设备状态和事件报警，接收运营参数和控制命令，根据需要在正常运营模式和降级运营模式下工作。

5. 第五层：车票

车票位于自动售检票系统架构的第五层，相当于一条生产线的最终产品。关于地铁车票已在任务一中详细介绍，这里不再赘述。

下面以北京地铁和香港地铁为例，介绍它们各自采用的自动售检票系统架构。

1）北京地铁自动售检票系统架构

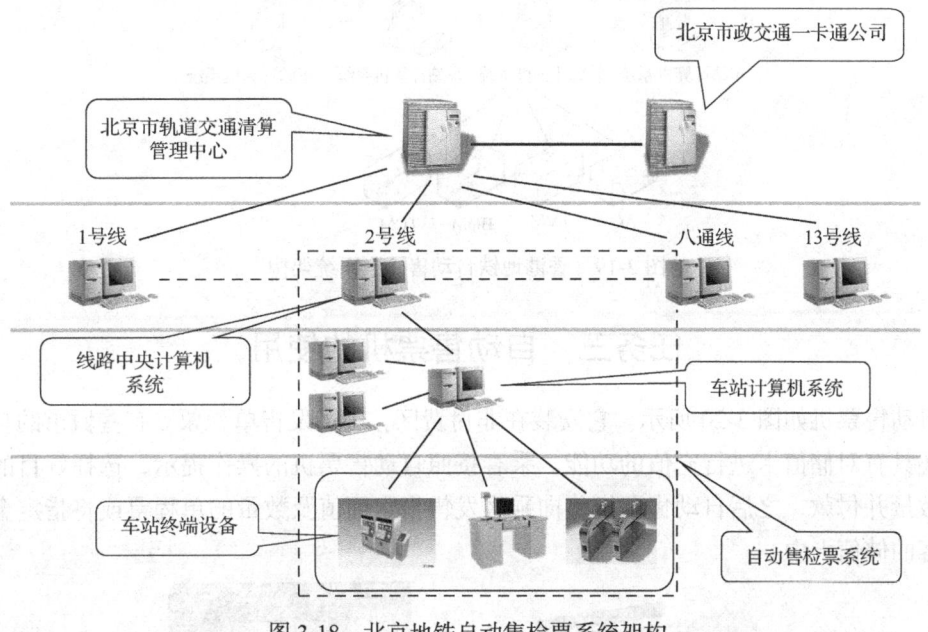

北京地铁自动售检票系统架构如图 3-18 所示。北京地铁某车站的自动售检票系统包括线路中央计算机系统、车站计算机系统和车站终端设备 3 个层次。

图 3-18　北京地铁自动售检票系统架构

2）香港地铁自动售检票系统架构

香港地铁自动售检票系统由中央计算机系统和车站计算机系统组成，如图 3-19 所示。其中，中央计算机系统采用大型分布式数据库。

二、自动售检票系统运营管理模式

自动售检票系统包括 3 种运营管理模式：正常运营模式、降级运营模式和紧急放行模式。

在通常情况下，自动售检票系统在正常运营模式下自动运营。

如果在自动售检票系统运营过程中出现特殊情况，为保证客运安全和运营收益，根据实际情况，经设定的自动售检票系统将进入相应的降级运营模式。

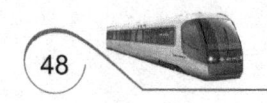

在自动售检票系统运营过程中，当地铁车站或车辆发生火灾、爆炸等危及乘客和工作人员安全的紧急情况，需要乘客和工作人员紧急撤离车站时，将启用自动售检票系统的紧急放行模式。

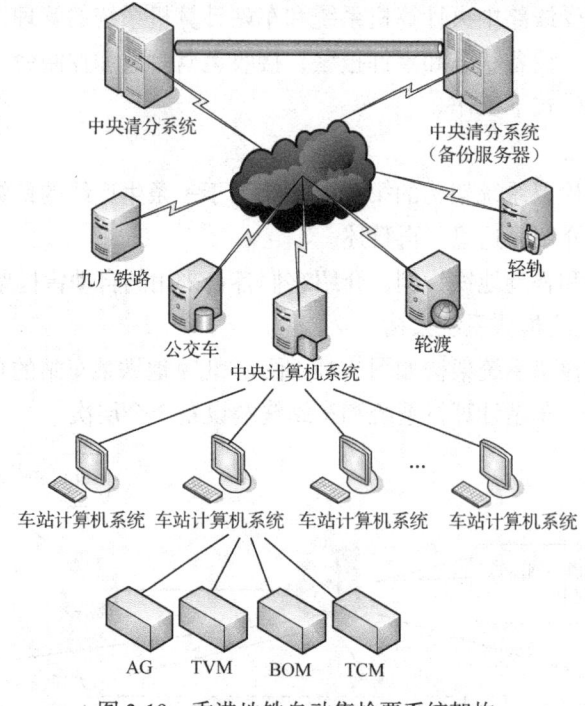

图 3-19　香港地铁自动售检票系统架构

任务三　自动售票机的使用

自动售票机如图 3-20 所示。它安装在非付费区，用于发售单程票。有些城市的自动售票机还具有对储值卡进行充值的功能。乘客按照自动售票机的操作提示，选择好目的地和购票数量并付款，之后自动售票机将向乘客发售指定面值及数量的单程票或将指定金额存入乘客的储值卡中。

图 3-20　自动售票机

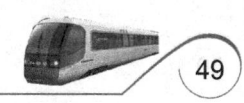

站务员需要掌握自动售票机的状态判断，能够进行钱箱、票箱的更换操作，以及简单故障的处理，并能引导乘客购票。各地铁公司采用的自动售票机的操作方法会有所不同。本任务以珠三角某城市地铁的某种型号自动售票机为例进行自动售票机基本操作的讲解。

【理论模块】

一、自动售票机的结构

各地铁公司采用的自动售票机型号各不相同，因此其结构也有所不同，但基本结构大同小异。下面以某型号自动售票机为例，详细介绍其外部和内部结构。

1. 外部结构

自动售票机的外部结构如图 3-21 所示，包括状态显示器，乘客显示器，硬币投入口，纸币投入口，找零、取票口等。

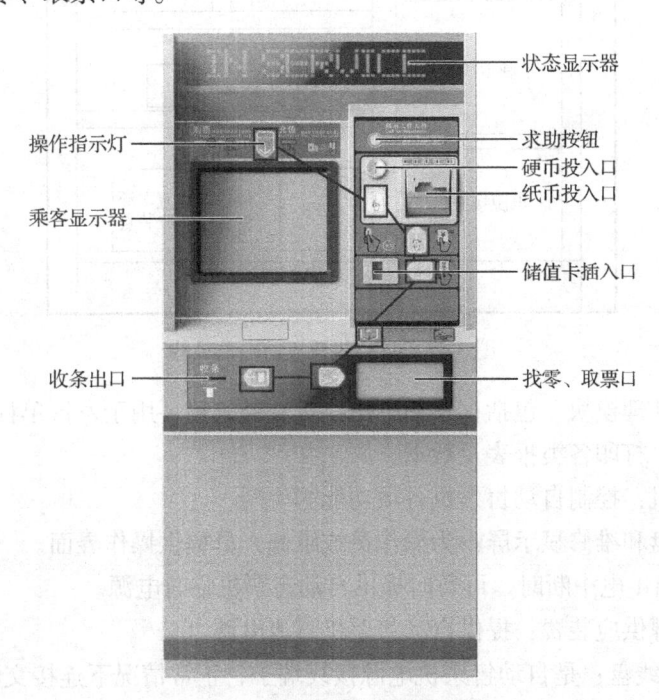

图 3-21　自动售票机的外部结构

2. 内部结构

自动售票机的内部结构如图 3-22 所示，包括乘客显示屏控制板、纸币接收器、硬币接收器、纸币钱箱、硬币钱箱、单程票处理模块、控制主机、直流电源供应装置等。

（1）乘客显示屏控制板：控制自动售票机与乘客的交互界面（乘客显示屏）。

（2）硬币处理模块：包括硬币接收器和硬币钱箱，用于硬币的接收及找零。硬币接收器包括硬币投入口、硬币验币器等，可辨别投入硬币的真伪及金额。

（3）纸币处理模块：包括纸币接收器和纸币钱箱，用于纸币的接收及找零。纸币接收器包括纸币投入口、纸币验币器等，可辨别投入纸币的真伪及金额。

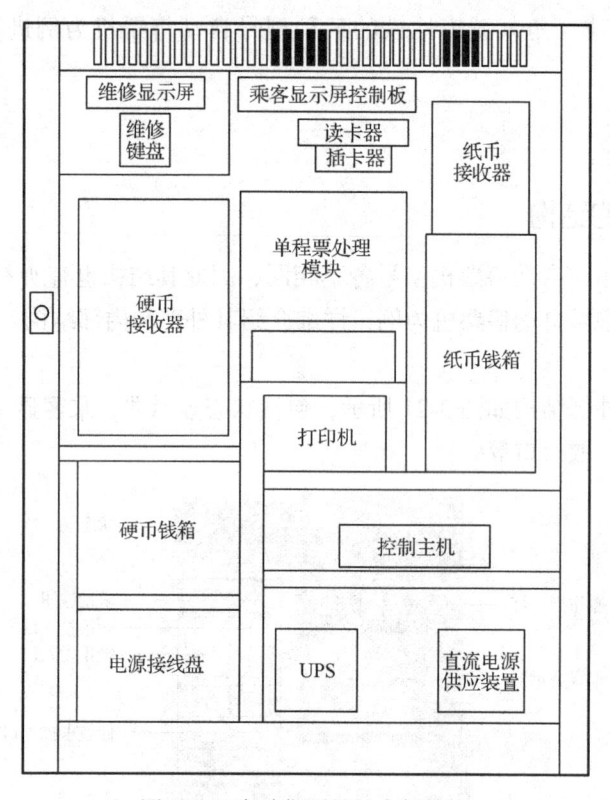

图 3-22　自动售票机的内部结构

（4）单程票处理模块：包括存票箱、出票机、补票箱，用于发售单程票。
（5）打印机：打印各类报表及数据。
（6）控制主机：控制自动售票机各项功能的实现。
（7）维修键盘和维修显示屏：为操作员或维修人员提供操作界面。
（8）UPS：当供电中断时，可暂时提供自动售票机临时电源。
（9）直流电源供应装置：提供自动售票机直流电源。
（10）电源接线盘：是自动售票机电源接线端子，正常情况下连接交流电源（市电），也可连接直流电源。

二、自动售票机的操作界面

1. 乘客操作界面

自动售票机的乘客操作界面如图 3-23 所示，包括线路选择区、线路图显示区、票数选择区、金额选择区等。

2. 充值界面

自动售票机的充值界面如图 3-24 所示。

项目三　自动售检票系统

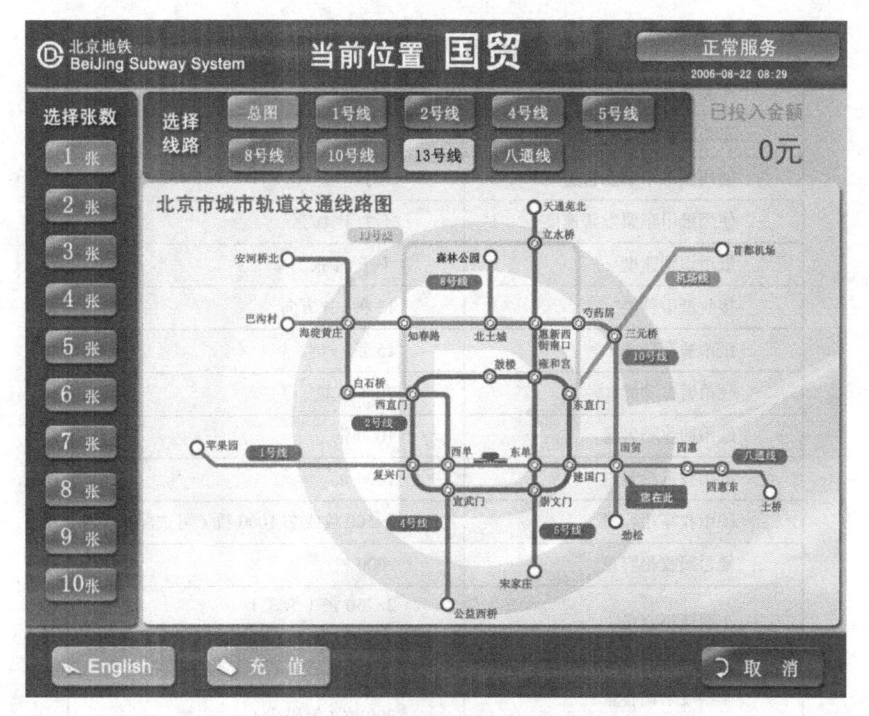

图 3-23　自动售票机的乘客操作界面

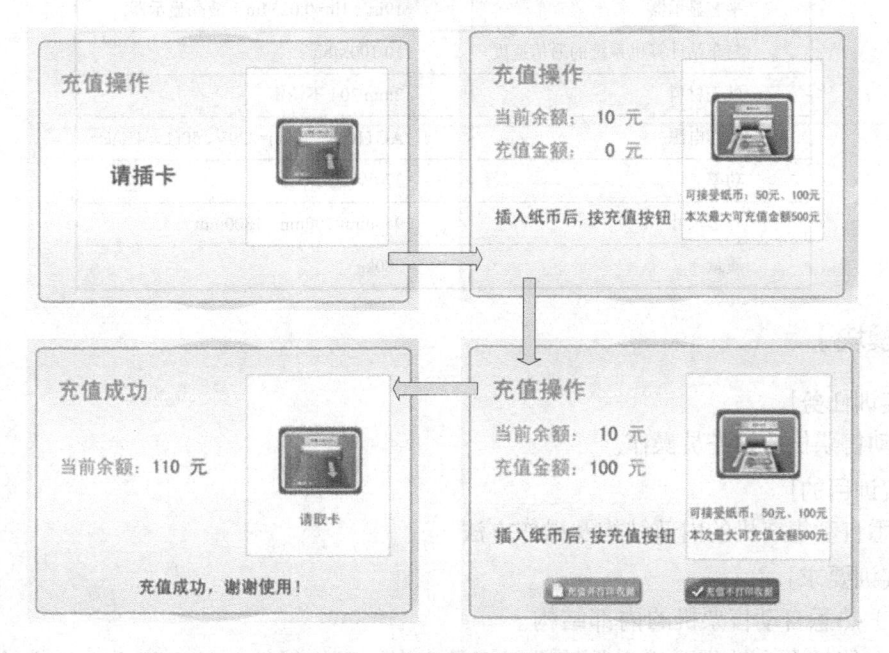

图 3-24　自动售票机的充值界面

三、自动售票机的主要技术参数

若自动售票机型号不同,则其技术参数也有所不同。下面以 V-C200S4 型自动售票机为例,将其主要技术参数列于表 3-2 中,以便读者对自动售票机的主要技术参数有所了解。

表 3-2　自动售票机的主要技术参数

产品型号	V-C200S4
车票发售速度	不大于 1s/张
使用硬币车票发售速度	3s/张
使用纸币车票发售速度	不大于 4s/张
纸币识别速度	小于 3s/张
接收纸币种类	13 种，4 方向
纸币暂存功能	15 张
硬币暂存功能	70～80 枚
纸币回收箱容量	1000 张
纸币找零箱容量	1000 张
硬币找零箱容量	2×500 枚或 2×1000 枚（可选配）
硬币回收箱容量	2000 枚
车票票箱容量	2×750 张（卡式） 2×1000 枚（筹码式）
车票废票箱容量	50 张（卡式） 200 枚（筹码式）
乘客显示器	19in（1in=0.0254m）液晶显示器
与车站计算机系统的通信速度	10/100Mbit/s
外壳材料	2mm 304 不锈钢
工作电源	AC (10%～15%)×220V, 50(1±4%)Hz
功率	370W
外形尺寸	950mm×700mm×1800mm
质量	380kg

【实操模块】

[实训任务]

自动售票机的站务员操作。

[实训目的]

熟悉自动售票机的内部结构及操作方法。

[实训要求]

（1）熟悉自动售票机的内部结构。

（2）能够在自动售票机上熟练进行记录查询、更换钱箱、补充硬币、补充单程票等操作。

[实训环境]

具有自动售票机的理实一体化教室或仿真实训室或真实的地铁车站大厅。

[实训指导]

下面介绍自动售票机的登录、记录查询、更换钱箱、补充硬币、补充单程票等操作。

1. 登录

对自动售票机进行记录查询、更换钱箱、补充硬币、补充单程票等操作之前必须先进行自动售票机的登录。先用专用钥匙打开自动售票机维修门，可以看到自动售票机内部有个维修键盘，然后通过该键盘输入操作员编号及密码进行自动售票机的登录。登录自动售票机后，站务员权限主菜单界面如图3-25所示。

1 记录查询	2 盘点结账

图3-25 站务员权限主菜单界面

2. 记录查询操作

在站务员权限主菜单界面中，单击"记录查询"选项，可查询交易、开门、钱箱取出等记录，并可进行结账打印。

（1）可查询最近100笔交易记录，其内容包括日期、时间、投入金额、应付金额、找零金额、投入硬币数、投入纸币数、出票张数等。

（2）可查询最近50笔开门记录。

（3）可查询最近100笔取出钱箱记录，其内容包括日期、时间、钱箱剩余钱数。

3. 更换钱箱操作

在以下3种情况下可进行更换钱箱操作。

（1）在车站计算机系统中查询到自动售票机钱箱将满。

（2）在自动售检票系统运营期间，自动售票机乘客显示器左上角显示钱箱将满的故障代码。

（3）自动售检票系统运营结束。

可更换的钱箱包括硬币钱箱、纸币钱箱及找零硬币钱箱。

在更换钱箱前，必须由上级自动售检票系统向自动售票机下达更换钱箱命令，或操作员在打开维修门后通过维修键盘输入操作员编号及密码，由自动售票机检查其是否具备更换钱箱的权限，如果不具备更换钱箱的权限则开启现金安全门或报警。

更换钱箱的具体操作步骤：

（1）站务员登录自动售票机，进入如图3-25所示的站务员权限主菜单界面。

（2）单击"盘点结账"选项，进入如图3-26所示的"盘点结账"子菜单界面1。

（3）单击"取出钱箱"选项，并输入取钱箱代号及密码。

（4）用专用钥匙打开钱箱座锁。

（5）站于自动售票机左边，右手拉住钱箱拉环，左手拖住钱箱，慢慢拉出钱箱。

（6）放入新的钱箱。

（7）锁好钱箱座锁。

4. 补充硬币操作

补充硬币有两种情况：一种是在每天自动售检票系统运营开始前两个小时对每个自动

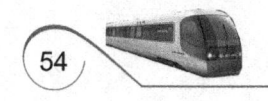

售票机必须进行补充硬币;一种是在自动售检票系统运营期间,若自动售票机的状态显示器上显示"硬币不足"信息,应及时补充硬币。

补充硬币的具体操作步骤:

(1)站务员登录自动售票机。

(2)在站务员权限主菜单界面中,单击"盘点结账"选项,进入如图3-26所示的"盘点结账"子菜单界面1。

(3)单击"+"键,进入如图3-27所示的"盘点结账"子菜单界面2,单击"补充硬币"选项,进入下一级子菜单。

```
1 硬币回收      2 取出钱箱
3 寄存器查询    4 结账打印
              按 + 下一页
```

```
5 补充硬币      6 补充单程票
7 票回收盒归零  8 寄存器更换
              按 - 上一页
```

图3-26 "盘点结账"子菜单界面1　　图3-27 "盘点结账"子菜单界面2

(4)可选择"补充硬币"或"大量补币"两种方式补充硬币;当选择"大量补币"方式时,要在维修键盘上输入所补充硬币的个数。

5. 补充单程票操作

在每天自动售检票系统运营开始前或运营期间,若自动售票机状态显示器上显示"车票不足"信息,应进行补票操作。

补充单程票的具体操作步骤:

(1)站务员登录自动售票机。

(2)在站务员权限主菜单界面中,单击"盘点结账"选项,进入如图3-26所示的"盘点结账"子菜单界面1。

(3)单击"+"键进入如图3-27所示的"盘点结账"子菜单界面2,单击"补充单程票"选项。

(4)将补票票筒插入单程票处理模块中的出票模块上方轨道,用钥匙打开票筒,将隔板拉出,使补票票筒内的车票进入票筒,完成后将隔板推回,并用钥匙锁好,再将补票票筒取出。

(5)在维修键盘上输入应补充单程票的张数。

6. 故障判断

站务员还应能够根据自动售票机的状态显示器左上方的故障代码判断自动售票机故障情况。不同类型自动售票机的故障代码的含义有所不同,站务员应阅读本站所使用的自动售票机的使用维护说明书,了解故障代码的具体含义。

任务四　半自动售/补票机的使用

半自动售/补票机如图3-28所示。半自动售/补票机通常安装在售/补票房或车站服务中心内,由售票员完成车票发售/复值、车票充值、车票分析、退款、车票交易查询及检验、

分析有疑问车票等操作。因此，半自动售/补票机又称人工售/补票机或票房售/补票机。

根据现场应用要求，可将半自动售/补票机的售票和补票功能分开，分别设置成单独的半自动售票机和半自动补票机，也可设置成同时具有售票和补票功能的综合设备。

各城市轨道交通车站所用的半自动售/补票机型号不同，其结构和操作也会有所不同，所以在使用时应注意区别。本任务以某种型号半自动售/补票机的操作为例进行讲解。

图 3-28　半自动售/补票机

【理论模块】

一、功能

半自动售/补票机可处理非付费区和付费区的乘客票务事宜，其具体功能如下。

（1）车票发售功能：发售包括单程票、储值卡、纪念票在内的各种车票。

（2）车票分析功能：分析车票的有效性，查询车票历史交易信息。

（3）票务处理及服务功能：对无法正常完成进出站的车票进行票务更新，发售出站票，进行退票处理，查询票价，以及打印票务记录和每班财务记录。

二、组成

半自动售/补票机的组成如图 3-29 所示。

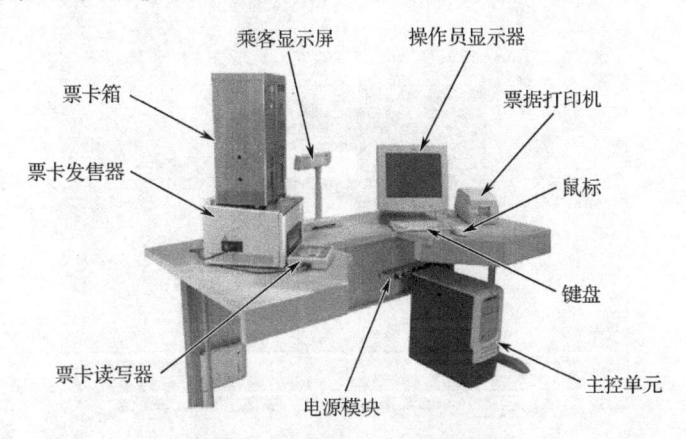

图 3-29　半自动售/补票机的组成

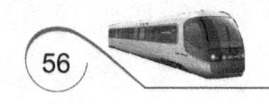

半自动售/补票机通常由主控单元、操作员显示器、乘客显示屏、票卡箱和票卡发售器（单独的半自动补票机不含此装置）、票卡读写器、票据打印机、键盘、鼠标、电源模块（含UPS或电池）等部件组成。

三、操作模式

半自动售/补票机有两种操作模式：售票模式和补票模式。

（1）售票模式：给非付费区的乘客处理车票。在该模式下，可以对车票进行进出码更新、发售和充值。

（2）补票模式：给付费区的乘客处理车票。在该模式下，可以对车票进行进出码更新、超乘更新、发售免费/付费出站票和充值。

【实操模块】

［实训任务］
半自动售/补票机的操作。

［实训目的］
熟悉半自动售/补票机的正常使用方法。

［实训要求］
（1）熟悉半自动售/补票机的组成。
（2）能够在半自动售/补票机上熟练地进行售票、充值等操作。

［实训环境］
具有半自动售/补票机的理实一体化教室或仿真实训室或真实的地铁车站售票处。

［实训指导］
1. 半自动售/补票机界面
1）登录界面
使用半自动售/补票机必须先进行登录，其登录界面如图3-30所示。

图3-30 半自动售/补票机登录界面

2）操作主界面

当输入操作员编号及密码完成登录后，即可进入半自动售/补票机操作主界面，如图3-31所示。

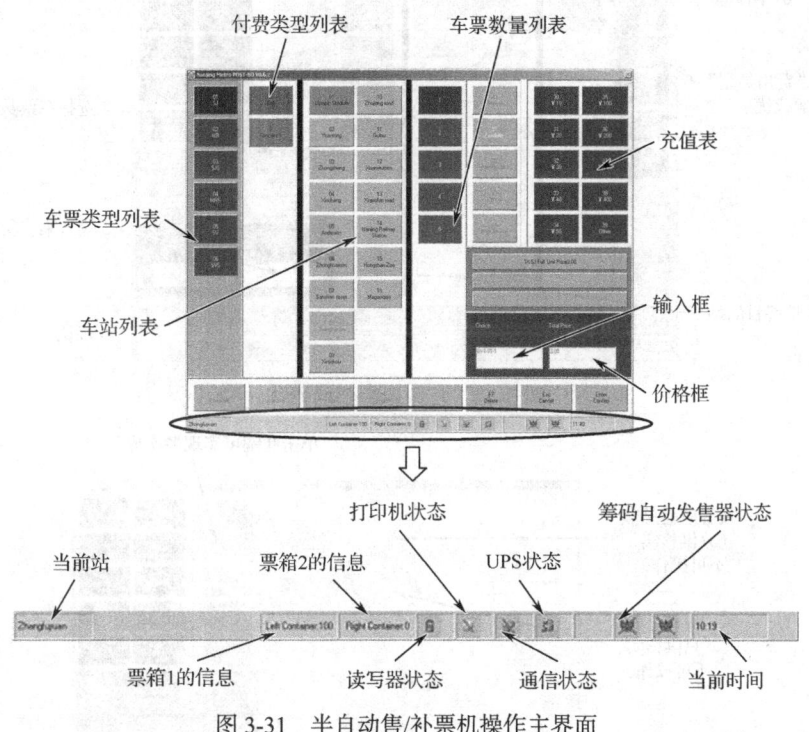

图 3-31　半自动售/补票机操作主界面

2. 半自动售/补票机的使用

操作员可以通过半自动售/补票机，查看车票属性、现金处理、操作指示等信息，并可对车票进行分析、发售、无效更新、充值、退款、查询、行政事务处理等操作。

1）单程票发售

操作员首先进行半自动售/补票机登录，进入半自动售/补票机操作主界面，然后按照图 3-32 所示的步骤进行操作，最后单击"确认"键进入图 3-33 所示的界面；乘客应付总额和找零总数显示在操作员显示器上，车票的金额、目的地等重要信息显示在乘客显示屏上，以供操作员和乘客确认信息；当单击"确认"键，操作确认信息无误后，半自动售/补票机操作系统对车票进行编码并进行检验；检验合格后由票卡发售器弹出车票，并交付乘客；单击图 3-33 所示界面的 "21 Continue" 重复操作键，可进行相同功能的重复操作，从而减少操作员的操作步骤，节约时间。

2）储值卡充值

由操作员把储值卡（一般为非接触式 IC 卡）放入票卡读写器后，储值卡内的信息就会同时显示给操作员和乘客。这时，操作员可以根据乘客需求进行相关业务的处理。例如，操作员在进行充值操作时，先选择 "05 储值卡"，再次把储值卡放入票卡读写器，选择所充金额，便可把所充金额信息写入储值卡内，然后校验储值卡内的金额信息，若储值卡内的金额信息无误，单击"确认"键，最后将储值卡交付给乘客，以便乘客用此卡进行乘车付费。操作界面分别如图 3-34 和图 3-35 所示。

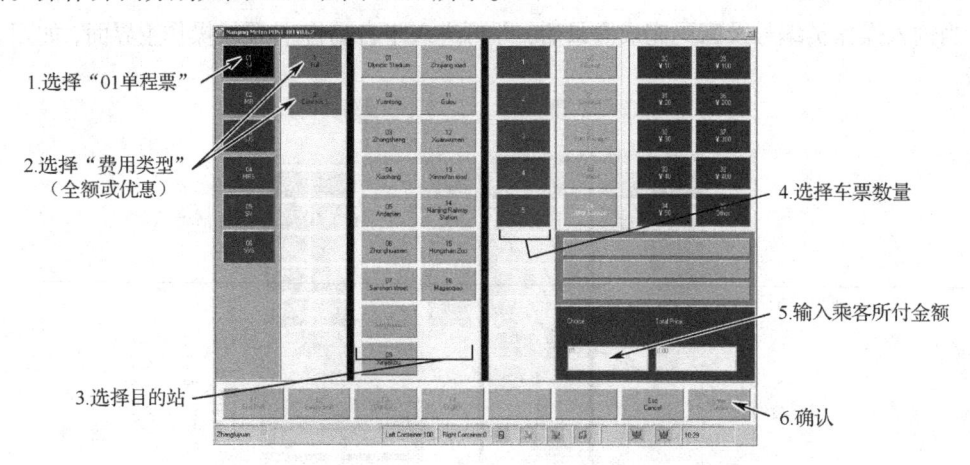

图 3-32　发售单程票的操作

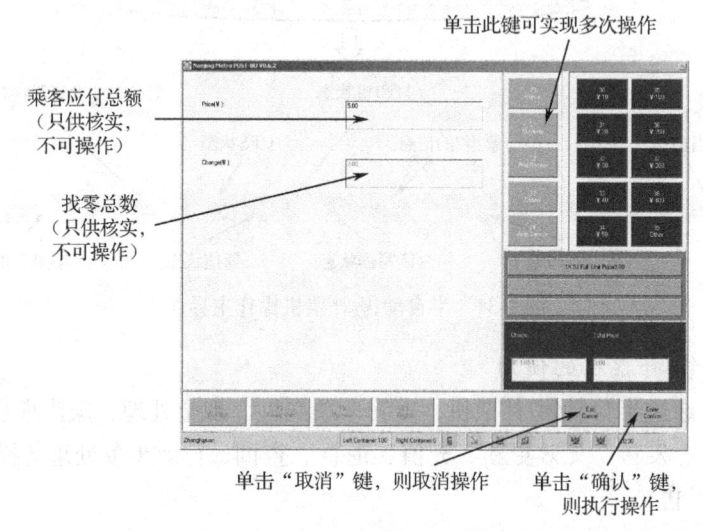

图 3-33　发售单程票界面

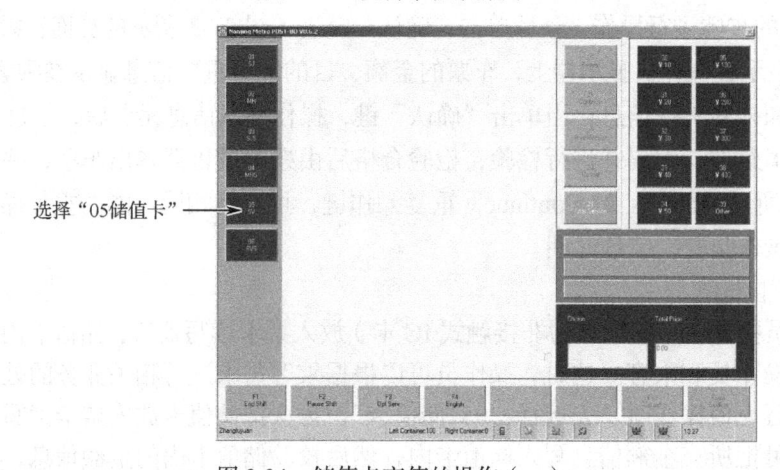

图 3-34　储值卡充值的操作（一）

项目三　自动售检票系统

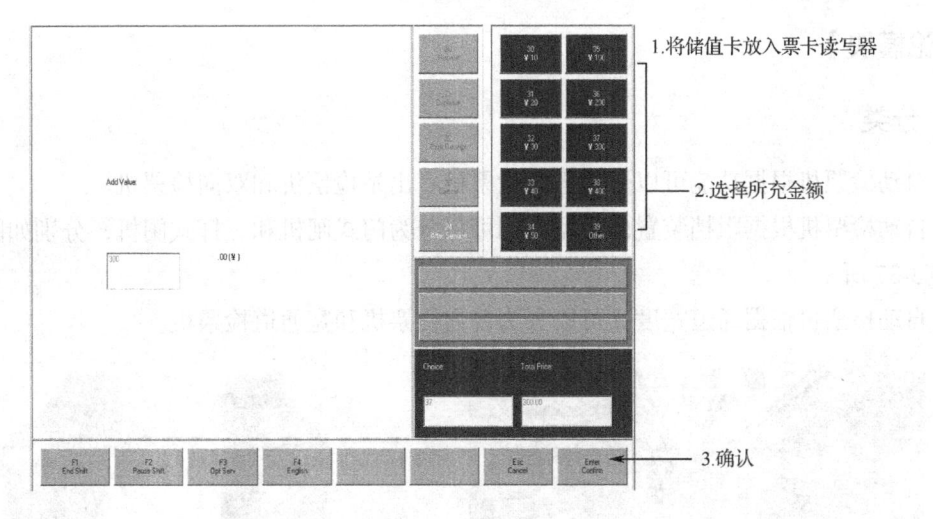

图 3-35　储值卡充值的操作（二）

3）补票

操作员从乘客手里接过有问题车票放入票卡读写器，车票信息会同时显示给操作人员和乘客；当从乘客手中收到补交的钱后，操作员单击"超站"或"超时"键，将车票重新编码用于出站。

在半自动售/补票机中存有黑名单文件。它与下载到自动检票机上的黑名单是同一文件。如果半自动售/补票机检测出一张具有黑名单序号的车票，则半自动售/补票机的操作员显示器上会有提示信息，并禁止对此车票进行编码，同时向车站计算机系统发送报警信息。

4）票卡分析

如果操作员把要分析的车票放入票卡读写器，单击相应的功能键，则操作员显示器上会显示车票数据代码。操作员需要熟悉这些车票数据代码，以便及时解读出车票信息。如果被分析的车票信号低于临界测试阈值，则不可以对此车票进行编码，但车票数据代码还能被读出，操作员可为乘客更换一张新的车票。

5）系统的正常退出

当班操作员工作结束后，单击"签退"键，弹出签退窗口，操作员输入操作员编号及密码正常退出半自动售/补票机操作系统，票据打印机即时打印当班操作员的操作记录。操作员的所有操作被上传到车站控制中心。

任务五　自动检票机的使用与维护

自动检票机是实现乘客自助进出站检票交易的设备。当自动检票机检测到车票有效，将解除通道阻挡（释放转杆或门扇开启），允许乘客进出站。

自动检票机安装于车站付费区与非付费区的交界处，用于实现自动的进出站检票，故又称闸机。

对于自动检票机，站务员应会判断自动检票机的状态，以及票箱的更换等操作。

【理论模块】

一、分类

自动检票机根据功能可以分为进站检票机、出站检票机和双向检票机。

自动检票机根据阻挡装置的类型不同可以分为门式闸机和三杆式闸机，分别如图 3-36 和图 3-37 所示。

自动检票机根据通道宽度又可以分为普通检票机和宽通道检票机。

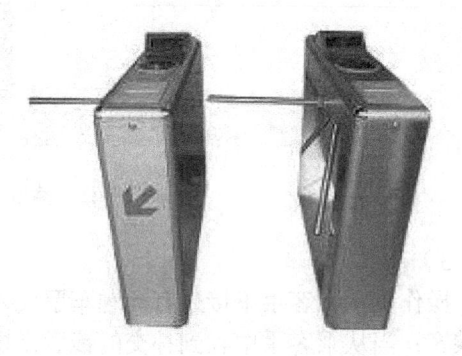

图 3-36　门式闸机　　　　　　图 3-37　三杆式闸机

二、外部结构

某型号门式闸机的外部结构如图 3-38 所示。

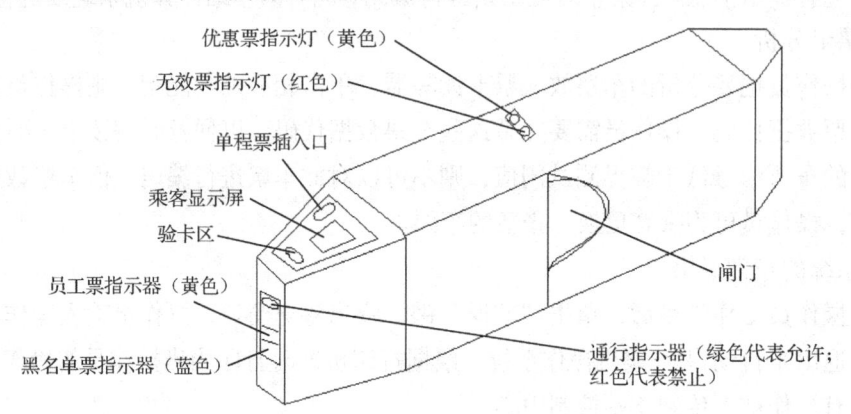

图 3-38　某型号门式闸机的外部结构

三、内部结构

某型号门式闸机的内部结构如图 3-39 所示。

1. 主控制器

主控制器由通信模块、主控模块、输入/输出模块组成。主控制器控制票卡读写器、单程票处理单元、扇门控制器等部件的工作。

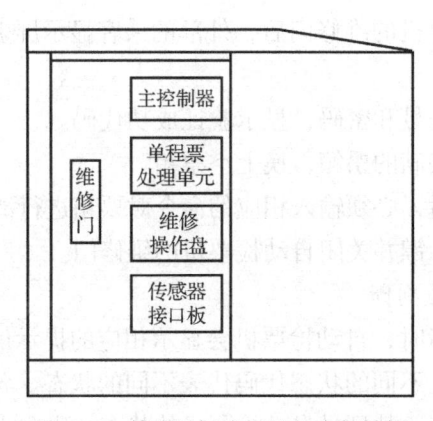

图 3-39 某型号门式闸机的内部结构

2. 单程票处理单元

单程票处理单元负责进站时对单程票的有效识别和出站时对单程票的回收。单程票处理单元包括票卡读写器/天线、单程票回收模块、维护面板、电池模块、通行指示器、扇门控制器、警示灯等。

3. 传感器接口板

传感器接口板负责处理传感器接收到的乘客进出站信息，并进行相应的处理，然后将处理结果传输给主控制器。

【实操模块】

[实训任务]

自动检票机的使用及故障处理。

[实训目的]

熟悉自动检票机的使用及故障处理。

[实训要求]

（1）熟悉自动检票机的内部结构。

（2）能够对自动检票机进行票箱更换、故障判断与处理、日常维护等操作。

[实训环境]

具有自动检票机的理实一体化教室或仿真实训室或真实的车站内。

[实训指导]

各个车站的自动检票机操作会有所不同，但基本操作大同小异。下面以某型号三杆式闸机为例，详细介绍自动检票机的票箱更换、故障判断与处理、日常维护等。

1. 自动检票机的票箱更换

当自动检票机的票箱将满或已满时，自动检票机会向车站计算机系统发送相应的请求信息更换票箱。车站计算机系统显示该自动检票机票箱已满或将满信号，操作员在车站计算机系统上下达更换票箱的命令。只有在自动检票机接到这个命令后，才能对票箱进行更换操作，其具体操作步骤如下。

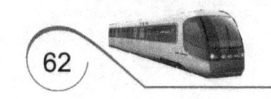

第一步：打开自动检票机的维修门后，外部的乘客显示屏上显示自动检票机转入关闭模式的代码。

第二步：输入操作员编号和密码，显示验证成功代码。

第三步：取出已满或将满的票箱，换上空票箱。

第四步：放入新票箱后，必须输入相应的命令对票箱进行清零，并输入新票箱编号。

第五步：单击"签退"键并关闭自动检票机的维修门。

2. 自动检票机故障的判断

当自动检票机出现故障时，自动检票机会显示相应的提示信息。自动检票机的状态可以通过状态代码来判定，且不同的状态代码代表不同的状态。各城市轨道交通车站自动检票机的状态代码不同。例如，某型号自动检票机的状态代码含义见表3-3。

表3-3 某型号自动检票机的状态代码含义

状 态 代 码	含　　　义	状 态 代 码	含　　　义
20	密钥认证错误	34	超时
21	黑名单车票	35	车票更新错误
22	车票类型不符	36	超出日使用次数限制
23	车票状态错误	37	超出总使用次数限制
24	使用车站不符	38	非法类型
25	余额不足	E1	写卡错误
31	过期车票	E2	读卡错误
32	进/出次序错误	E8	与主控制器通信中断
33	进站码为系统未定义车站		

3. 自动检票机的故障处理

1）准备

（1）工具准备。

准备万用表、螺钉旋具及六角扳手等工具。

（2）文件准备。

三杆式闸机接线图一份，调试说明书一本。

（3）安全准备。

确认自动检票机有效接地，线路无松动，机械运转部分无卡死。

2）故障分析与处理

某型号三杆式闸机的故障分析与处理见表3-3。

表 3-4　某型号三杆式闸机故障分析与处理

故障现象	可能原因	排除方法
控制器灯不亮/LED 数码管不亮	1. 无电或接线端子松动 2. 电路板损坏	1. 检查线路是否供电良好 2. 检查输入接线端子是否松动 3. 检查输入电压是否正常
三杆式闸机来回转动数秒后自动停止并报警或给开闸信号后来回转动，并停下来报警	四位光电开关无法正常工作	1. 检查线路是否松动 2. 检查供电是否正常
开机后电动机向一个方向转动后停下来	1. 电动机接线接反 2. 光电开关线路松动	1. 用 P09 测试电动机是否转动正常 2. 查看光电开关工作状态是否正常 3. 检查光电开关线路是否松动
电动机运行无力	电动机过电流工作	检查左侧黄色熔断器是否过热；若其过热，请移除外围多余设备
光电通行不显示	1. 线路松动 2. 光电开关损坏	1. 排查线路 2. 用万用表测电压
给一个开闸信号后三杆式闸机很快复位	设置关闸时间太短	用 P03 设置关闸时间（默认为 10s）
给一个开闸信号后三杆式闸机不复位	1. 电磁铁上方的光电开关接线松动 2. 光电开关损坏	1. 重新接线 2. 更换光电开关 3. 用万用表测量接线柱是否有电压
通电后闸杆不能抬起	1. 电磁铁供电线路松动 2. 电磁铁座运动位置靠下 3. 电磁铁损坏	1. 重新接线 2. 通电后将电磁铁座运动位置提至吸合位，用六角扳手调整电磁铁座至合适高度 3. 更换电磁铁
三杆式闸机运转时摩擦力大	1. 固定盘的 3 个螺钉松动 2. 摩擦造成电磁铁座位置偏下	1. 锁紧螺钉 2. 调整电磁铁座至合适位置
给开闸信号后，电动机来回转动，但不能通行	1. P02 时间设置错误 2. 挡光架不在初始位置	1. 调节 P02 时间（在厂家的技术支持下完成） 2. 转动电动机至正中间位置，调整挡光架至绿灯亮
给关闸信号后，电动机来回转动	1. 到位开关接头松动 2. 到位开关损坏	1. 更换光电开关 2. 重新检查线路是否松动

3）日常维护

三杆式闸机的日常维护步骤如下。

第一步：检查电控部分，包括主板、行程控制板、复位板、行程控制器、方向指示板、电源、变压器等。

第二步：检查传动部分，包括机芯、螺杆传动部位、电磁铁结构部位等。

第三步：检查铝盘与杆子，查看铝盘里的锁头是否牢固，杆子是否有裂痕。

第四步：检查机箱。机箱具体检查方法如下。

（1）将三杆式闸机断电并打开机箱盖，进行以下检查。

① 打开电控箱盖，检查电控箱内外部的接线端子有无脱落现象，并检查每位线头有无松动或螺钉有没有固定好。

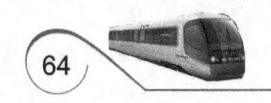

② 打开机箱盖，检查两块线路板的接线端子有无脱落，两块板子的螺钉有无松动。如果两块线路板有松动，必须将其复位，再固定好。如果两块线路板有移位，很可能导致三杆式闸机卡死、来回运动或找不到零位等问题，使三杆式闸机无法正常运作。

③ 定期清除丝杆上的杂物并加入适量的润滑油。

（2）检查所有导线表面有无绝缘破损现象。如果发现导线表面有破损现象，应立即用电工胶布将其包扎好或更换新导线。

（3）检查机箱的内部有无杂物和积水。如果发现机箱内有杂物和积水，必须立即将其清理干净。在长期下雨的时段，应该定期打开三杆式闸机的机箱进行检查、清理，并注意防潮。

思考与练习

（1）请说明在城市轨道交通系统中采用自动售检票系统的意义。

（2）请描述单程票从发售到回收所经历的流程。

（3）请简述自动售检票系统的五层架构及各层架构的功能。

（4）请简述车站计算机系统的网络拓扑结构，并列举主要的车站终端设备。

（5）请分析自动检票机对乘客放行的判断条件。

（6）请你从使用者的角度分析现行城市轨道交通系统自动售检票系统的不足。

项目四 电扶梯系统

在城市轨道交通系统中，为方便乘客，一般会配置**电梯**、**自动扶梯**及**楼梯升降机**（方便轮椅使用者上下楼梯用），并将这些设备总称为电扶梯系统。

早先，电梯是指所有电力驱动的、代替楼梯的、输送乘客在楼层间上下的机电设备。随着自动扶梯的出现及大量使用，现已将使用**轿厢**载客上下的机电设备称为电梯。

电梯按驱动方式可分为液压电梯、曳引驱动电梯、直线电动机驱动电梯、齿轮齿条驱动电梯、卷筒驱动电梯、螺杆式电梯、斜行电梯等。其中，曳引驱动电梯在城市轨道交通系统中使用较多。

电扶梯系统作为地铁车站内疏散乘客的重要工具，对客流的及时疏散起到至关重要的作用，其配置原则如下。

（1）在站台至站厅间，根据车站远期客流量需配备上行、下行自动扶梯；如果客流量不大且高度差小于 5m，可用楼梯代替下行自动扶梯。

（2）在出入口及过街隧道，根据客流量设置上行、下行自动扶梯或只设置上行自动扶梯；当高度差达到 10m（该高度可根据每个车站的具体情况进行调整）以上时，必须设置上行、下行自动扶梯以保证客流的疏散和服务质量。

（3）为保证残疾人乘客的正常出行，车站内还需设置残疾人电梯或楼梯升降机。楼梯升降机应能沿着楼梯连续做上升、水平和 90°转角运行，且运行倾角不大于 35°。

本项目依据站务员的工作需要，设置了 3 个学习任务，以便让学生对每种电梯的结构有所了解，并掌握各种电梯的操作、使用维护及应急故障处理等技能。

学习目标

（1）了解曳引驱动电梯的构造。
（2）了解自动扶梯的构造。
（3）了解楼梯升降机的构造。
（4）掌握曳引驱动电梯的维护保养项目及要求。
（5）掌握自动扶梯的操作及应急故障处理方法。
（6）掌握楼梯升降机的操作方法。

学习任务

任务一：曳引驱动电梯的使用与维护

任务二：自动扶梯的操作与应急故障处理
任务三：楼梯升降机的使用

教学建议

可在具有电扶梯系统模型的教室开展理实一体化教学，或先进行理论教学，再到地铁车站站厅进行现场教学。

任务一　曳引驱动电梯的使用与维护

曳引驱动电梯如图4-1所示。它是电梯的一种主流产品，因其结构简单，占用空间小，而成为城市轨道交通系统中使用最为广泛的一种直升电梯。

根据曳引机的供电电源不同，曳引驱动电梯可分为交流电梯和直流电梯。交流电梯经历了交流单速电梯、交流双速电梯、调压调速电梯、变频调速电梯等发展阶段。其中，变频调速电梯因其良好的调速性能和舒适感、节能、驱动设备小、噪声低、平层精度高、可靠性高、电路负载低而成为当今主流电梯产品。

图 4-1　曳引驱动电梯

【理论模块】

一、曳引驱动电梯的结构

曳引驱动电梯的主要部件如图4-2所示。曳引驱动电梯主要由以下几个部件组成。
（1）供电及控制系统。
（2）曳引机。
（3）传动装置（包括曳引轮、钢缆）。
（4）对重装置。
（5）导轨。
（6）轿厢。

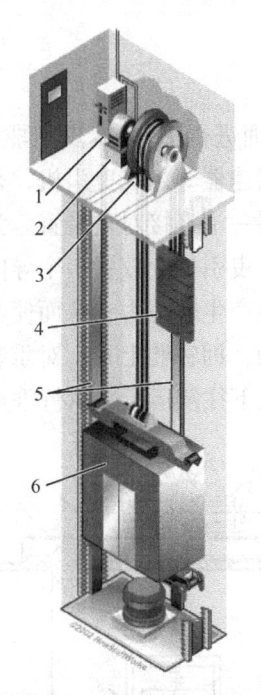

1—供电及控制系统；2—曳引机；3—传动装置；4—对重装置；5—导轨；6—轿厢

图 4-2　曳引驱动电梯的主要部件

曳引驱动电梯的具体结构如图 4-3 所示。

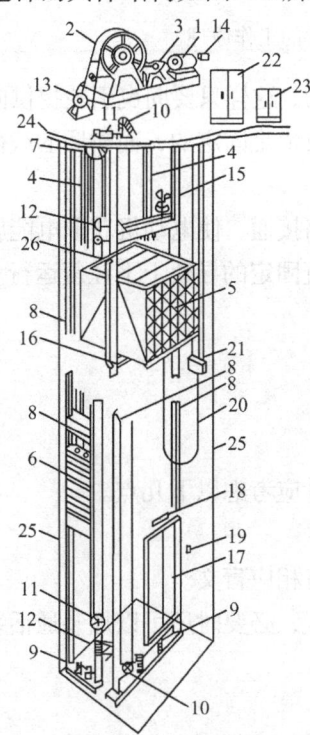

1—主传动电动机；2—曳引机；3—制动器；4—牵引钢丝绳；5—轿厢；6—对重装置；7—导向轮；8—导轨；9—缓冲器；10—限速器（包括转紧绳轮、安个绳轮）；11—极限开关（包括转紧绳轮、传动绳索）；12—限位开关（包括向上限位开关、向下限位开关）；13—楼层指示器；14—球形速度开关；15—平层感应器；16—安全钳及开关；17—厅门；18—厅外指层灯；19—召唤灯；20—供电电缆；21—接线盒及线管；22—控制屏；23—选层器；24—顶层地坪；25—电梯井道；26—限位器挡块

图 4-3　曳引驱动电梯的具体结构

二、曳引驱动电梯的工作原理

曳引驱动电梯是根据曳引原理进行工作的。曳引驱动电梯的工作原理如图4-4所示。安装在机房的电动机与制动器、减速器等组成曳引机,是曳引驱动的动力。曳引绳通过曳引轮一端连接轿厢,通过曳引轮另一端连接对重装置。为使井道中的轿厢与对重装置各自沿井道中导轨运行而不发生碰撞,曳引机上放置一个导向轮使二者分开。轿厢与对重装置的重力使曳引绳压紧在曳引轮槽内产生摩擦力,从而使电动机带动曳引轮转动,驱动钢丝绳拖动轿厢和对重装置做相对运动,即轿厢上升,对重装置下降;对重装置上升,轿厢下降。于是,轿厢在井道中沿导轨上下往复运行,执行垂直运送任务。

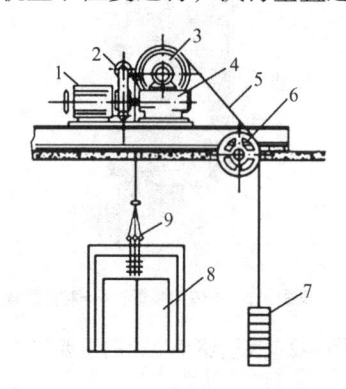

1—电动机;2—制动器;3—曳引轮;4—减速器;5—曳引绳;6—导向轮;7—对重装置;8—轿厢;9—绳头组合

图4-4 曳引驱动电梯的工作原理

对重装置的作用是提供一个平衡轿厢重力的力,这样只要向曳引轮提供向上或向下加速运动的力即可。需要指出的是,由于对重装置的质量是固定的,而轿厢的载荷是变化的,所以无法做到全部平衡。

按下控制按钮,控制系统将控制电动机主电路接通,使电动机获取电能旋转起来,从而带动曳引轮转动,并通过钢丝绳拉动轿厢沿着垂直固定的导轨上下往复运行。

三、其他组成部件

1. 电梯召唤面板

电梯召唤面板如图4-5所示。

为了便于残障人士使用,电梯召唤面板的设计应考虑以下几点。

(1)电梯召唤面板安装高度应较低。

(2)在电梯召唤面板上,应有指示文字并刻有相应盲文。

(3)在电梯召唤面板上,应安装语音报站装置,必要时还可以加装通话装置。

项目四 电扶梯系统

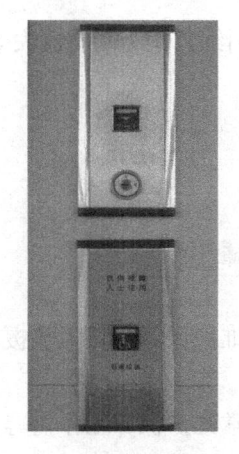

图 4-5 电梯召唤面板

2. 防超速和断绳的保护装置

电梯控制失灵、曳引力不足、制动器失灵或制动力不足,以及超载拖动绳断裂等都会造成轿厢超速和坠落,因此电梯必须有可靠的保护装置。

对于曳引驱动电梯,防超速和断绳的保护装置是安全钳—限速器系统。其中,安全钳是一种使轿厢(或对重装置)停止向下运动的机械装置;限速器是限制电梯运行速度的装置,一般安装在机房。若轿厢上行或下行超速,则通过电气触点动作使轿厢停止运行;若轿厢下行超速,电气触点动作仍不能使电梯停止,则当轿厢下行速度达到一定值后,限速器机械动作,拉动安全钳夹住导轨将轿厢停止;若断绳造成轿厢(或对重装置)坠落,也由限速器的机械动作拉动安全钳,使轿厢停止在导轨上。限速器的工作原理如图 4-6 所示。安全钳和限速器动作后,必须将轿厢(或对重装置)提起,并经专业人员调整后方可恢复使用。

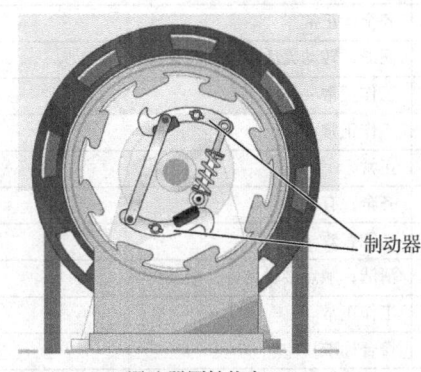

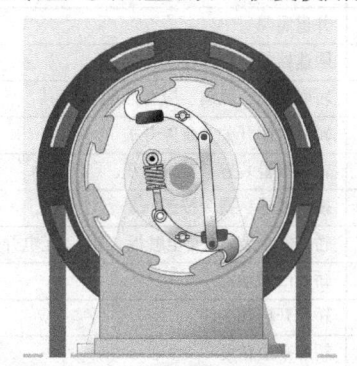

(a)限速器原始状态　　　　　　(b)限速器动作后的状态

图 4-6 限速器的工作原理

3. 防超越行程的保护

为防止由于控制方面的故障,轿厢超越顶层或底层端站继续运行,电梯必须设置防超越行程的保护装置,从而避免发生严重的后果和电梯结构的损坏。

对于曳引驱动电梯,防超越行程的保护装置一般由设在井道内上下端站附近的强迫换速开关、限位开关和极限开关组成。防超越行程的保护装置只能防止电梯在运行中控制故

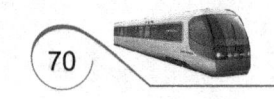

障造成的轿厢超越行程。若由于曳引绳打滑、制动器失效或制动力不足造成轿厢超越行程，则该保护装置无能为力。

【实操模块】

[实训任务]
曳引驱动电梯的维护保养与故障救援。

[实训目的]
能够进行曳引驱动电梯的日常维护保养与故障救援。

[实训要求]
熟悉曳引驱动电梯的结构、日常维护保养工作内容与要求等。

[实训环境]
具有曳引驱动电梯模型的理实一体化教室或仿真实训室或真实的地铁车站。

[实训指导]

1. 维护保养

曳引驱动电梯半月维护保养项目和基本要求见表4-1。

表4-1　曳引驱动电梯半月维护保养项目和基本要求

序号	维护保养项目	维护保养基本要求
1	电动机	运行时无异常震动和异常声音
2	曳引轮、钢缆等部件	无变形、卡位等现象
3	编码器	清洁，安装牢固
4	轿顶	清洁，防护栏安全可靠
5	轿顶检修开关、急停开关	工作正常
6	井道照明	齐全，正常
7	限速器各销轴部位	润滑，转动灵活，电气开关正常
8	轿厢照明、风扇、应急照明	工作正常
9	轿厢检修开关、急停开关	工作正常
10	轿内报警装置、对讲系统	正常
11	轿内显示、指令按钮	齐全，有效
12	轿门安全装置（安全触板、光幕、光电开关等）	功能有效
13	轿门门锁触点	清洁，触点接触良好，接线可靠
14	轿门开启和关闭	工作正常
15	轿厢平层精度	符合标准
16	层站召唤、层楼显示	齐全，有效
17	层门地坎	清洁
18	层门自动关门装置	正常
19	层门门锁自动复位	用层门钥匙打开手动开锁装置后，层门门锁能自动复位
20	层门门锁电气触点	清洁，触点接触良好，接线可靠
21	层门锁紧元件啮合长度	不小于7mm
22	底坑	清洁，无渗水、积水，照明正常
23	底坑急停开关	工作正常

2. 故障救援

无论是曳引驱动电梯，还是其他驱动方式的直升电梯，发生故障时的救援必须遵循"一人操作、一人监控"的原则。

电梯故障一般有以下 3 种情况。

情况 1：电梯停在平层区域且不能自动开门。

情况 2：电梯停在非平层区域且电梯有电。

情况 3：电梯停在非平层区域且电梯没电。

以上 3 种情况的故障救援按表 4-2 操作。

表 4-2 电梯故障救援

步骤	情况 1 的故障救援	情况 2 的故障救援	情况 3 的故障救援
第一步	接到求救信息后，要与乘客沟通，确认电梯停止位置和乘客数量，告诉乘客在接到指示之前不得自行扒开电梯门		
第二步	救援人员带上开电梯的钥匙、控制柜钥匙和三角钥匙，尽快到达故障现场		
第三步	到达电梯停止位置后确认电梯停止位置		
第四步	救援人员与乘客沟通，告知可能发生的状况，要求乘客保持镇静，切勿惊慌		
第五步	到控制柜处，用专用钥匙打开控制柜	到控制柜处，用专用钥匙打开控制柜，将复位控制开关"JRH"开关由"NORM"（正常）位旋到"JRH"（召唤）位	到控制柜处，用专用钥匙打开控制柜，断开主断路器"JH"开关，切断电梯电源。同时，按住"▲""▼"按钮，观察"LR-U""LU-ET""LR-D"指示灯的状态。若这些指示灯处于熄灭状态，则表示电梯已超速，应立即停止操作，关闭控制柜门，通知维修人员进行抢修
第六步	断开主断路器"JH"开关，切断电梯电源后关闭控制柜门	按 ESE 盒上的"DRH-U"（向上）按钮或"DRH-D"（向下）按钮，控制轿厢上下移动。如发生紧急情况，则按压"STOP"按钮	将救援工具装在松闸盘上后，扳动操作手柄使轿厢移动。如果"LR-U"或"LR-D"指示灯亮并伴有蜂鸣声，则表示轿厢移动速度过快，应立即把松闸手柄复位至开始位置
第七步	到电梯停止位置用三角钥匙打开层门，注意层门地坎与轿厢地坎之间的高度差和间隙，防止人员跌落井道，然后直接将乘客从轿厢救出	当轿厢运行到平层位置时，控制屏上的平层指示灯"LU-ET"会亮，表示轿厢已到达平层区域，此时应马上松开操作按钮	不断地观察"LR-U""LU-ET""LR-D"指示灯的状态，小心地向下释放松闸手柄使轿厢逐步缓慢移动。当轿厢接近门区时，每次只能移动轿厢 10～15cm，以防止冲顶或蹲底，直到看见平层指示灯"LU-ET"亮时立即松开松闸手柄，此时表示轿厢已到达平层区域
第八步	乘客被救出后必须关闭所开启的层门并保证在外力的作用下也无法将其打开。立即停用电梯，放置暂停服务牌，并向机电轮值人员报修	断开主断路器"JH"开关，之后按情况 1 进行处理	拆除松闸手柄，关闭控制柜门，之后按情况 1 进行处理

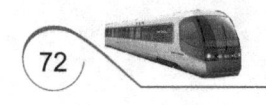

任务二　自动扶梯的操作与应急故障处理

【理论模块】

一、自动扶梯的工作原理

自动扶梯是带有循环运动梯路向上或向下倾斜输送乘客的固定电力驱动设备，如图 4-7 所示。自动扶梯按驱动装置位置可分为端部驱动自动扶梯与中间驱动自动扶梯。

1. 端部驱动自动扶梯

端部驱动自动扶梯的驱动装置位于端部驱动自动扶梯的头部，并以链条为牵引构件。它由一系列的梯级与两根牵引链条连接在一起，并运行在按一定线路布置的导轨上。牵引链条绕过上牵引链轮、下张紧装置并通过上下分支的若干直线、曲线区段构成闭合环路。该环路的上分支中的各个梯级应严格保持水平，以供乘客站立。上牵引链轮通过减速器等与电动机相连以获得动力。端部驱动自动扶梯两边装有与梯级同步运行的扶手装置，以供乘客使用。为了保证乘客绝对安全，要求端部驱动自动扶梯应装设多种安全装置。

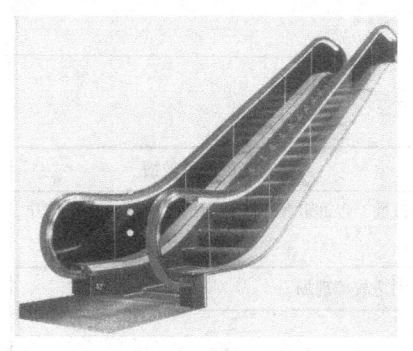

图 4-7　自动扶梯

2. 中间驱动自动扶梯

中间驱动自动扶梯的驱动装置位于中间驱动自动扶梯中部，并以齿条为牵引构件。一台中间驱动自动扶梯可以装多组驱动装置，成为多级驱动组合式自动扶梯。当中间驱动自动扶梯运行时，电动机通过减速器将动力传递给两侧构成闭合环路的传动链条，而每侧的传动链条之间铰接一系列的滚子，滚子与牵引齿条的牙齿啮合，从而驱使中间驱动自动扶梯运行。

二、自动扶梯的构造

自动扶梯的构造如图 4-8 所示。它可分成以下四大部分。

1. 梯级

梯级可供乘客站立，并能连续提升或下降。

2. 驱动装置

驱动装置能够实现梯路的连续循环运转。

3. 框架结构

框架结构用于自动扶梯各零件的组合和定位，以及在现场的安装定位。

4. 控制与安全装置

控制与安全装置包括牵引链、张紧装置、梳板和扶手等。

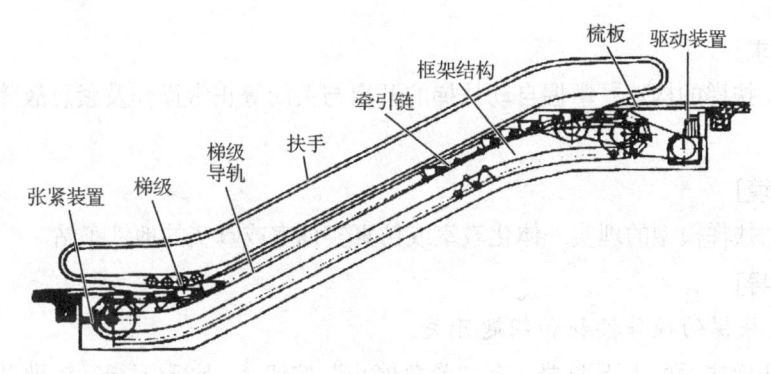

图 4-8　自动扶梯的构造

三、自动扶梯的主要技术参数

1. 提升高度

一般提升高度与楼层间高度差相同。

2. 梯级运行速度

梯级运行速度是指梯级沿着导轨运行的合成速度，而不是垂直或水平方向的分速度。国际上，通用的标准梯级运行速度为 0.45m/s 和 0.5m/s。在较大提升高度或公共运输场合，推荐使用梯级运行速度为 0.65m/s 和 0.75m/s。

在公共交通运输场合，梯级运行速度（均为标准梯级宽度）为 0.5～0.65m/s。

3. 梯级宽度

一般梯级宽度有以下几种规格。

（1）600mm：每个梯级能站立 1 人。

（2）800mm：每个梯级能站立 1.5 人（1 个大人与 1 个儿童）。

（3）1000mm：每个梯级能站立 2 人。

4. 运输能力

运输能力与梯级宽度、梯级运行速度有关。一般公共交通型梯级宽度为 1000mm 及以上，运输能力都在 9000 人/h 以上。

5. 水平梯级

水平梯级是指梯级前边缘到梳齿的距离（下行）或梯级的后边缘到梳齿的距离（上行）。水平梯级越多，乘客登梯时越自如，调整脚步的时间更充分，可以降低发生乘客登梯时未站稳而摔倒的可能性。

【实操模块】

[实训任务]

自动扶梯的操作及应急故障处理。

[实训目的]

会进行自动扶梯的正常操作，能够正确处理紧急故障。

[实训要求]

熟悉自动扶梯的构造,掌握自动扶梯的开启与关闭等正常操作及紧急故障情况下的停车操作。

[实训环境]

具有自动扶梯模型的理实一体化教室或仿真实训室或真实的地铁车站。

[实训指导]

1. 自动扶梯的操作按钮和钥匙开关

在自动扶梯扶手的上下两端,有"紧急停止"按钮、"上行/下行"钥匙开关和"报警停止"钥匙开关等操作按钮,用于自动扶梯的现场操作及控制,如图4-9所示。

(1)"紧急停止"按钮:用于自动扶梯在出现威胁乘客安全等紧急事故时的紧急停车。

(2)"上行/下行"钥匙开关:用于自动扶梯运行方向的选择。

(3)"报警停止"钥匙开关:用于自动扶梯开启前的鸣笛及自动扶梯的正常停车。

另外,在自动扶梯内侧面面板的上下端部贴有安全提示形象贴图,如图4-9所示。安全提示形象贴图以图示的方式向乘客说明乘坐自动扶梯的安全注意事项,其具体说明见本任务中的"拓展模块"。

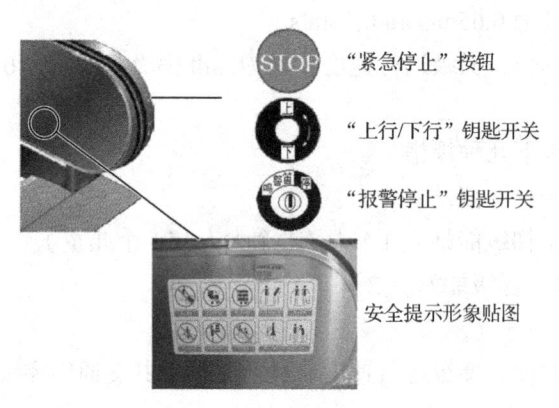

图4-9 自动扶梯的操作按钮和钥匙开关

2. 自动扶梯的开启

自动扶梯的开启操作步骤如下。

(1)除去自动扶梯各梯级间隙的杂物。

(2)确认"紧急停止"按钮是否处于正常状态。

(3)将钥匙插入操作盘上"报警停止"钥匙开关,打到"鸣警笛"位,鸣响警笛,之后放手,钥匙自动回到中央位置即可将其拔出。

(4)确认自动扶梯上没有人后,将钥匙插入"上行/下行"钥匙开关,向运行方向(上行或下行)旋转,自动扶梯开始运行,待稳定后放手,钥匙自动回到中央位置即可将其拔出钥匙。

（5）确认扶手带是否正常转动，如有异常声响或震动时，立即按动"紧急停止"按钮，停止自动扶梯运行，同时通知维修人员。

3．自动扶梯的关闭

自动扶梯的关闭操作步骤如下。

（1）将钥匙插入"报警停止"钥匙开关，向左旋转至"鸣警笛"位，鸣响警笛。

（2）确认自动扶梯附近或梯级上无人后，再用钥匙向右旋转至"停"位，停止自动扶梯运行。

（3）用栅栏挡住自动扶梯梯口，放置"暂停服务"牌。

4．自动扶梯紧急制动

在城市轨道交通车站运营期间，自动扶梯可能会发生意外事故，如超速运行或突然反向运行，乘客夹住手指、物品、摔倒等。当发生上述意外事故时，工作人员必须紧急停止自动扶梯运行，以防意外事故的影响扩大。

为使自动扶梯在发生意外事故时能够紧急停车，在自动扶梯上设有紧急制动器。若自动扶梯发生意外事故，工作人员可通过操作位于自动扶梯上下端部的"紧急停止"按钮（如图4-9所示），实现自动扶梯的紧急制动，具体操作步骤如下。

（1）在使用"紧急停止"按钮前，一定要通知乘客"紧急停止扶梯，请抓住扶手"，再进行操作。

（2）用手指按下红色"紧急停止"按钮，按钮凹下并自锁（正常情况下，红色"紧急停止"按钮为凸起状态）。

（3）当意外事故处理完后，用手指按动红色"紧急停止"按钮，使其恢复凸起状态，解除自动扶梯紧急停止状态，以便再次开启自动扶梯。

【拓展模块】

自动扶梯的安全提示形象贴图

为保证乘客乘坐自动扶梯安全，避免由于使用不当造成的损失，在使用自动扶梯时，应注意贴在自动扶梯上下端部的安全提示形象贴图，并严格遵守，如图4-10所示。

禁止运货
禁止骑自行车
禁止运载童车
禁止搬运遮挡视线的物品
禁止运载推车
禁止嬉闹
禁止将身体伸出梯外
禁止踩踏
老人、儿童及行动不便者需家人监护

图4-10　自动扶梯的安全提示形象贴图

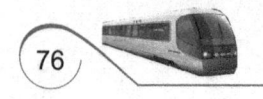

任务三　楼梯升降机的使用

【理论模块】

一、楼梯升降机的功能和优点

楼梯升降机安装在车站站台到站厅、地面到站厅步行楼梯一侧，以供坐轮椅的乘客上下楼梯使用，弥补有些车站现有直升电梯不能到达地面的不足，如图 4-11 所示。

图 4-11　使用中的楼梯升降机

楼梯升降机专为残疾人士设计，可与车站控制室视频通话，方便乘客召援。楼梯升降机具有占地面积小，安装灵活，使用操作简单，安全性高，维护操作简单等优点。

二、楼梯升降机的组成

楼梯升降机的外形如图 4-12 所示。楼梯升降机由轮椅平台、扶手导轨、外唤盒、驱动电动机、控制主板及各种安全装置等部件组成。其中，驱动电动机、控制主板及各种安全装置安装于楼梯升降机内部。

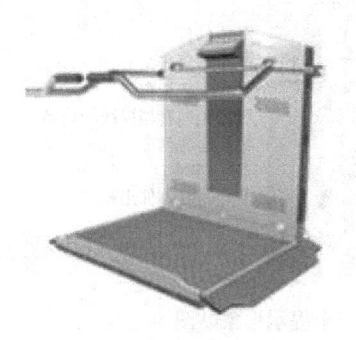

图 4-12　楼梯升降机的外形

1. 轮椅平台

轮椅平台包括活动板、安全挡板和安全护栏等部件，如图 4-13 所示。可通过操作外唤盒的上下按钮来控制轮椅平台的收放，如图 4-14 所示。在楼梯升降机到达终点位置后，只要持续按住外唤盒的上下按钮，活动板便会自动向上折放，安全护栏会向下折放。在轮椅平台折叠或者张开过程中，如果遇到故障，也可以通过手动方式完成轮椅平台的折叠或者张开。轮椅平台由钢件构成，从而保证其结构有足够的强度和刚度。

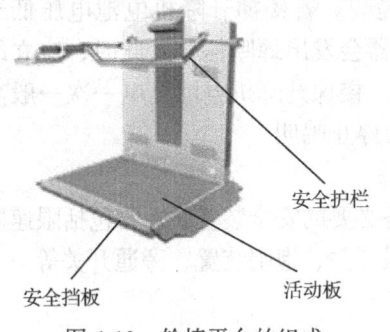

图 4-13 轮椅平台的组成　　　　　图 4-14 外唤盒

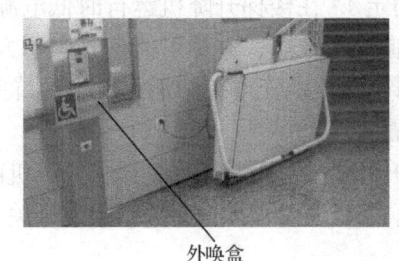

2. 扶手导轨

扶手导轨固定在楼梯表面。扶手导轨和支撑件采用钢材制作，表面热镀锌后涂有富锌防锈漆和耐磨面漆，从而使其具有很好的防锈蚀功能。

3. 驱动电动机

驱动电动机采用直流电动机，安装于楼梯升降机内部，如图 4-15 所示。楼梯升降机运行速度由驱动电动机通过齿轮减速后得到。6 个钢制驱动滚轮等距地分布在滚轮支架上，在任何地方总有 2 个滚轮同时附着在导轨上，如此循环转动使楼梯升降机上升或下降。楼梯升降机也可采用传动链进行传动，即驱动电动机带动传动齿轮，齿轮驱动传动链，传动链与导轨配合带动楼梯升降机慢速运行。

驱动电动机内有制动器，用于楼梯升降机的停车。制动器断电抱闸，通电松闸。制动器中的制动弹簧是压缩弹簧。

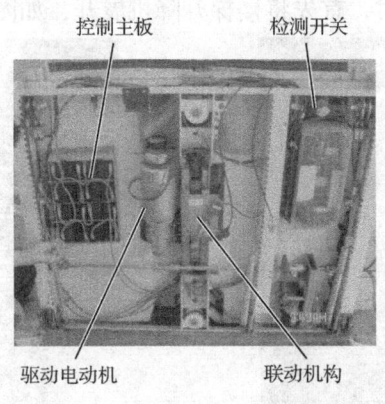

图 4-15 楼梯升降机的内部结构

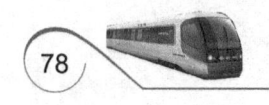

4. 控制主板

控制主板安装在楼梯升降机的内部，如图4-15所示，包括直流电源、蓄电池、主电源开关、上行继电器、下行继电器、中间继电器、时间继电器、电动机辅助继电器等。

对于运行在出入口的楼梯升降机，应能适应露天的工作条件，如要求楼梯升降机上安装有控制主板部分的柜体外壳防护等级不低于IP55。

5. 低电源蜂鸣器

低电源蜂鸣器用于楼梯升降机电池需要充电时的提醒。若楼梯升降机电池电压低于22.5V（视型号而定），在楼梯升降机运行时低电源蜂鸣器会发出蜂鸣信号。此时，应立即将楼梯升降机驶向充电地点，并尽可能使其向下方行驶。楼梯升降机电池充电一次一般需6～8h，当楼梯升降机电池充电完毕后，低电源蜂鸣器会停止鸣叫。

6. 安全装置

为保证楼梯升降机安全可靠工作，楼梯升降机内配备必要的安全装置，主要包括限速器开关、侧板开关、底板开关、护栏开关、限位开关、极限开关、抱闸装置、旁通开关等。

【实操模块】

[实训任务]

楼梯升降机的使用。

[实训目的]

会使用楼梯升降机。

[实训要求]

熟悉楼梯升降机的内部结构及使用步骤。

[实训环境]

具有楼梯升降机模型的理实一体化教室或仿真实训室或具有楼梯升降机的地铁车站。

[实训指导]

楼梯升降机的使用步骤如下。

（1）楼梯升降机未使用时处于备用状态，如图4-16所示。

（2）当使用楼梯升降机时，首先将楼梯升降机展开，如图4-17所示。

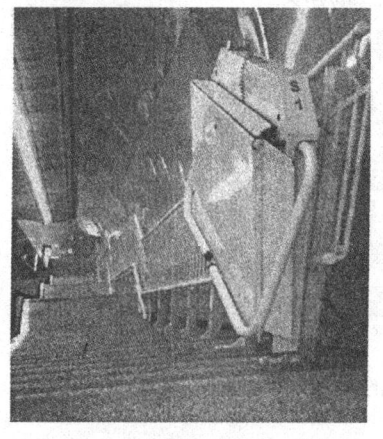

图4-16 楼梯升降机的备用状态 　　图4-17 展开的楼梯升降机

（3）将乘客轮椅推到楼梯升降机平台上，按动楼梯升降机控制器（如图 4-18 所示），驱动楼梯升降机运行。

（4）用完楼梯升降机后，将楼梯升降机重新折叠好，如图 4-19 所示。

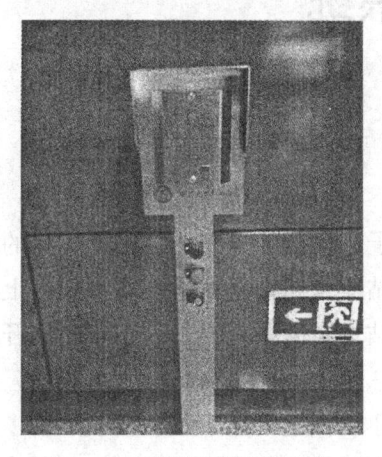

图 4-18　楼梯升降机控制器　　　　　　　图 4-19　楼梯升降机折叠中

思考与练习

（1）简述曳引驱动电梯的构造及工作原理。
（2）简述自动扶梯由哪几部分组成？各起什么作用？
（3）分析盘式制动器的基本工作原理。
（4）简述楼梯升降机的操作方法。

项目五 车站安全门系统

车站安全门系统是一个涉及建筑、机械、电子、信号、控制、装饰等学科的综合性门系统，设置于地铁或轻轨车站站台的边缘。车站安全门系统在整个站台长度上将站台区域与轨道区域分隔开来。当列车进出站时，车站安全门系统随着列车车门的开闭而自动同步开闭。

车站安全门系统主要包括屏蔽门、全高安全门、半高安全门和防淹门。

屏蔽门是一道自上而下的玻璃隔墙和滑动门，其高度一般为 2.8~3.2m，沿站台边缘和两端头设置，如图 5-1 所示。当屏蔽门关闭时，乘客候车区与列车进站停靠区将完全被隔离。屏蔽门一般应用于设有空调系统的地下车站。屏蔽门主要作用是增加车站站台的安全性，减少能耗，加强环保。

全高安全门与屏蔽门的结构基本相同，只是全高安全门上部不封闭，门体的下部可以根据需要设置通风口。全高安全门高度一般为 2.8~3.2m。全高安全门除具有保证乘客安全的功能外，还能阻挡列车进出站的气流对乘客的影响，多应用于没有空调系统的地下车站。

半高安全门高度一般为 1.2~1.7m，安装在站台边缘，将站台区域与轨道区域分隔开来，提高运营的安全性。半高安全门与屏蔽门、全高安全门相比，具有安装简单快捷，与土建接口较少，造价低，建设周期短等优点，但不具有隔热降噪的功能，一般用于地面车站和高架车站。

图 5-1　屏蔽门

图 5-2　半高安全门

项目五　车站安全门系统

防淹门作为地铁的防灾设备，主要应用在水系复杂、常年蓄水或地处海域海岛的地区。在这些区域的地铁穿越河流或湖泊等水域部分的线路，一般在进出水域的隧道两端适当位置设置防淹门，以防止洪水进入隧道和车站，避免造成大范围的人身伤亡和财产损失，有效保护地下设备和人身的安全。

车站安全门系统中常用的英文缩略词见表 5-1。

表 5-1　车站安全门系统中常用的英文缩略词

英文缩略词	含　义	英文缩略词	含　义
PSD	站台门	LCB	就地控制盒
ASD	滑动门	UPS	不间断电源
FIX	固定门	SIG	信号系统
EED	应急门	IMS	综合信息集成系统
MSD	端门	IBP	综合后备盘
PSC	中央控制盘（主控机）	BAS	综合监控系统
PSA	操作指示盘（远程监视设备）	MCBF	平均无故障周期
PSL	就地控制盘（站台端头控制盘）	MDT	平均停机时间
PEDC	逻辑控制单元	MTTR	平均维修时间
DCU	门机控制器（门控单元）	PTE	便携式测试装置

学习目标

（1）了解车站安全门系统的类型。
（2）掌握屏蔽门/安全门的结构及各组成部分构造。
（3）掌握屏蔽门/安全门的控制/监视系统。
（4）能够对屏蔽门/安全门进行手动操作。

学习任务

任务一：屏蔽门结构的认知
任务二：安全门结构的认知
任务三：屏蔽门/安全门的控制/监视系统
任务四：屏蔽门/安全门的控制模式
任务五：屏蔽门/安全门常见故障处理
任务六：防淹门结构的认知

教学建议

可在具有屏蔽门、安全门、防淹门仿真系统的实训室进行仿真教学，或先进行理论教学，再到地铁车站进行现场教学。

任务一　屏蔽门结构的认知

一、屏蔽门的类型

1. 按安装方式分类

按照屏蔽门的安装方式，可将屏蔽门分为顶部悬挂式屏蔽门、底部支撑式屏蔽门和底部支撑与顶部悬挂结合式屏蔽门 3 种类型。

1）顶部悬挂式屏蔽门

顶部悬挂式屏蔽门如图 5-3（a）所示。顶部悬挂式屏蔽门在早期应用较为广泛，整列屏蔽门的垂直载荷通过门体上方横梁、立柱传到站厅底板（或站厅结构梁），由上部（站厅）结构承受。顶部悬挂式屏蔽门下部边缘与站台之间设计有吸收主体建筑不均匀沉降的间隙。该间隙在地铁运营时应定期检查、调整，这就带来了较大维护的工作量。另外，若该间隙调整不及时，土建结构沉降时巨大的作用力可能会直接作用在顶部悬挂式屏蔽门结构上，从而形成顶部悬挂式屏蔽门永久变形。因此，屏蔽门供应厂家生产此种屏蔽门较少。

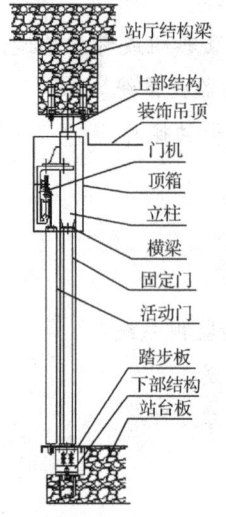

2）底部支撑式屏蔽门

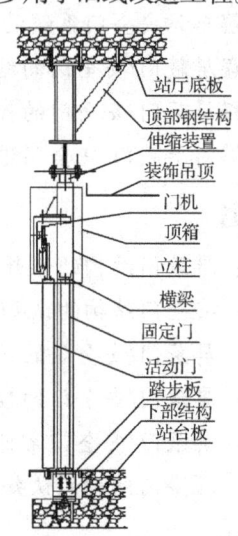

底部支撑式屏蔽门如图 5-3（b）所示。它的特点是屏蔽门设计安装以轨道顶面为基准，所有垂直载荷通过横梁、立柱传到站台板上。底部支撑式屏蔽门主体结构的不均匀沉降由屏蔽门上方的伸缩结构吸收，且在地铁运营时无须调整。底部支撑式屏蔽门是目前普遍采用的屏蔽门结构形式。

3）底部支撑与顶部悬挂结合式屏蔽门

底部支撑与顶部悬挂结合式屏蔽门如图 5-3（c）所示。它多用在上部结构安装部位无主体结构梁，且站台到站厅底板高度较大的屏蔽门工程中。底部支撑与顶部悬挂结合式屏蔽门顶部设计有钢结构，且顶部钢结构垂直荷载由站厅底板承受。底部支撑与顶部悬挂结合式屏蔽门垂直荷载通过立柱等构件传给站台板。此种结构形式的屏蔽门多用于旧线改造工程。

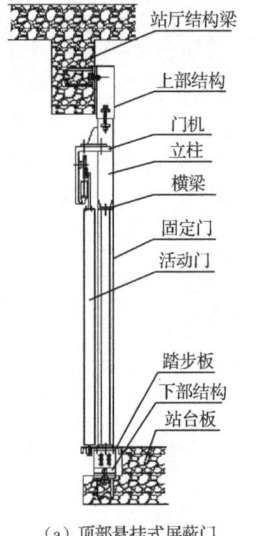

(a) 顶部悬挂式屏蔽门　　(b) 底部支撑式屏蔽门　　(c) 底部支撑与顶部悬挂结合式屏蔽门

图 5-3　3 种安装方式的屏蔽门

二、屏蔽门的结构

屏蔽门是机电一体化设备，集成了现代计算机控制、伺服驱动、网络技术、不间断电源技术和精密机械技术。通常，屏蔽门由机械和电气两部分组成。其中，机械部分包括门体结构和门机；电气部分包括电源、控制与监视系统。

1. 门体结构

屏蔽门的门体结构如图 5-4 所示，由承重结构、门槛、各种门体和顶箱组成。

图 5-4　屏蔽门的门体结构

1）承重结构

承重结构如图 5-5 所示，由支撑底座、立柱、门机梁、顶部悬挂装置及伸缩装置等组成，用于安装门机、滑动门、固定门、应急门、端门等，并承受门体的垂直荷载，以及列车行驶活塞风压、环控系统风机风压及乘客挤压叠加作用形成的正反方向的水平载荷，以及地震等外界负荷。

门体结构与下部、上部土建结构绝缘连接，且连接稳固，并能进行三位调节和吸收土建沉降。

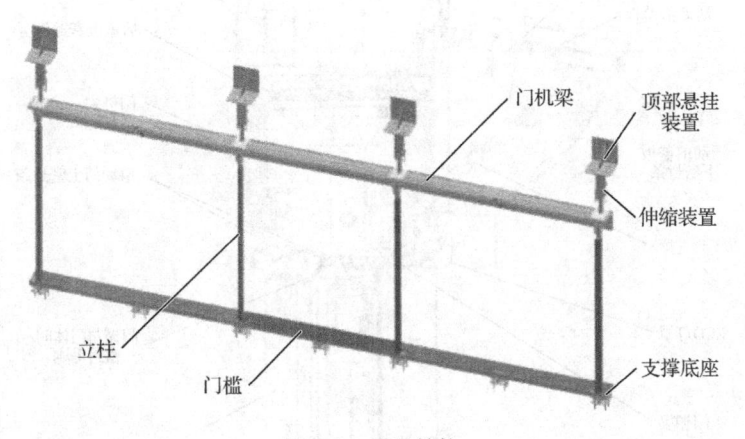

图 5-5　承重结构

2）门槛

门槛又称"踏步板"，安装在站台板边缘，上表面与站台装饰层平齐，为乘客进出地铁车厢的必经之路。门槛包括固定门门槛、应急门门槛和滑动门门槛。固定门门槛承受固定

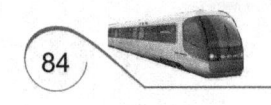

门的垂直载荷。应急门门槛和滑动门门槛承受乘客载荷。门槛结构中的滑动导槽能配合滑动门滑动。

目前，门槛基体大部分采用铝型材；门槛盖板采用铝或不锈钢型材，且对其表面进行耐磨防滑处理，如图 5-6 所示。

为填充列车车体与门槛（站台边缘）的间隙，以避免乘客上下车时发生物品掉落事故，在站台边缘滑动门门槛对应位置安装安全防护橡胶条，如图 5-7 所示。

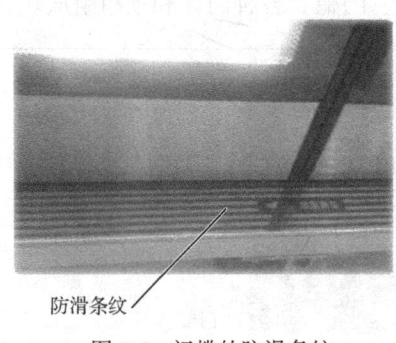

图 5-6　门槛的防滑条纹

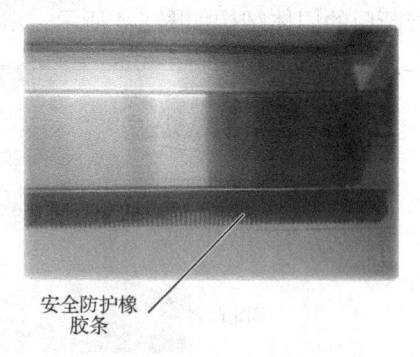

图 5-7　门槛的安全防护橡胶条

3）顶箱

顶箱的结构如图 5-8 所示。顶箱置于门体顶部，内置有门驱动机构、滑动门锁紧装置、门控单元、端子排、导轨、滑轮装置、传动装置、门机梁、横梁等部件。顶箱采用铝合金型材制成，具有屏蔽电磁波的作用，可以保证顶箱内电气组件的正常工作。

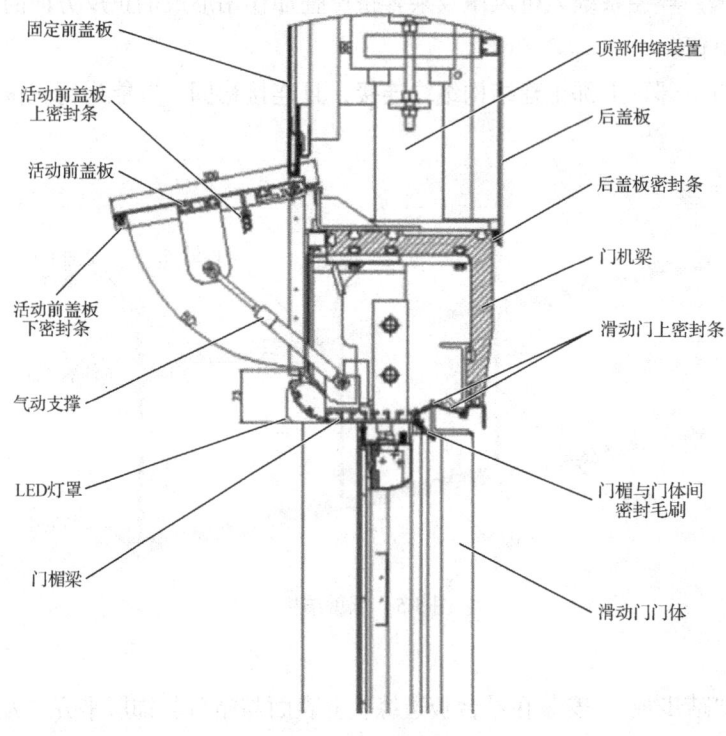

图 5-8　顶箱的结构

项目五 车站安全门系统

4）滑动门

滑动门又称活动门，在屏蔽门中的位置如图 5-4 所示，是与列车门对应的滑动开启门，是正常运行时乘客上下车的通道，有系统级、站台级、手动操作 3 种控制模式。其中，手动操作控制优先级最高，站台级控制优先级次之。滑动门由钢化玻璃、门框、门吊挂连接板、门导滑板、门胶条、手动解锁装置等组成。其中，门吊挂连接板设有滑动碳刷架，使门框通过钢轨接地。

每扇左滑动门上都装有手动解锁装置。在紧急状态下，乘客可以在轨道侧操作该解锁装置打开滑动门，工作人员也可以从站台侧使用专用钥匙将滑动门打开。注意：手动解锁力不能大于 67N；手动将门打开所需的力不能大于 133N；滑动门在关门过程中，在最后 100mm 行程中每扇门的动能不能超过1J；滑动门在行程中每扇门的最大动能不能超过 10J。

5）应急门

应急门在屏蔽门中的位置如图 5-4 所示。在列车正常运营时，应急门保持关闭且锁紧，作为站台公共区与隧道区域的屏障。当列车进站无法对准滑动门时，应急门作为乘客的疏散通道可向站台侧旋转开启且可 90°定位。应急门由钢化玻璃、门框、闭门器、推杆锁等组成。应急门框采用铝合金型材；应急门面板采用 8mm 钢化玻璃；应急门采用上下转轴方式固定；应急门竖框内设置有推杆锁装置；应急门设有位置信号装置，可以将门锁闭信号和解锁信号反馈到中央控制盘。

6）固定门

固定门在屏蔽门中的位置如图 5-4 所示。固定门是不可开启的门体，放置在滑动门与滑动门、滑动门与端门之间，是站台公共区与隧道区域的屏障。固定门由钢化玻璃、门框等组成。固定门门框采用铝合金型材；固定门门框插挂于立柱的方孔内；固定门门框与立柱之间设有橡胶减震垫，安装方便，可拆卸更换。固定门高度与滑动门高度一致。

7）端门

端门布置于站台两端，与站台边屏蔽门垂直，如图 5-9 所示。端门的结构与应急门的结构基本相同，安装有紧急推杆锁。

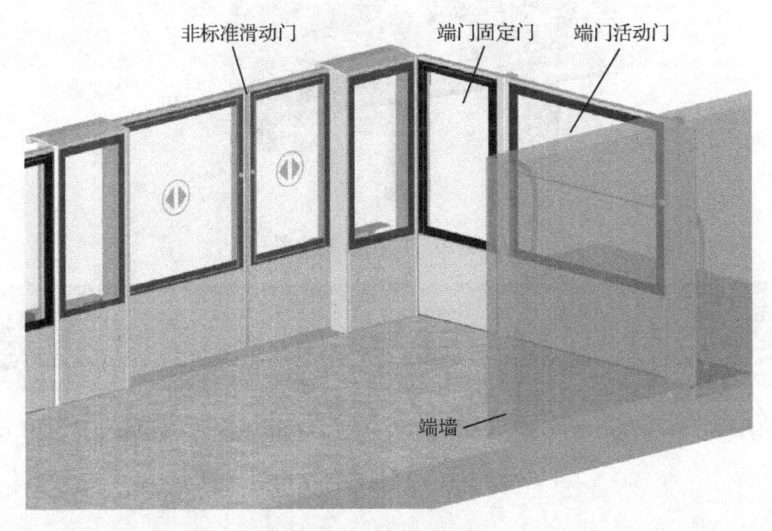

图 5-9 端门的位置

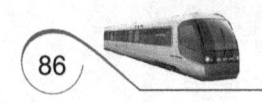

在列车正常运营时，端门保持关闭且锁紧；当列车在区间隧道发生火灾或故障时，端门是乘客的疏散通道，也是车站工作人员进入隧道的专用门。端门活动门可向站台侧旋转 90°平开，且在打开后能自动复位关闭；在端门上配有位置开关，其状态由位置最靠近的门控单元监控；尽量保证端门活动门有 1200mm 净开度，困难情况下保证其有 900mm 净开度。

各种门体的特点见表 5-2。

表 5-2　各种门体的特点

	固定门的特点	滑动门的特点	应急门的特点	端门的特点
位置	凡是不能打开的屏蔽门	正常停车时与列车车门一一对应	每节车厢对应一道应急门，具体位置视站台实际情况而定	位于站台两端头，垂直于站台边线布置
每侧站台的数量/道		24	6	2
站台侧开门部件		钥匙开关	钥匙开关	钥匙开关
执行侧开门部件		门体中部开门扳手	门体中部手动推杆	门体中部手动推杆
手动开门方式		沿门体方向平行拉开	向站台侧旋转 90°	向站台侧旋转 90°

2．门机

门机是屏蔽门的承载和驱动机构，由门控单元、传动装置、驱动装置和锁紧装置等组成。门机安装位置如图 5-10 所示。门机内部结构如图 5-11 所示。

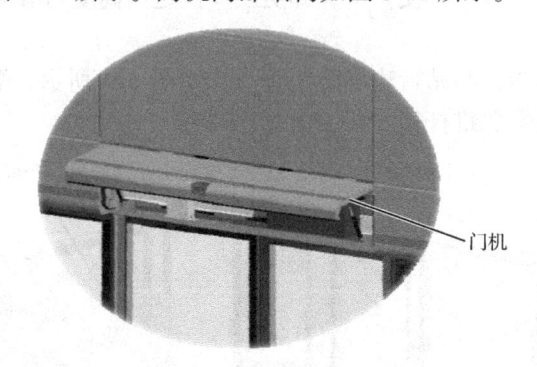

图 5-10　门机安装位置

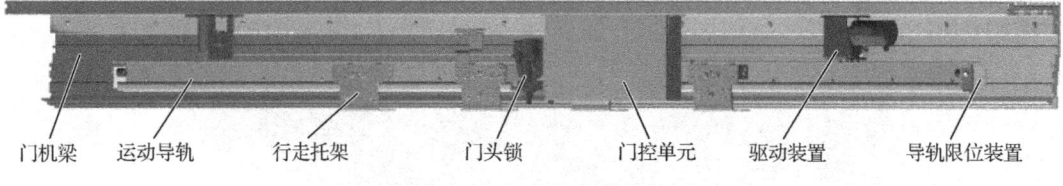

图 5-11　门机内部结构

门机梁　运动导轨　行走托架　门头锁　门控单元　驱动装置　导轨限位装置

门控单元主要实现的是对屏蔽门的控制，因此将被放在屏蔽门/安全门的控制与监视系统部分去介绍。下面主要介绍传动装置、驱动装置和锁紧装置等机械部件。

1）传动装置

门机的传动装置由传动螺杆与球形螺母组成，如图 5-12 所示。

螺杆由 3 个安装在门机梁上的轴承支撑，依据门扇运动的方向分为左旋螺杆和右旋螺杆。每个门机的传动装置配有一个驱动装置，而螺杆通过弹性联轴器连接在驱动装置的电动机上。

图 5-12　传动装置组件

2）驱动装置

门机的驱动装置由电动机与减速箱组成。目前，多数门机的驱动装置都采用直流无刷伺服电动机、直流伺服电动机等微特电动机。每台电动机都带有霍尔传感器或光电编码器，由门控单元采用脉宽调制技术进行控制，或使用矢量控制技术实现闭环控制及位置控制。减速箱用于电动机减速及提高电动机输出的驱动力矩。电动机和减速箱组件如图 5-13 所示。

3）传动副

传动副是电动机与减速箱组件输出轴至门扇的传动机构，一般有皮带/齿轮式和螺杆式两种传动方式。皮带/齿轮式传动副如图 5-14 所示。

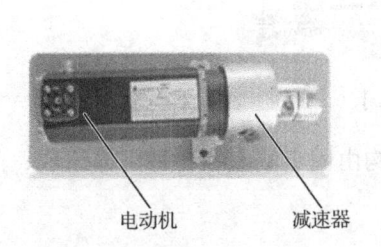

图 5-13　电动机和减速箱组件

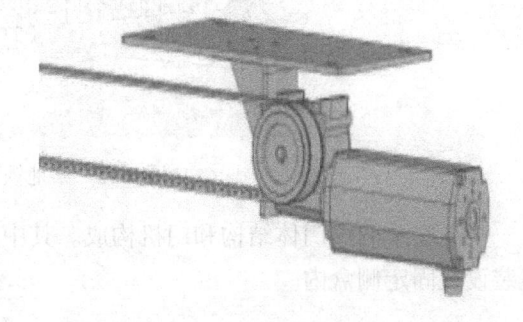

图 5-14　皮带/齿轮式传动副

（1）皮带/齿轮式传动副：由齿形橡胶皮带、滑轨及惰轮组成，是门机内机械传动部件，能够牵引门扇运动；非对称门设有变速齿轮组，为窄型门扇提供对应比例速度，以实现宽窄两门扇动作同步。

（2）螺杆式传动副：电动机与减速箱组件的输出轴经联轴器与丝杆连接；丝杆的螺距体现传动链上的变比；丝母与被驱动门扇刚性连接。

4）锁紧装置

锁紧装置设计简易，且不需要额外驱动力。锁紧装置包括闭锁检测开关、手动解锁检测开关、解锁电磁铁、凸轮和门锁支架。

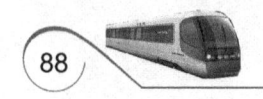

5）应急门检测开关

应急门检测开关用于检测应急门开关状态。该状态信号会被输入至门控单元，从而成为门扇的关闭与锁紧信号。

6）金属电缆槽

金属电缆槽包括通信线路线槽、控制线路线槽和电源供电线路线槽，位于顶箱之上。

任务二　安全门结构的认知

任务一我们详细介绍了屏蔽门的结构。全高安全门的结构与屏蔽门的结构基本相同，这里不再赘述。下面重点介绍半高安全门的结构。

在一些地面车站及无须考虑冷气流失节能问题的地下车站，为了避免乘客等车时不慎掉下站台，可以安装安全门。安全门由可以开启的滑动门和不能开启的固定门两个部分组成，门体高度一般为 1.2～1.5m，具有安全、便利的优点。其中，滑动门与列车门一一对应；在列车进站并停稳后，滑动门会与列车门同时打开；在乘客上下列车后，滑动门又会与列车门同时关闭。某地铁车站的安全门如图 5-15 所示。

图 5-15　某地铁车站的安全门

半高安全门由门体结构和门机构成。其中，门体结构由固定侧盒和各种门体组成；门机装设在固定侧盒内。

一、门体结构

半高安全门的门体结构如图 5-16 所示，由滑动门、应急门、固定门组成。与屏蔽门的门体结构相比，半高安全门的门体要矮，其高度一般为 1.5m。另外，屏蔽门的门体从上到下都为钢化玻璃，而半高安全门的门体一般下面 1/3 高度范围内设置有铝合金防踢板。该防踢板一方面起保护门体的作用，另一方面其内部一般就是半高安全门的承载、传动及控制装置所在的地方。

1. 滑动门

同屏蔽门一样，半高安全门的滑动门也是与列车门对应的；列车到站后，滑动门开启；列车离站前，滑动门关闭。

项目五 车站安全门系统

图 5-16 半高安全门的门体结构

滑动门的门框内设有手动解锁装置，并可通过轨道侧的开门把手或站台侧的钥匙开关打开此门。

新型的半高安全门在轨道侧设有激光防护装置，以对屏蔽门和列车之间的间隙进行安全检测。

半高安全门的滑动门结构如图 5-17 所示。半高安全门的滑动门由不锈钢门框、钢化玻璃、主横梁、手动解锁装置、不锈钢防踢板等组成。

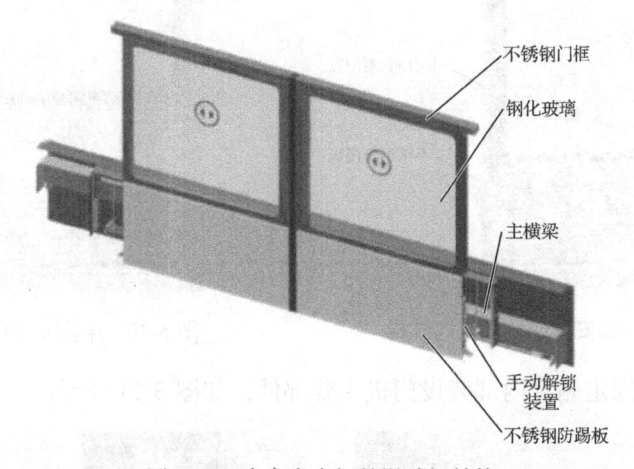

图 5-17 半高安全门的滑动门结构

2. 应急门

在列车正常运营时，半高安全门的应急门保持关闭且锁紧状态，作为站台公共区与隧道区域的屏障。当列车进站无法对准半高安全门的滑动门时，半高安全门的应急门将作为乘客的疏散通道。

半高安全门的应急门门体设有闭门器，中部设有推杆逃生装置，并可通过轨道侧的开门推杆或站台的钥匙开关打开此门。

半高安全门的应急门结构如图 5-18 所示。

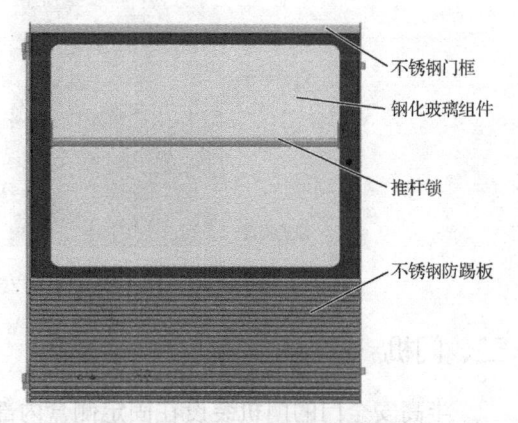

图 5-18 半高安全门的应急门结构

3. 固定门

半高安全门的固定门设置在滑动门与滑动门之间、滑动门与端门之间，在站台公共区与隧道区域之间起隔离作用。

半高安全门的固定门结构如图5-19所示。

4. 固定侧盒

半高安全门的固定侧盒是半高安全门的重要部件，由不锈钢门框、钢化玻璃组件、不锈钢防踢板、底座等组成。半高安全门的固定侧盒结构如图5-20所示。

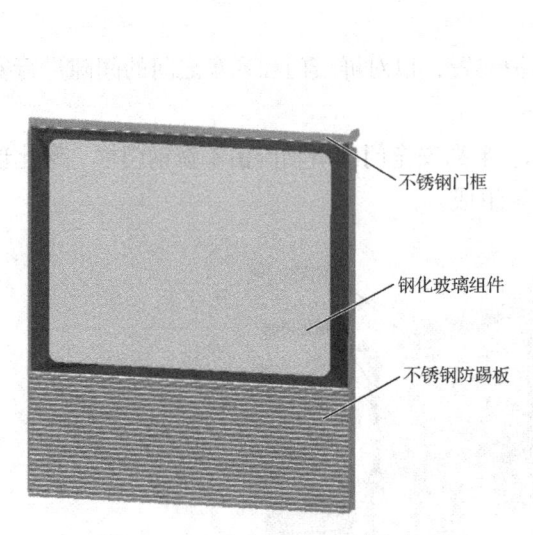

图5-19 半高安全门的固定门结构

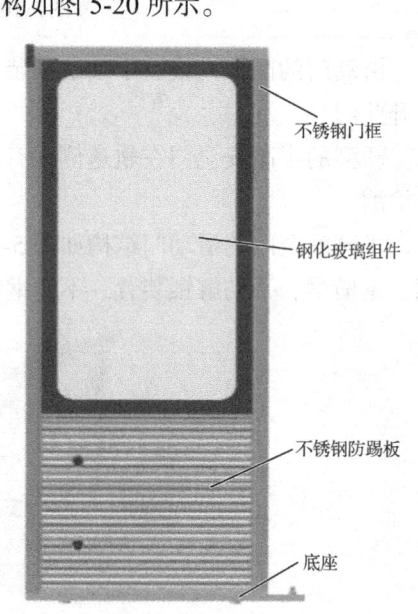

图5-20 半高安全门的固定侧盒结构

半高安全门的固定侧盒内部装设门机主要部件，如图5-21所示。

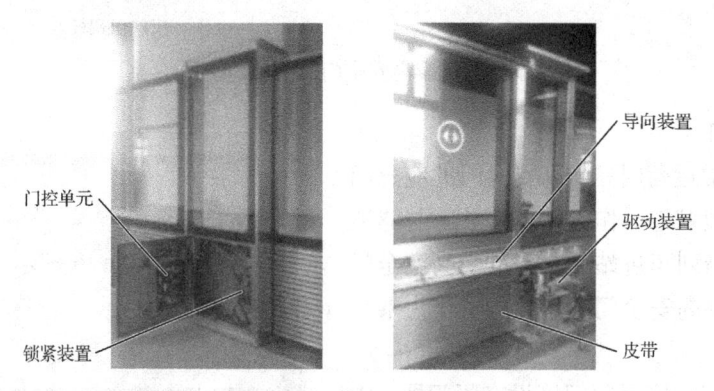

图5-21 半高安全门的门机主要部件

二、门机

半高安全门的门机装设在固定侧盒内部、滑动门门体的下端，主要由驱动装置、锁紧装置、门控单元、传动装置等组成。

半高安全门的门机工作原理如图 5-22 所示，电动机转动带动皮带移动，从而带动两侧门扇沿导向装置相向移动，并在关闭到位后由锁紧装置锁紧。半高安全门的门机由门控单元进行控制。

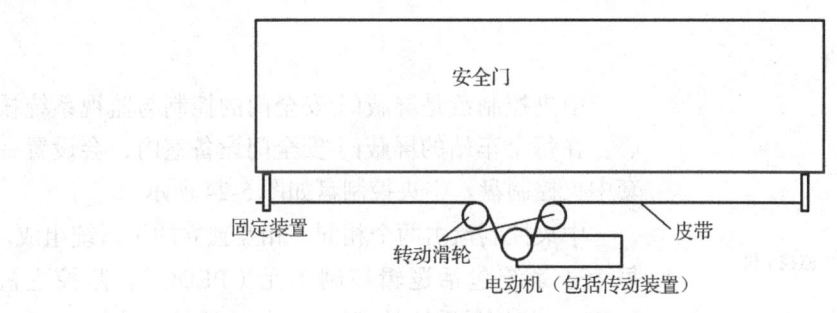

图 5-22　半高安全门的门机工作原理

任务三　屏蔽门/安全门的控制/监视系统

屏蔽门/安全门的控制/监视系统如图 5-23 所示，主要由中央控制盘（PSC）、站台端头控制盘（PSL）、门控单元（DCU）、通信介质及通信接口、便携式测试装置（PTE）、远程监视设备（PSA）等组成。

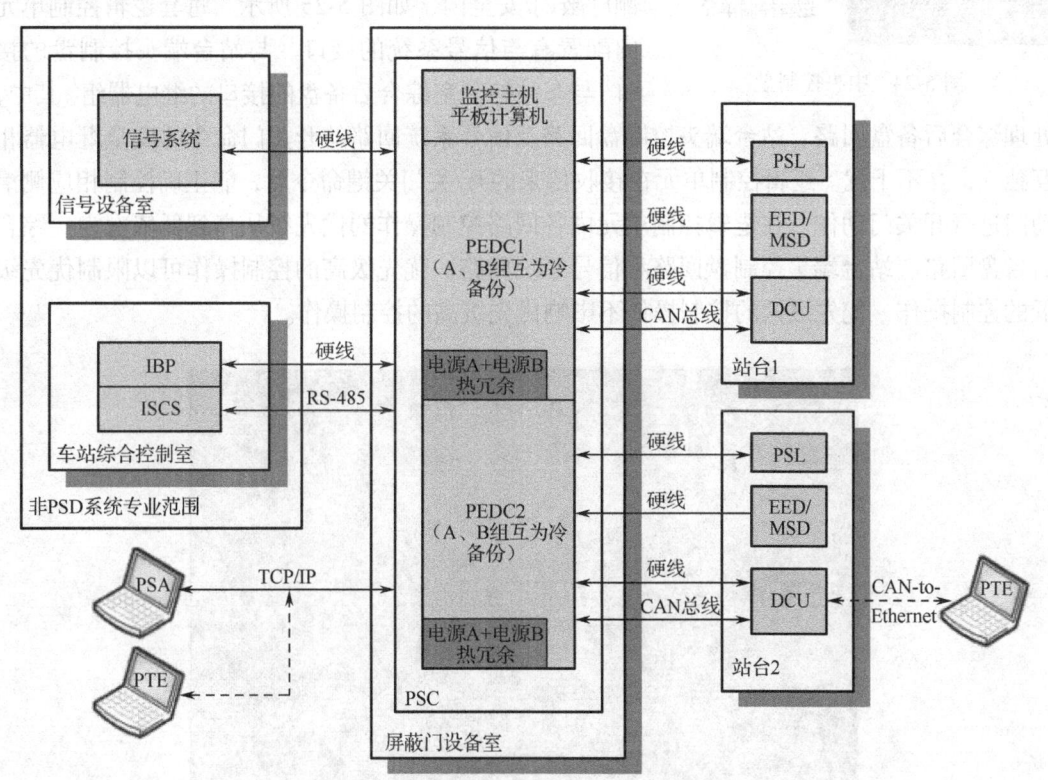

图 5-23　屏蔽门/安全门的控制/监视系统

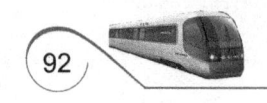

另外，屏蔽门/安全门的控制/监视系统还配置有电源系统，可为屏蔽门/安全门的驱动系统和控制系统等供电。

一、系统设备

1. 中央控制盘

中央控制盘是屏蔽门/安全门的控制与监视系统核心。在每个车站的屏蔽门/安全门设备室内，会设置一套中央控制盘。中央控制盘如图 5-24 所示。

中央控制盘由两个相同、相互独立的子系统组成。每个子系统包括逻辑控制单元（PEDC）、监控主机（PLC）、与信号系统的接口、与综合监控系统的 RS-485 串行接口、与中央控制盘盘面显示终端（LCD）的 RJ-45 以太网接口、接线端子排、柜体面板上的相关按钮及其指示灯、维修插口（连接便携式测试装置）等。

1）逻辑控制单元

两个子系统各配置一套逻辑控制单元，分别控制一侧屏蔽门/安全门，如图 5-25 所示。每套逻辑控制单元内配置有与信号系统的接口、与站台端头控制盘的接口、与车站控制室综合后备盘的接口的继电器组。其中，处理综合后备盘回路、站台端头控制盘回路及信号系统回路的开关门命令的安全继电器相互独立，互不干扰。逻辑控制单元在接收传来的开/关门关键命令后，能正确控制相应侧滑动门进行开关门动作。在逻辑控制单元内各回路控制操作的优先级从高到低依次为：综合后备盘回路、站台端头控制盘回路和信号系统回路。优先级高的控制操作可以限制优先级低的控制操作，优先级低的控制操作不影响优先级高的控制操作。

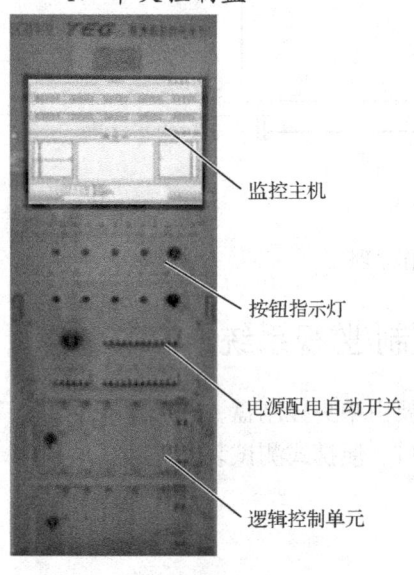

图 5-24 中央控制盘

图 5-25 逻辑控制单元

2）监控主机

监控主机为图 5-24 中最上面的设备。监控主机是每个子系统的主要设备，属于整个总线网络的主设备；能够实现系统内部信息的收发、采集、汇总和分析；能够实现与主控系统车站控制室工作站、站台端头控制盘、门控单元各单元之间的信息交换；能够查询逻辑控制单元中各回路的状态；具有足够存放数据和软件的存储单元；具有运行监视功能及自诊断功能。

2. 站台端头控制盘

站台端头控制盘用于实现站台级控制，如图 5-26 所示。

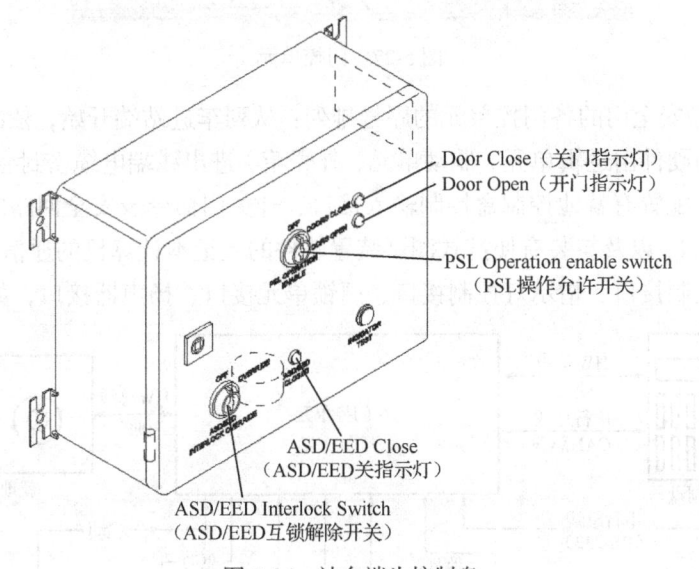

图 5-26　站台端头控制盘

在正常情况下，每个车站每侧站台会设置一套站台端头控制盘；对于需要列车站前折返的车站，每侧站台会设置两套站台端头控制盘（简称双 PSL）。在系统级控制出现故障时，可由列车司机或站务员在站台端头控制盘上对屏蔽门/安全门进行开关门的控制。

在站台端头控制盘内，设置有端子排。该端子排通过硬线与中央控制盘柜内的端子排相连接，建立与逻辑控制单元的控制关系。监控主机可以监视到站台端头控制盘开关门钥匙开关和互锁解除钥匙开关的状态，并进行显示和记录。

3. 远程监视设备

远程监视设备经双路 RS-485 总线与逻辑控制单元连接，用于屏蔽门/安全门状态监视、屏蔽门/安全门故障状态诊断、运行记录下载、软件装载等。

4. 门控单元

门控单元如图 5-27 所示，是门机的核心，具有自诊断功能，会对滑动门的整个运行过程进行制动和加速控制。

门控单元有电子式门控单元、气动式门控单元等多种类型。随着计算机技术、微电子技术、电子功率器件技术的发展，现代的门控单元通常采用计算机控制的电子式门控单元，并配置有模式转换开关接口、手动测试接口、门头闸锁接口、两路冗余现场总线接口、关

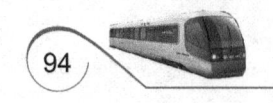

键信号硬线接口、配套电动机电缆接口，具备自诊断功能，能与维护计算机连接，可进行测试、组态编程维护，能实现信息化、智能化及集成网络控制。

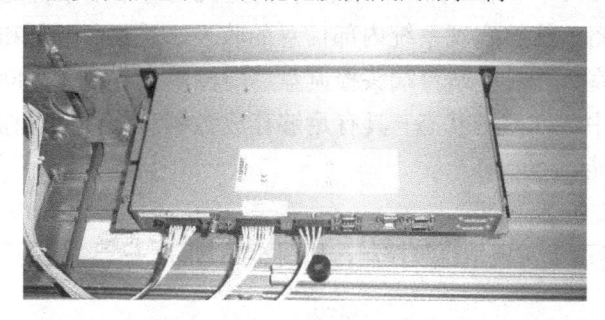

图 5-27 门控单元

站台屏蔽门/安全门的各门控单元的序号排列：从列车进站端开始，依次为 1，2，3，…。

门控单元的硬件由逻辑单元、驱动单元、外壳箱、进出线端电缆密封套、数据线组成。其中，逻辑单元配置有就地控制盒控制输入接口、开关门命令及安全回路的硬线接口、现场 CAN 总线接口，以及与装有便携式测试装置软件的笔记本计算机的通信接口；驱动单元配置有电动机控制接口、指示灯控制接口、门锁单元接口、扬声器接口，如图 5-28 所示。

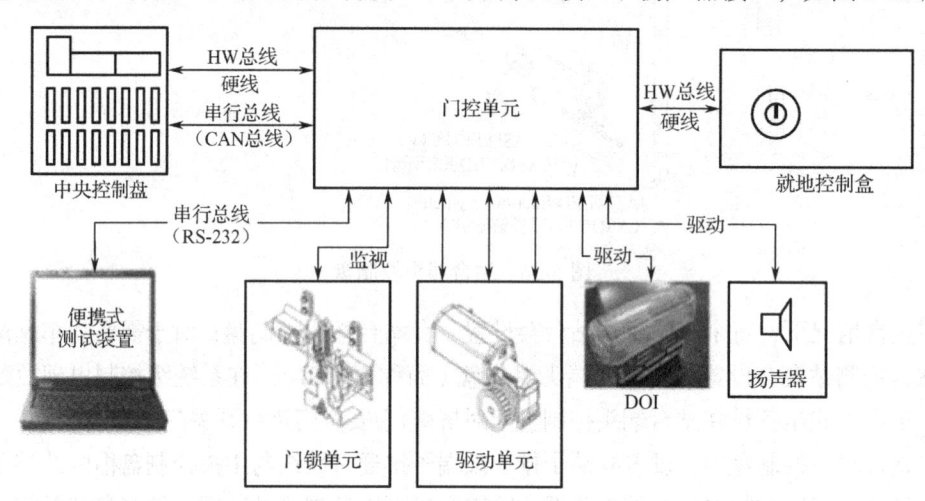

图 5-28 门控单元逻辑框图

门控单元具有控制、监控、通信和保护 4 个方面的功能。

1）门控单元的控制功能

（1）能够对滑动门的开关（曲线）进行控制。

（2）能够对滑动门各单元异常状态进行保护控制并报警。

（3）能够进行语音报警控制。

（4）能够对站台侧指示灯进行控制。

2）门控单元的监控功能

（1）能够监控内部状况。

（2）能够监控门锁状态。

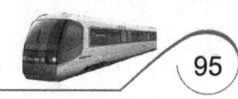

（3）能够监控模式开关状态。
（4）能够监控应急门开关状态。
（5）能够监控地址编码器状态。
（6）能够监控紧急释放机构状态。
3）门控单元的通信功能
（1）具有两路 CAN 总线。
（2）具有系统维护工具接口。
4）门控单元的保护功能
（1）能够对滑动门进行超速保护。
（2）具有障碍物检测和防夹功能。
（3）能够对紧急释放机构进行操作。

5. 就地控制盒

每道屏蔽门/安全门均有就地控制盒钥匙开关，安装在滑动门门楣右下方。

就地控制盒钥匙开关是一个四位钥匙开关，站台侧工作人员可通过该钥匙开关进行模式转换。该钥匙开关只有在自动位时，方可取出。

就地控制盒钥匙开关的位置（自动/隔离/手动关/手动开）通过其后面的、密封在铝盒内的接线端子及与门控单元接口单元连接的导线反馈给门控单元。

在每道屏蔽门/安全门中，无论发生网络通信故障、电源故障、门控单元故障及其他故障，均可通过就地控制盒切断相应门控单元的电源，将此故障单元与整个系统隔离，从而不影响整个系统的正常工作。

6. 综合后备盘

当车站及其区间发生火灾等紧急事件，需要疏散车站上的人员时，就要通过设置在综合控制室综合后备盘上的紧急控制按钮开启安全门。对综合后备盘的控制操作是所有安全门控制操作优先级中最高的。在综合后备盘的控制下，其他级别的操作都无法控制屏蔽门/安全门。综合后备盘盘面的布置如图 5-29 所示。

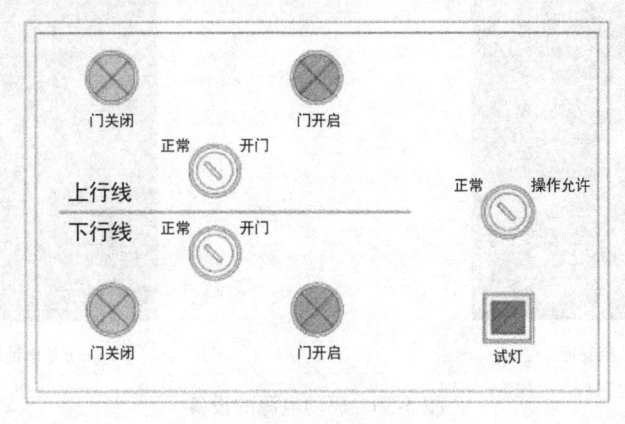

图 5-29　综合后备盘盘面的布置

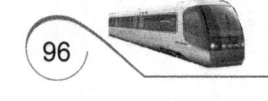

综合后备盘有操作允许钥匙开关、上行线门开启/上行线门关闭钥匙开关、下行线门开启/下行线门关闭钥匙开关及试灯按钮。

二、电源系统

屏蔽门/安全门为一级负荷，所以在线路发生故障停电时仍要保证对其进行连续供电。一般采用双回路供电方式对屏蔽门/安全门供电，即两路交流电经低压配电箱切换后，选择其中一路交流电给屏蔽门/安全门供电。

电源系统包括驱动电源和控制电源。电源系统主要部件采用模块化功率部件，可实现完善的 $N+1$ 备份功能、在线式热插拔功能及在线维修功能。

1. 驱动电源

驱动电源包括控制柜、蓄电池柜等设备，如图 5-30 所示。

驱动电源主要为门机供电。在正常情况下，控制柜将三相交流电转换为 100V 直流电后，一方面对蓄电池组进行浮充电，另一方面给屏蔽门/安全门的门机供电。若三相交流电源发生故障，就由蓄电池组对门机供电。当三相交流电源断电后，蓄电池的容量应能保证双侧站台所有门单元在 60min 内动作 3 次，以便为车站工作人员提供应急处理的时间。

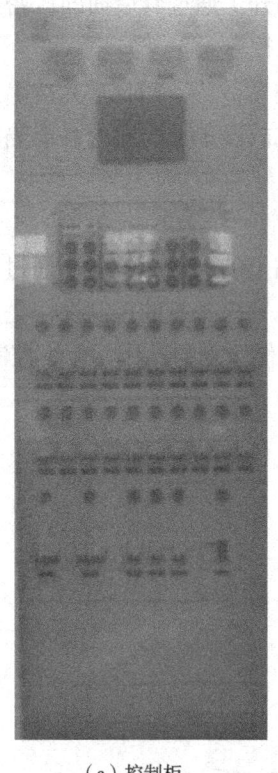

（a）控制柜 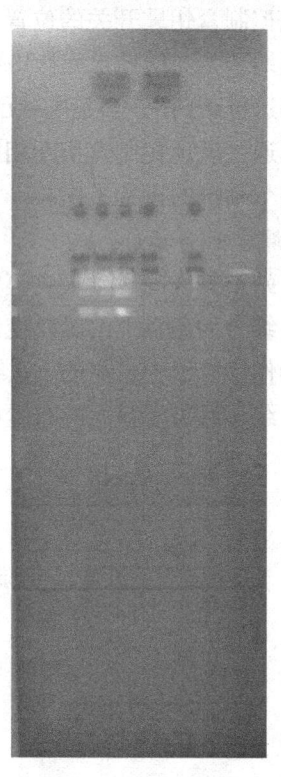　　　　　　　　　　（b）蓄电池柜

图 5-30　驱动电源的设备

2. 控制电源

控制电源包括不间断电源（含蓄电池）、AC/DC 转换模块等设备。其中，不间断电源

为屏蔽门/安全门的控制设备（如逻辑控制单元、站台端头控制盘等）供电。当外部电源中断供电时，控制电源能保证屏蔽门/安全门的控制设备持续运行60min，以便为车站工作人员提供应急处理的时间。

3. 配电柜

配电柜内设置了系统总开关、主隔离变压器、门单元分路负荷开关、各控制回路工作电源开关和车站低压配电接地保护装置等。

4. 接地与绝缘

上下安装支架设有绝缘套。屏蔽门/安全门金属构件（包括门槛、立柱、门机铝箱、盖板等）通过接地线与轨道连接，从而使屏蔽门/安全门金属构件与列车车体等电位。站台侧靠屏蔽门/安全门边缘2m范围内设有绝缘地板。

三、与信号系统的接口

在基于通信的列车自动控制系统中，屏蔽门/安全门的安全监督、控制分别由列车自动保护装置或列车自动运行装置来完成，即列车自动保护装置负责开关屏蔽门/安全门的安全监督，列车自动运行装置负责同时向屏蔽门/安全门与车门发送开关门命令。

屏蔽门/安全门的控制/监视系统与信号系统的接口见表5-3。

表5-3 屏蔽门/安全门的控制/监视系统与信号系统的接口

信号名称	方式	信号系统功能	屏蔽门/安全门功能
开门命令（持续信号）	硬线	负责将开门命令传送给屏蔽门/安全门	收到开门命令后，由屏蔽门/安全门完成开门动作
关门命令（持续信号）	硬线	当关闭列车车门时，输出关门命令	收到关门命令后，由屏蔽门/安全门完成关门动作
所有门关闭且锁紧	硬线	收到所有门闭锁状态信号后，允许发车	当所有门锁闭时反馈闭锁信息给信号系统；只要有一个门单元没有锁闭，就不能反馈闭锁信息给信号系统
"滑动门/应急门"互锁解除	硬线	收到"滑动门/应急门"互锁解除信号后，解除对屏蔽门/安全门锁闭状态的检查和互锁关系，并允许发车	当屏蔽门/安全门故障时，为保证列车运营，通过解除"滑动门/应急门"与信号系统的互锁来使列车正常发车

任务四　屏蔽门/安全门的控制模式

屏蔽门/安全门有系统级、站台级和手动操作3级控制，以及5种控制模式。这5种控制模式按控制优先级由高到低的顺序为手动解锁控制模式、单档门就地控制模式、紧急控制模式、站台级控制模式和系统级控制模式。

一、手动解锁控制模式

手动解锁控制模式是指在站台侧由站台工作人员用钥匙插入滑动门钥匙开关（如图 5-31 所示）手动打开滑动门，在轨道侧由乘客使用滑动门上的手动解锁把手或按钮（如图 5-32 所示）自行开启单档滑动门的控制模式。

图 5-31 屏蔽门/安全门手动解锁钥匙开关

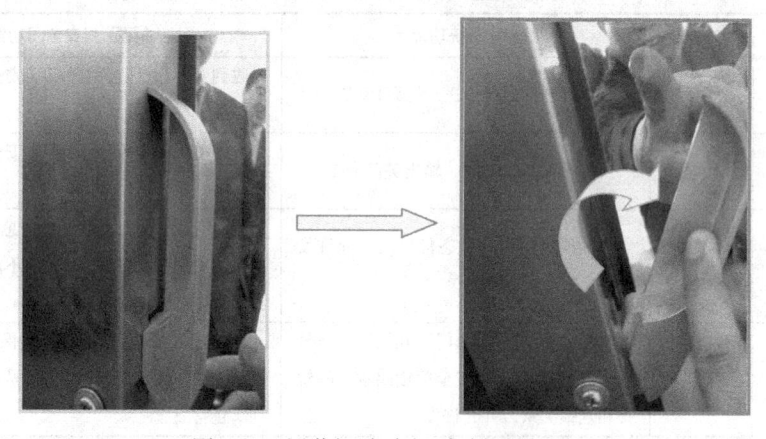

图 5-32 屏蔽门/安全门手动解锁把手

1. 手动解锁控制模式适用的情况

（1）系统级控制和站台级控制均不能操作屏蔽门/安全门。
（2）个别屏蔽门/安全门操作机构发生故障。
（3）列车无法在规定范围内停车，且偏移量较大，导致乘客无法从滑动门进出。
（4）隧道内发生火灾、列车出轨等情况，需要在轨道内停车。

2. 具体操作步骤

（1）将钥匙插入需要手动打开的滑动门（应急门、端门）的锁孔，顺时针旋转 90°。
（2）用力向两边推开两扇门（应急门和端门朝站台方向拉开），拔出钥匙，门指示灯亮

（指示门处于打开状态）。

（3）关门时，将钥匙插入需要手动关闭的滑动门（应急门、端门）的锁孔，逆时针旋转90°，用力推拉两扇门至关闭，门指示灯灭，拔出钥匙。

二、单档门就地控制模式

单档门就地控制模式是指站台工作人员在站台侧用专用钥匙插入就地控制盒的锁孔，如图5-33所示，将钥匙开关打到"手动"位，则该就地控制盒控制的单档门处于打开的操作模式。

图 5-33　就地控制盒

三、紧急控制模式

紧急控制模式即火灾控制模式。在相应的火灾控制模式下，车站值班人员通过操作车站控制室的消防联动盘（如图5-34所示）控制屏蔽门/安全门紧急开关，配合打开全部门，以便疏散乘客和配合环控系统排烟。

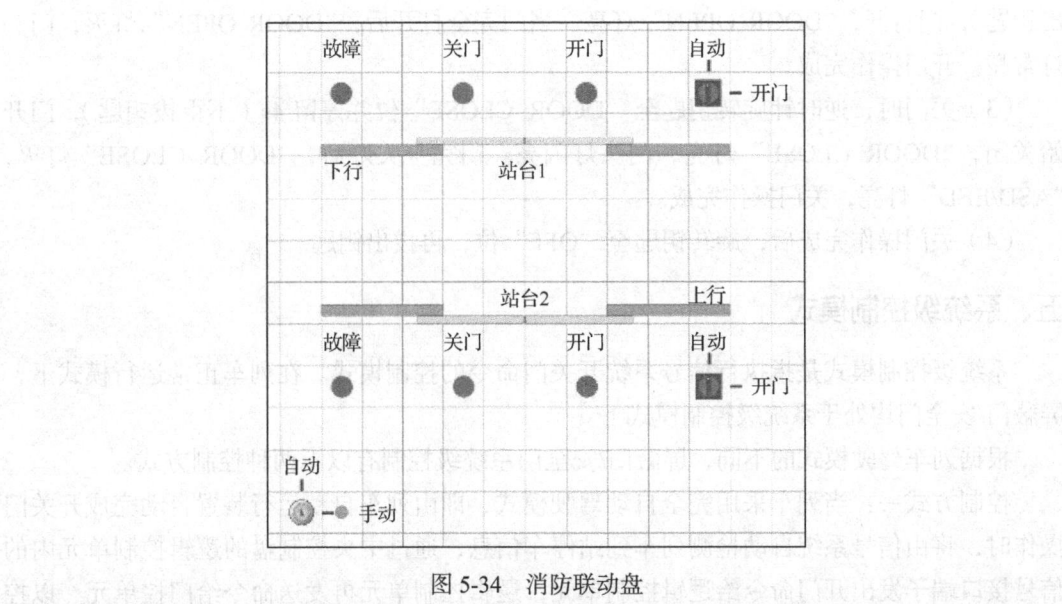

图 5-34　消防联动盘

四、站台级控制模式

站台级控制模式是指执行站台端头控制盘发出的命令进行屏蔽门/安全门的开启与关闭操作。站台端头控制盘如图 5-35 所示。

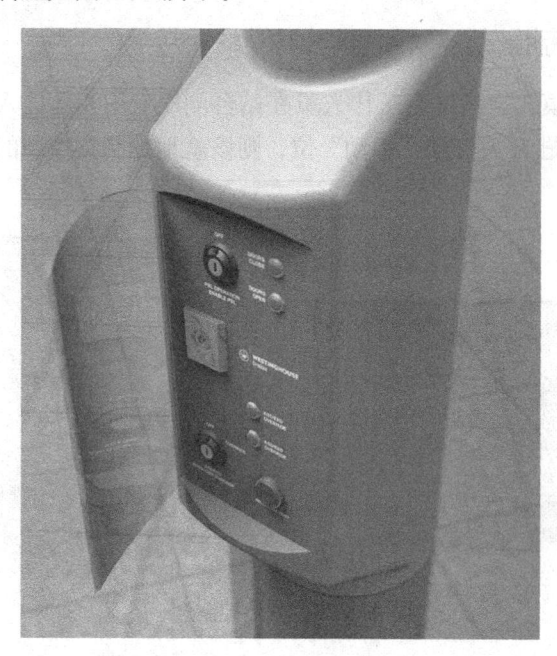

图 5-35　站台端头控制盘

通过站台端头控制盘进行开关门操作具体步骤如下。

（1）将钥匙插入站台端头控制盘操作开关，初始位置为"OFF"位。

（2）开门时，顺时针转动钥匙至"PSL OPERATION ENABLE"位并停留 4s（不得拔出钥匙），门打开，"DOOR OPEN"灯亮。当门完全打开后，"DOOR OPEN"灯灭，门头灯常亮，开门操作完成。

（3）关门时，逆时针旋转钥匙至"DOOR CLOSE"位并停留 4s（不得拔钥匙），门开始关闭，"DOOR CLOSE"灯亮，门头灯闪亮。门完全关好后，"DOOR CLOSE"灯灭，"ASD/EED"灯亮，关门操作完成。

（4）关门操作完成后，旋转钥匙至"OFF"位，再拔出钥匙。

五、系统级控制模式

系统级控制模式是指执行信号系统开关门命令的控制模式。在列车正常运行模式下，屏蔽门/安全门均处于系统级控制模式下。

根据列车驾驶模式的不同，屏蔽门/安全门系统级控制有以下两种控制方式。

控制方式一：当列车采用完全自动驾驶模式，即由列车自动运行装置自动完成开关门操作时，将由信号系统自动检测列车到站停车信息，通过中央控制盘的逻辑控制单元内的信号接口端子发出开门命令给逻辑控制单元，逻辑控制单元再发送命令给门控单元，以控制屏蔽门/安全门自动完成解锁开门操作；同时，列车车门也将获得信号系统的开门命令，自动完成开门操作；当列车停站时间到时，信号系统发出允许关门命令，列车车门和屏蔽门自动关闭。

控制方式二：当列车采用人工驾驶模式或自动驾驶模式但仍由列车司机完成开关门操作时，若列车到站停车在允许的误差范围内，则信号系统接收到列车到站停车信息，向屏蔽门/安全门逻辑控制单元发出开门命令，屏蔽门/安全门进行解锁开门操作，但列车车门将由列车司机发出开门命令进行开门操作。当列车发车时，列车司机发出关门命令，列车车门首先关闭，同时，该命令由车辆信号系统通过信号设备传递给车站信号系统，再由车站信号系统通过屏蔽门/安全门逻辑控制单元传递给门控单元，进行关门操作。

任务五 屏蔽门/安全门常见故障处理

屏蔽门/安全门由于要跟列车车门保持同步动作，基本上每 2min 就要进行一次开关门操作，操作频率高，因此容易出现故障。下面就介绍对屏蔽门/安全门的一些常见故障的处理。

一、屏蔽门/安全门故障处理原则

（1）发生屏蔽门/安全门故障时，应坚持"在确保安全前提下，先发车后处理"的原则，确保站台乘客人身安全及维持正常的运营秩序。

（2）需要人工手动打开单个或多个屏蔽门/安全门时，必须先征得行调同意，再将屏蔽门/安全门隔离，关闭电源，然后手动打开屏蔽门/安全门，并密切注意站台乘客信息屏显示的列车到站时间，当显示"列车即将到达"信息时必须停止操作。

（3）对不能关闭的屏蔽门/安全门，必须设置安全防护栏或安排专人看护。在专人看护时，原则上每人只监护 5 道相邻屏蔽门/安全门。

二、常见故障处理

故障一：屏蔽门/安全门关闭后无法发车的故障处理

当屏蔽门/安全门全部关闭，但列车自动控制系统因无法确认屏蔽门/安全门全部关闭而不能发车时，站台工作人员必须通过站台端头控制盘进行互锁解除操作。

（1）接车时，站台工作人员首先将站台端头控制盘操作开关打到"DOOR CLOSE"位，再用钥匙将 ASD/EED 互锁解除开关转至"OVERR IDE"位并保持，以便列车进站，最后确认列车进站停妥后松开钥匙开关。

（2）发车时，站台工作人员确认无夹人、夹物情况，且关闭的屏蔽门/安全门已做好安全防护后，用钥匙将 ASD/EED 互锁解除开关转至"OVERR IDE"位并保持，以便列车关门发车。确认列车驶出安全区段（列车尾部离开轨道电路 S 棒）后松开钥匙开关。

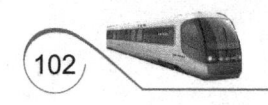

（3）取出钥匙并带走。

故障二：单扇滑动门出现故障不能关闭的故障处理

（1）当某扇滑动门出现故障不能关闭时，将屏蔽门上方的钥匙开关（见图 5-33）转至"隔离"位（向左边旋转），隔离该扇滑动门。

（2）排除故障后，再将钥匙开关切换到"自动"位（中间位置），将滑动门恢复为自动控制模式。

（3）取出钥匙并带走。

故障三：整侧滑动门不能打开的故障处理

（1）由车站控制室行车值班员通知站台工作人员手动开门，同时广播通知乘客。

（2）站台工作人员接到通知后，立即手动开启 6 档滑动门，每节车厢不少于 1 档滑动门（尽可能做到每隔 5 档打开 1 档滑动门）；要求先将其隔离、断电，再将其手动打开，同时做好现场防护。

（3）站台工作人员在乘客上下列车完毕，确认站台安全后，向列车司机显示"好了"信号。

（4）站台工作人员利用后续 2~3 趟列车的行车间隔，陆续手动打开滑动门（每节车厢相对应开启的滑动门最多不超过 3 档），同时做好现场防护。

屏蔽门/安全门还有很多由于乘客的原因引起的故障，此时行车值班员和站台工作人员应根据具体情况进行应急处理，但始终应该坚持保证乘客人身安全及维持列车正常运营秩序的基本原则。

任务六　防淹门结构的认知

防淹门作为地铁的防灾设备，主要应用在水系复杂、常年蓄水或地处海域、海岛的地区，如地处珠江三角洲的广州、长江三角洲的上海、海岛的香港。当地铁的地下线路穿越河流或湖泊等水域时，应考虑在进出水域的隧道两端的适当位置设置防淹门，以防止因意外使洪水进入隧道和车站，从而避免造成大范围的人身伤亡和财产损失，有效保护地下设备和人身的安全。

防淹门的设置位置如图 5-36 所示。广州地铁防淹门的具体设置如下：由于一、二号线过江隧道均为两孔隧道，上下行分设，因此各于一、二号线过江隧道（包括上下行隧道）的两端车站设置防淹门（一、二号线各有 4 道防淹门）。四号线 7 次穿越珠江。为保证四号线在发生意外而隧道破裂时，不会对车站造成较大危害，在四号线万胜围站两端、车陂南站南端、北亭站北端、新造站北端 5 处设了 10 道防淹门。地铁的地下线路防洪设计按当地 200 年一遇洪水位设防。一旦水淹隧道，防淹门就会在收到闭门信号后自动放下闸门。

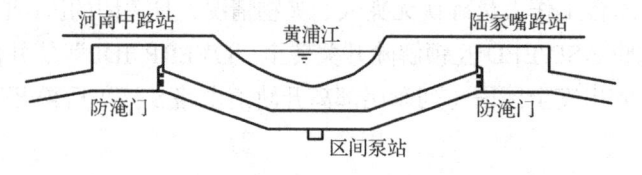

图 5-36　防淹门的设置位置

防淹门主要由机械系统和控制系统两部分组成。其中，机械系统主要由闸门、门槽、启闭设备、锁定装置等部件组成；控制系统主要由液位传感器、现场控制装置（PLC）、控制柜（箱）、报警设备、控制电缆等组成。防淹门的控制系统功能主要包括区间水位监视和报警、门体状态监控等。

一、防淹门的机械系统

1. 闸门

闸门的形式主要有升降式和平开式两种。闸门形式的选择主要根据车站结构确定。升降式闸门一般应用在设有站厅层的两层车站，平时悬挂在站厅层；平开式闸门设于只有站台层的单层结构车站，正常状态下掩存在隧道侧壁。如果车站结构条件允许，一般选择升降式闸门。

下面主要介绍升降式闸门的结构。

升降式闸门又叫平面滑动式闸门，其结构如图 5-37 所示。门体为单扇的，属平面多主梁焊接钢结构件，两侧采用钢基铜塑材料作为滑动导向块，与门槽配合，在门槽内上下滑动，实现闸门在隧道内开闭。门体底部要与地铁行车轨道配合设计，且与轨道接触的地方采用橡胶块做防水处理。在门体上，装了 2 个闸阀，用于在门体关闭状态下把车站的水向区间管道排放。闸门的宽度、高度根据界限要求确定，一般为 3.8m（宽度）×4.2m（高度），闸门质量约为 10t，能依靠自重在 3m 深涌水条件下关闭。门体通过钢丝绳与双钩电动葫芦连接，而钢丝绳又作为传动介质。闸门表面采用热喷锌的防腐处理，以便延长闸门使用寿命，减少维护工作量。在地铁正常运营时，闸门悬挂在站厅层，处于锁定装置的上方。

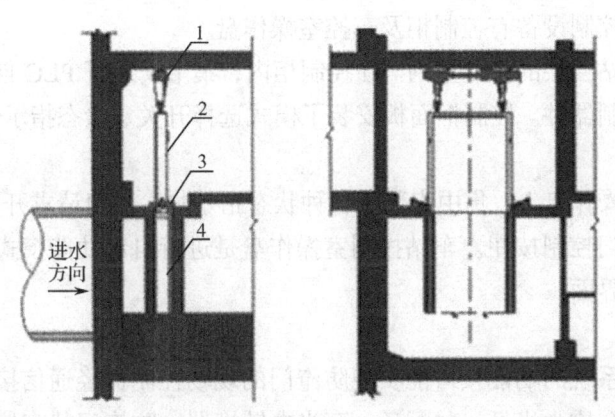

1—启闭设备；2—门体；3—搁门装置；4—门槽

图 5-37 升降式防淹门的结构

2. 启闭设备

闸门的启闭设备一般有双钩电动葫芦、油缸启闭机。升降式闸门采用双钩电动葫芦作为启闭设备。平开式闸门采用油缸启闭机作为启闭设备。双钩电动葫芦为非标准设计；采

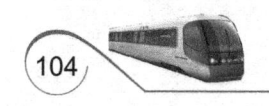

用 185kW 的电动机，同轴驱动 2×80kN 的双钩葫芦，提升速度约为 5m/min，提升高度约为 6m；设有开度显示和限位器；设置手动释放装置，在电源故障时，利用闸门的自重操作手动释放装置来关闭闸门。双钩电动葫芦结构尺寸小、造价低、维修方便，完全符合工程应用的要求。

油缸启闭机采用水利工程常用的 QPPY 系列启闭机，带自锁功能。油缸启闭机一般安装在隧道侧，处在水淹区域，这样就给维修带来一定难度，且与区间管道的布置有冲突。

3. 锁定装置

升降式闸门配置两台同步电动锁定装置，安装在站厅层防淹门设备室内闸门门槽两侧。在闸门开门到位时，电动锁定装置推动锁定梁锁定闸门；在闸门关闭时，拉开锁定梁使闸门下落关闭。平开式闸门电动锁定装置依靠液压油缸的自锁功能进行锁定，考虑其安全可靠性，应增加机械锁定机构，通过人工控制锁定和解锁。

二、防淹门的控制系统

1. 工作原理

防淹门的控制系统采用 PLC 作为主控制装置，采用液位传感器作为水位信息采集装置。当隧道开始积水时，防淹门的控制系统发出预报警信号，并驱动电铃。当隧道区间水位达到危害列车行驶安全时，防淹门的控制系统发出危险报警信号，同时警笛报警；经人工确认后，由人工操作"请求关门"按钮向防淹门的控制系统发出请求关门信号；防淹门的控制系统确认区间没有列车行驶后，回复允许关门信号；防淹门的控制系统收到允许关门信号后，由人工操作关闭闸门。

2. 控制设备

防淹门的主要控制设备有控制柜及车控室操作盘。

控制柜安装于站台层的控制室内。在控制柜内，集中安装了 PLC 自动控制与常规继电器控制两套回路控制器件。控制柜面板安装了模式选择开关、状态指示灯、手动操作开关、模拟操作开关板。

在车站控制室操作盘上，集中安装了各种状态指示灯、关门请求开关、超越控制开关、开门控制按钮、关门控制按钮。车站控制室操作盘是进行自动功能模式控制的界面，也是防淹门状态指示的界面。

3. 功能接口

防淹门的控制系统的功能接口能实现防淹门的现场控制器经通信接口与主控系统交换机连接，其中通信介质为光纤，并配备一套光电转换器。防淹门状态信息经光纤传至主控系统终点设备。防淹门的现场控制器与综合后备盘采用硬线通信来实现远程控制（包括开门、关门、操作停止、关门请求等），并设置状态指示灯。

防淹门的控制系统与信号系统采用硬线通信。防淹门的控制系统给信号系统提供开门锁定信号和请求关门信号；信号系统给防淹门的控制系统提供同意关门信号和不同意关门信号。为防止误操作关闭闸门，信号系统同意关门信号与锁定装置存在电气联锁关系。当防淹门的控制系统收到同意关门信号后，锁定装置才能动作并使闸门关闭。

4. 水位监视

在区间废水泵房内设置液位传感器（或液位变送器），用于采集区间水位信息，并将这些信息传送至防淹门控制室主控制装置。主控制装置对水位进行综合分析后，驱动车站车控室和防淹门控制室内相关指示灯、警笛、警铃动作，并将水位及设备相关状态传输到车站控制室工作站。

在车站控制室及防淹门控制室，能实现对区间水位进行自动监测及报警。当区间水位超过系统相应设定值时，系统自动向防淹门控制室、车站控制室报警。当区间水位到达影响列车正常运行的临界水位时，或者区间水位及其变化趋势危及列车正常运行时，系统自动向相关车站控制室发出区间水位报警信号。

区间水位按四级监视、两级报警设置。一般区间最低处钢轨底以下100mm处设为一级水位预报警，即系统报警临界水位（此水位将危及信号系统的正常工作）；区间最低处钢轨顶面以上60mm处设为四级水位，即危险水位（此水位将危及列车的正常运行）。

根据系统需要，一级水位与四级水位之间，设置二级水位和三级水位。一级水位与二级水位之间、二级水位与三级水位之间作为水位上涨速度监测区。水位上涨速度（暂定50mm/min，系统可调）作为危险水位报警信号。危险水位报警信号由防淹门控制室主控装置上传至车站级主控系统，而该主控系统终端显示状态信号并报警。防淹门状态信息和区间水位信息由车站级主控系统上传至运行控制中心，实现中央级监视功能。

车站控制室具有对本站防淹门状态、被监视区间水位、水位上涨速度监视的功能。防淹门控制室主控制装置通过RS-485接口与主控系统进行通信，从而可以实现数据共享和远程监视功能。另外，车站控制室综合后备盘（应急控制盘）通过硬线与防淹门控制室主控制装置连接，实现远程控制功能。

区间水位信息和防淹门状态信息可通过防淹门控制室主控制装置显示和报警，并可通过防淹门现场控制箱（柜）设置。

门体的功能按钮和状态指示灯能实现对现场控制。

5. 控制模式

通常，防淹门的控制系统有PLC自动控制与常规继电器控制两套回路，可分别单独运行控制门扇运动。

防淹门的控制系统有3种控制模式：自动功能模式、手动功能模式、模拟功能模式。

1）手动功能模式

手动功能模式是指手动完成防淹门的开关门动作。

2）自动功能模式

自动功能模式是指完成自动关门、自动开门动作。

（1）一旦区间水位报警，防淹门的控制系统接收到允许关门信号或超越控制信号后，按下关门按钮，由PLC控制，自动完成关门动作，结束后按一下复位按钮。

（2）在非开门状态下，按下开门按钮，由PLC控制，自动完成开门动作，结束后按一下复位按钮。

3）模拟功能模式

（1）模拟手动功能。

按照手动功能模式的操作顺序，将模拟板上的开关（向上拨）接通，即可模拟手动开关门动作，结束后按一下复位按钮，然后将模拟板上的开关全部（向下拨）断开。

（2）模拟自动关门。

接通允许关门开关或超越控制开关，再接通模拟板上关门（全过程）开关，按照自动功能模式的操作顺序，依次接通模拟板上的到位信号开关，完成后按一下复位按钮，然后将模拟板上的开关全部（向下拨）断开。

（3）模拟自动开门。

接通模拟板上开门（全过程）开关，按照自动功能模式的操作顺序，依次接通模拟板上的到位信号开关，完成后按一下复位按钮，然后将模拟板上的开关全部（向下拨）断开。

另外，防淹门的控制系统与火灾报警系统设置信息接口，传送开门状态、关门状态、一级水位报警信号、二级水位报警信号。这些信息将能够在车站控制室火灾报警系统图形控制终端对应的画面显示。

项目六　低压配电及照明系统

城市轨道交通供电电源一般取自城市电网，并通过输送或变换以适当电压等级供给城市轨道交通供电系统。

城市轨道交通系统供电系统包括牵引供电系统和动力照明供电系统两大子系统。牵引供电系统主要是将上一级变电所电压经牵引变电所处理后送接触网，供电动车辆使用。动力照明供电系统是车站内的动力设备、照明、通信、信号等装置的供电系统，其电压等级一般在380V以下，故又称为低压配电系统。

城市轨道交通供电系统如图6-1所示。

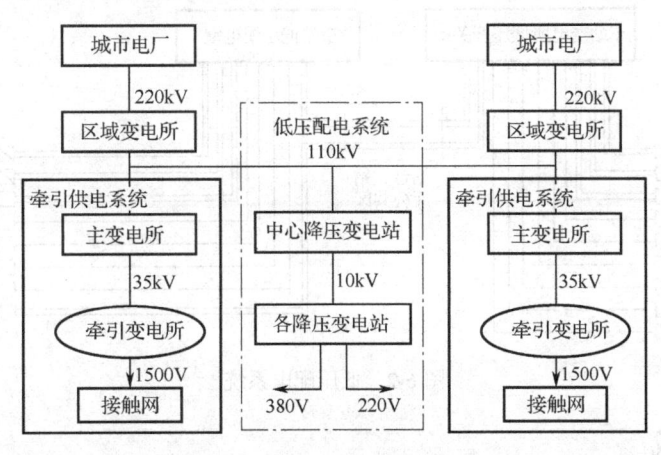

图6-1　城市轨道交通供电系统

学习目标

（1）掌握低压配电及照明系统的组成。
（2）掌握低压配电系统的供配电方案和负荷情况。
（3）掌握低压配电系统的主要设备及其功能。
（4）掌握照明系统负荷的类型。
（5）掌握照明系统的供配电方案及控制方式。
（6）了解低压配电及照明系统的巡视方式及内容。
（7）了解低压配电及照明系统的故障处理。

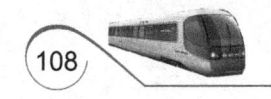

学习任务

任务一：低压配电系统的认知

任务二：照明系统的认知

任务三：低压配电及照明系统的运行管理

任务四：低压配电及照明系统的故障处理

教学建议

可先进行理论教学，再到地铁车站进行参观学习。

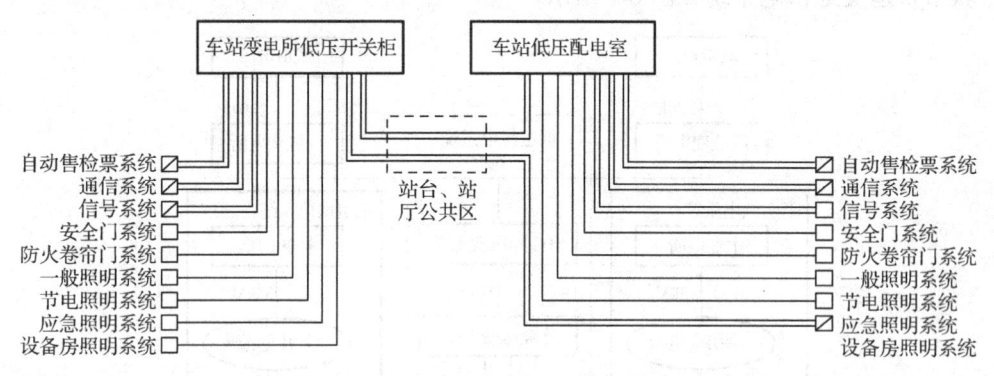

任务一　低压配电系统的认知

低压配电系统主要为车站管辖范围内的通风空调系统设备、消防联动设备、给排水设备、自动扶梯、照明设备、屏蔽门等提供电源，如图6-2所示。低压配电系统由配电变电所（通常是将电网的输电电压降为配电电压）、高压配电线路（1kV以上电压）、配电变压器、低压配电线路（1kV以下电压），以及低压开关柜、低压配电柜等组成。

图6-2　低压配电系统

一、系统的组成

1. 电源

低压配电系统一般采用380V/400V三相五线制和220V单相三线制两种供电方式。

2. 设备

变电所低压室、低压配电室各有1座，分别布置在站台层两端，各负责半个车站及区间的负荷；环控室有2座，分别布置在站厅层两端，各负责半个车站的环控负荷；照明配电室有4座，分别布置在站台和站厅层两端；蓄电池室有2座，分别布置在站台层两端。

3. 负荷

低压配电系统的负荷主要如下。

（1）车站站台、站厅的动力设备和照明。

（2）管理用房的机电设备。

（3）售检票设备。
（4）通信、信号系统设备。

二、负荷等级划分

根据用电设备的不同用途和重要性，低压配电系统的负荷分为三级。

1. 一级负荷

一级负荷包括通信系统、信号系统、火灾报警系统、气体灭火系统、机电设备控制系统、屏蔽门、牵引变电所和降压变电所、消防泵、废水泵、雨水泵、防淹门、车站控制室、事故风机及其风阀等设备。

2. 二级负荷

二级负荷包括非事故风机及风阀、污水泵、集水泵、自动扶梯、工作人员电梯、自动售检票设备、民用通信电源、维修电源及冷水机组油加热器等设备。

3. 三级负荷

三级负荷包括冷水机组、冷冻水泵、冷却水泵、冷却塔风机、电开水器、清扫电源等设备。

三、供配电方案

低压配电系统的供配电方案主要有车站低压柜直接供配电和由环控室直接供配电两种方案。

1. 由车站低压柜直接供配电的方案

对于由低压柜直接供配电的一级负荷设备（如通信系统、信号系统、车站控制室、废水泵等），由低压柜两段母线各馈出一路电源至设备附近的电源切换箱，经电源切换箱实现双电源末端切换后再馈出给这些设备。其中，一路电源工作，一路电源备用，且两路电源可互为备用。

对于由低压柜直接供配电的二级负荷设备，如自动扶梯、工作人员电梯、污水泵、集水泵等，由低压柜其中一段母线馈出一路电源至设备附近的电源配电箱后再馈出供给这些设备。当该段母线失电压后，母联断路器（连接两段母线）自动合闸，可由另一段母线继续供电。

对于由低压所直接供配电的三级负荷设备，如环控三类负荷，即活塞式冷水机组、离心式冷水机组、空调机、空调新风机等，由低压柜其中一段母线馈出一路电源至设备附近的电源配电箱后再馈出供给这些设备，当低压柜任意一段母线失电压或故障时，将中断所有这些负荷的供电。

2. 由环控室直接供配电的方案

对于由环控室直接供配电的环控一、二类负荷，如区间隧道风机、送排风机、回排风机、防火阀、风阀、环控配电箱等设备，采用单母线断路器分段接线形式供电，并通过母联断路器的自动投切装置，实现两路电源切换。

对于由环控室供配电（直接或间接）的环控三类负荷，如电动蝶阀、冷却水泵等设备，采用单母线接线形式供电；当该母线失电压或故障时，中断对这些设备的供电。

四、主要设备的功能

1. 环控电控柜

环控电控柜包括开关柜、控制柜、继电器柜等，安装于车站环控室内，提供由环控室直接供配电设备所需电源，实现环控设备的电气控制及环控设备的环控室操作控制。开关柜如图 6-3 所示。

2. 环控设备就地控制箱

环控设备就地控制箱安装于车站各环控设备附近，用于完成各环控设备维修调试时的就地控制操作。

3. 防淹门控制柜

防淹门控制柜安装于过江隧道两端防淹门控制室及车站控制室，用于完成防淹门的控制操作。

4. 雨水泵控制柜

图 6-3 开关柜

雨水泵控制柜安装于地面车站与地下车站之间地下隧道入口处雨水泵控制室内，用于地下隧道入口处雨水泵的运行控制。

5. 废水泵、污水泵、集水泵控制箱

废水泵、污水泵、集水泵控制箱安装于车站废水泵、污水泵、集水泵用电设备附近，用于废水泵、污水泵、集水泵运行控制。

6. 区间隧道维修电源箱

区间隧道维修电源箱安装于车站区间隧道内（每 80m 设 1 台），提供隧道内设备维修作业时所需电源。

7. 电源配电箱、电源切换箱

电源配电箱、电源切换箱安装于车站各动力用电设备（如自动扶梯、水泵、信号设备、通号设备、自动售检票设备）附近，提供这些设备所需电源。

8. 防火阀（DC 24V）电源配电箱

防火阀（DC 24V）电源配电箱安装于车站防火阀相对集中处附近，将 220V 交流电整流为 24V 直流电，提供给防火阀关闭电磁阀动作所需 24V 直流电源。

9. 照明配电箱、照明控制盘

照明配电箱、照明控制盘安装于各车站照明配电室、车站控制室和部分设备房内，用于集中控制相应场所的一般照明、节电照明、应急照明及广告照明，实现照明配电室的集中控制和车站控制室的集中控制。

10. 应急照明电源装置

应急照明电源装置包括充电柜、交直流电源切换柜和蓄电池，安装于车站站台层蓄电池室，用于实现蓄电池充电和应急照明电源交直流切换，为车站提供事故状态下的应急照明电源。

五、系统设备的控制

1. 就地控制

就地控制是指在设备附近，便于直接控制的一种控制方式。

2. 综合控制

综合控制是指在车站综合控制室由机电设备控制系统实现对风机、空调、水泵等设备的控制与监视，并将采集的信息送至中央控制室的一种控制方式。

六、系统的工作模式

低压配电系统的工作模式有正常运行模式、故障运行模式、火灾运行模式3种。

任务二　照明系统的认知

由于城市轨道交通车站，尤其是地铁车站，大部分位于地下，故其照明系统显得尤为重要。地铁车站的地下地域特征及地铁运营性质决定了地铁车站内部照明种类的多样化，而且其配电回路的数量不亚于动力用电回路。

【理论模块】

一、照明系统的分类

车站的照明系统采用380V三相五线制和220V单相三线制两种方式供电。

1. 按负荷属性分类

车站的照明系统按负荷属性可分为一般照明（包括工作照明和节电照明）、应急照明（又称事故照明）、标志照明（又称指示照明）、疏散照明和广告照明等。

根据各负荷的重要性，照明系统的负荷可分为以下3个等级。

（1）一级负荷：应急照明（带双电源供电）。

（2）二级负荷：包括一般照明及标志照明。

（3）三级负荷：包括广告照明等。

2. 按负荷区域分类

车站的照明系统按负荷区域可分为出入口照明、公共区域照明、办公及管理区域照明、设备房照明、区间隧道照明，以及电缆廊道照明。

二、各负荷区域照明系统的配置

（1）站台层、站厅层公共区域应配置工作照明、节电照明、应急照明、广告照明、标志照明和疏散照明。

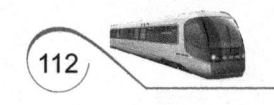

（2）设备房应配置一般照明和应急照明。

（3）出入口应配置疏散照明、一般照明与应急照明。

（4）电缆廊道应配置一般照明即可。

（5）区间隧道应配置工作照明和应急照明。

1. 公共区域照明

公共区域照明一般是指车站站台、站厅层的照明，主要由工作照明、节电照明、应急照明和广告照明等组成。工作照明是维持站台、站厅层正常工作的保障，约占站台、站厅照明总容量的1/3。节电照明是为节约电能而设置的，约占公共区域照明的1/3。在站台和站厅层，工作照明与节电照明的灯具交错布置。节电照明是长期供电的。当运营高峰过后，可停掉工作照明的供电，只保留节电照明工作，以便节约能源。

应急照明是在紧急情况下（火灾或低压供配电系统较大故障），正常照明供电出现故障时，紧急启用的一种照明。应急照明有采用交直流切换供电方式的，也有采用交流与应急电源切换供电方式的，且供电时间不少于60min。

应急照明在车站的站台、站厅及出入口为长明灯，不设集中控制，采用就地控制。目前，较新颖的应急照明装置是一种内装有小型密封蓄电池、充放电转换装置、逆变器和光源等部件的照明灯具，多用于高架站和基地。

标志照明一般是指车站站台和站厅层的站名牌、方向名牌的照明。

2. 区间隧道照明

在以前的单线隧道中，区间隧道照明装置设置于行车方向左侧墙上，分为工作照明和应急照明。这两种照明相间布置，间隔约为6m。工作照明由变电所配电柜经配电室内区间照明配电箱供电，应急照明由交直流屏电源供电。在新建线路上，区间隧道照明一般采用节能灯，大约每间隔5m设置一套节能灯。节能灯不但省电而且使用寿命长，其功率应根据照明条件而定。

3. 电缆廊道照明

站台板下及变电所夹层一般作为电缆廊道，其照明一般采用36V安全电压，且照明变压器分别设在两端配电室内。

4. 出入口照明

出入口照明分为疏散照明、一般照明与应急照明。一般情况下，应急照明灯常亮，以减小乘客进出地下出入口时产生的视觉反差。一般照明可根据工作时间进行开关控制。

车站出入口及上下通道的疏散照明用于在紧急情况下向乘客指示安全出口方向。其灯具自带蓄电池，并保证供电时间不少于30min。

在站厅、站台及车站办公区等公共场合也应设置疏散照明，用于紧急情况下乘客的安全疏散。

三、照明系统的供配电

车站内的站厅层和站台层各层的两端各设置一个照明配电室，室内集中安装各类照明配电箱。在站台两端各设置一个应急照明装置室，室内安装一套应急照明装置。一般照明、节电照明、设备房照明的电源，分别在低压柜两段母线上各馈出一路电源，与照明配电室的两个配电箱连接，以交叉供电方式向站台、站厅、设备房供电。

应急照明电源是由低压柜两段母线上各馈出一路电源，经双电源切换装置再馈出至各照明配电箱配出单独回路供电的。

站台、站厅及人行通道的疏散照明由应急照明配电箱配出单独回路供电。

广告照明及其他各类照明（区间隧道一般照明除外）也均由配电室配电箱配出。

区间隧道一般照明由设在站台两端隧道入口处的区间隧道一般照明配电箱配出。

四、照明系统的控制

照明系统的控制可分为三级：就地级控制、集中控制和系统级控制。

1. 就地级控制

各设备房进门处设有就地开关箱或盒，可控制相应设备房的一般照明。

区间隧道一般照明受设于隧道两端入口处的区间隧道一般照明配电箱控制。

2. 集中控制

照明配电室或车站控制室内设有相应照明场所的照明配电箱，可集中控制相应场所的一般照明、节电照明、应急照明及广告照明。

3. 系统级控制

地铁车站可通过位于车站控制室内的机电设备控制系统操作界面，对照明模式进行控制。一般，地铁车站照明模式有广告照明系统模式、工作照明系统模式、导向照明系统模式和区间照明系统模式。

【实操模块】

[实训任务]

利用机电设备控制系统操作界面进行照明模式的控制。

[实训目的]

能够在机电设备控制系统操作界面上进行照明模式的控制。

[实训要求]

（1）了解机电设备控制系统操作界面的使用。

（2）掌握在机电设备控制系统操作界面上进行照明模式的控制。

[实训环境]

具有机电设备控制系统的地铁车站或具有机电设备控制系统的仿真实训室。

[实训指导]

指导老师先进行介绍和操作演示，学生再进行实操训练。

在机电设备控制系统中，照明模式有广告照明系统模式、工作照明系统模式、导向照明系统模式和区间照明系统模式。在机电设备控制系统操作界面上，对这些照明模式的控制操作都是一样的。下面以广告照明系统模式为例，详细介绍照明系统控制界面的进入、模式的变更及模式执行情况的判断方法。

1. 控制界面的进入

在机电设备控制系统操作界面的主菜单区中，单击"照明模式"按钮，如图 6-4 所示，进入照明系统监控界面，如图 6-5 所示。

图 6-4 机电设备控制系统操作界面

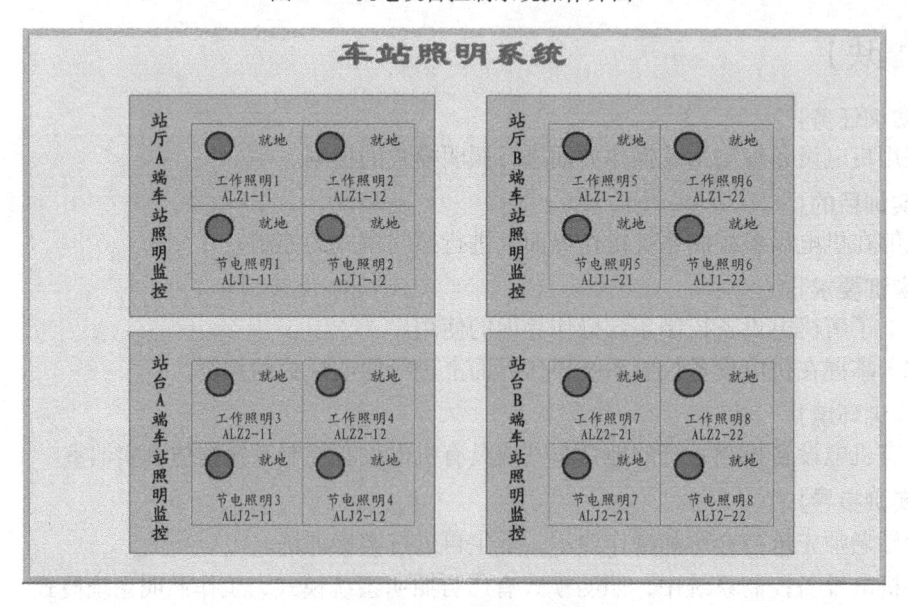

图 6-5 照明系统监控界面

2. 模式变更

以广告照明系统模式变更为例，进入照明系统监控界面，单击"广告照明"按钮，弹出如图 6-6 所示的广告照明系统模式监控界面。

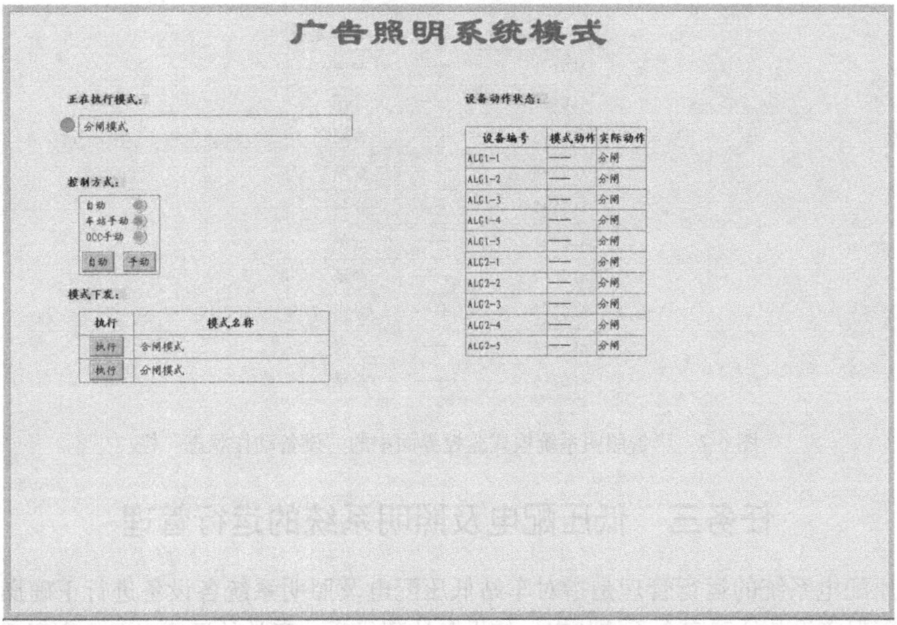

图 6-6　广告照明系统模式监控界面

此界面分为"正在执行模式""控制方式""模式下发""设备动作状态"四栏。

可通过操作"控制方式"栏中的"自动"或"手动"按钮进行系统控制方式的变更。

如图 6-6 所示，系统目前正处于手动控制方式，此时可单击"自动"按钮，将系统控制方式变更为自动控制方式。

当控制方式设置为自动控制方式时，相应的手动下发模式失效；当控制方式设置为手动控制方式时，可下发"分闸模式"或"合闸模式"指令。

当系统设置为手动控制方式时，可在"模式下发"栏单击"合闸模式"或"分闸模式"前面的"执行"按钮，进行"合闸模式""分闸模式"指令的下发。

3. 模式执行情况的判断方法

当进行了系统控制模式的变更后，需要确认新下发的控制模式是否执行，有以下两种判断方法。

【第一种方法】通过查看图 6-6 所示的广告照明系统模式监控界面中左上面"正在执行模式"栏的指示状态来判断。

当指示灯为绿色且常亮，表示模式执行成功。

当指示灯为红色且慢闪，表示模式执行失败。

【第二种方法】查看图 6-6 所示的广告照明系统模式监控界面中右边"设备动作状态"栏。

模式执行成功："模式动作"和"实际动作"完全一致。

模式执行失败：有一个或几个"模式动作"和"实际动作"不一致。

设备动作状态：		
设备编号	模式动作	实际动作
ALG1-1	——	分闸
ALG1-2	——	分闸
ALG1-3	——	分闸
ALG1-4	——	分闸
ALG1-5	——	分闸
ALG2-1	——	分闸
ALG2-2	——	分闸
ALG2-3	——	分闸
ALG2-4	——	分闸
ALG2-5	——	分闸

图 6-7　广告照明系统模式监控界面中的"设备动作状态"栏

任务三　低压配电及照明系统的运行管理

低压配电系统的运行管理是指对车站低压配电及照明系统各设备进行正确操作和管理，从而保障设备处于安全受控状态，使设备达到优质、高效的运行工况，实现系统的设计功能。

低压配电及照明系统的运行管理的主要工作内容有故障应急处理、日常检修作业、巡视作业、计划维修作业、设备运行记录和备品备件采购等。其中，设备的巡视作业是及时发现问题、及时解决问题、减少事故损失的关键一环。本任务将重点介绍巡视作业的具体工作内容。

【技术模块】

一、巡视的目的

巡视就是要及时发现系统设备运行异常现象，并在安全、不影响正常运营情况下及时进行维修，以确保系统正常运营。

二、巡视方式

巡视以"望、闻、问、切、嗅"为主要手段，必要时使用仪器进行检查。

1. 望

以眼观察各种照明灯具工作是否正常；指示灯指示是否正常；电流表和电压表指示是否正常；转换开关及空气开关位置是否正常；接触器、继电器及开关触点是否有电弧灼痕等。

2. 闻

以耳聆听接触器、继电器及灯具镇流器线圈电流声是否正常；接触器、继电器吸合声是否正常；各类电动机及相关机械工作声音是否正常等。

3. 问

向车站值班人员及其他工作人员询问是否存在设备故障及故障现象等。

4. 切

以手转动各开关和按动各按钮检查其功能是否正常；触摸蓄电池侧表面，检查其温升是否正常；触摸各开关、电缆和电线绝缘表面，检查其温升是否正常；触摸各电动机外表面，检查其温升是否正常等。

5. 嗅

以鼻嗅检查是否有电器烧焦味、机械摩擦产生的异味等。

三、注意事项

（1）为确保维修人员安全，每组巡视人员应不少于2人。巡视人员在区间隧道巡视时，应按有关规定办理相关手续。

（2）为确保运营安全，巡视人员巡视中如需要改变有关设备工作状态，应报知相关部门及相关人员。

（3）巡视人员应按要求填写巡视记录。

四、巡视内容

低压配电及照明系统巡视内容见表6-1。

表6-1 低压配电及照明系统巡视内容

序号	设备	巡视内容	检查标准	故障处理
1	环控一、二类负荷进线柜	① 进线电源电压表 ② 进线电源指示灯 ③ 进线电源断路器合闸、分闸指示灯 ④ 进线电源自动/手动投切转换开关	① 进线电源电压表指示 AC 380V ② 进线电源指示灯点亮 ③ 进线电源断路器合闸指示灯点亮（对于母联开关柜，只有1个环控一、二类负荷进线电源断路器合闸指示灯点亮） ④ 进线电源自动/手动投切转换开关处于自动位置	如电压表无指示和电源、合闸指示灯均不亮，报相关部门送电或处理；如进线电源自动/手动投切转换开关处于手动位置，则将其转至自动位置 当进线电源断路器自投/自复功能出现故障时，值班人员应对设备进行以下应急处理，以及时恢复供电 ① 检查进线电源电压表是否有电压指示，进线电源指示灯是否点亮 ② 如电压表无指示和电源指示灯均不亮，报相关部门送电 ③ 如电压表有指示或电源指示灯亮，而合闸指示灯和环控一、二类负荷开关抽屉指示灯均不亮，须按压进线柜上进线断路器电动合闸按钮（进线柜上有合闸指示）操作进线断路器，恢复供电（此时合闸指示灯或部分环控一、二类负荷开关抽屉指示灯应点亮） ④ 如上述操作不能恢复供电，则报相关部门处理
2	环控一、二类负荷母联柜	① 母联断路器合闸、分闸指示灯 ② 母联断路器自动/手动投切转换开关	① 母线断路器分闸指示灯点亮 ② 母联断路器自动/手动投切转换开关处于自动位置	① 检查环控一、二类负荷进线柜，如环控一、二类负荷进线柜不正常，报相关部门送电或处理 ② 如母联断路器自动/手动投切转换开关处于手动位置，则将其转至自动位置

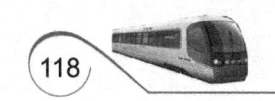

续表

序号	设备	巡视内容	检查标准	故障处理
3	环控三类负荷进线柜	环控三类负荷所有电控抽屉指示灯	环控三类负荷任意一个电控抽屉合闸、分闸、运行、停止指示灯点亮	报相关部门送电（所有指示灯均不亮）
4	环控电控柜各电控抽屉（除1301、CO_2 等环控一类负荷电源抽屉外）	① 电控抽屉合闸、分闸、运行、停止指示灯 ② 抽屉开关操作手柄 ③ 环控/站控转换开关	① 电控抽屉合闸、分闸、运行、停止指示灯之一点亮 ② 抽屉开关操作手柄处于合闸位置 ③ 环控/站控转换开关处于站控位置（机电设备控制系统可正常动作情况下）	如抽屉开关操作手柄置非合闸位置，则试重合开关；对于其他情况，报相关部门处理
5	环控电控柜1301、CO_2 等环控一类负荷电源抽屉	① 电控抽屉合闸、分闸、运行、停止指示灯 ② 抽屉开关操作手柄	① 电控抽屉合闸或运行指示灯点亮 ② 抽屉开关操作手柄处于合闸位置	试重合开关或开机，如仍不正常，则报相关部门处理
6	继电器柜	① 各风阀开、关指示灯 ② 各风阀控制回路抽屉开关操作手柄 ③ 环控/站控转换开关	① 风阀开、关指示灯之一点亮 ② 环控/站控转换开关处于站控位置（机电设备控制系统可正常运作情况下）	试开/关风阀，如仍不正常，则报车间轮值
7	环控就地箱	① 运行、停止指示灯 ② 就地环控/站控转换开关	① 运行或停止指示灯之一点亮 ② 环控/站控转换开关处于站控位置	① 检查环控电控室相应电控抽屉是否正常，如不正常则报相关部门 ② 如就地环控/站控转换开关处于就地位置，则检查设备现场是否有人维修作业，否则将环控/站控转换开关转至站控位置
8	风阀操作	① 风阀开、关指示灯 ② 手动/自动转换开关	① 风阀开、并指示灯之一点亮 ② 手动/自动转换开关处于自动位置	① 检查环控电控室相应电控抽屉是否正常，如不正常则报相关部门 ② 如手动/自动转换开关处于手动位置，则检查设备现场是否有人维修作业，否则将手动/自动开关转至自动位置
9	24V 防火阀配电箱	配电箱上直流电表	直流电压表指示 24V 以上直流电压	检查环控电控室防火阀电源抽屉是否正常，如不正常，试重合开关或开机；如仍不正常，则报部门处理
10	电源切换箱	① 2 个进线电源指示灯 ② 2 个电源投入指示灯 ③ 2 个投入/停止切换开关	① 2 个进线电源指示灯点亮 ② 2 个电源投入指示灯之一点亮 ③ 2 个投入/停止切换开关处于投入位置	① 任意一个进线电源指示灯不亮，报相关部门送电 ② 2 个电源投入指示灯均不亮，报相关部门处理 ③ 如投入/停止切换开关处于非投入位置，则将其转至投入位置

续表

序号	设备	巡视内容	检查标准	故障处理
11	排水泵控制箱	① 电源指示灯 ② 运行指示灯 ③ 故障（过载）指示灯 ④ 超水位指示灯 ⑤ 自动/停止/手动切换开关 ⑥ 手动开泵试验：置自动/停止/手动切换开关于手动位置，看运行指示灯是否点亮，听排水泵运转声音是否正常 ⑦ 查看水位	① 电源指示灯点亮 ② 手动开泵，运行指示灯点亮，排水泵运转声音正常 ③ 水位正常	① 如低水位排水泵不停止，则置自动/停止/手动切换开关于停止位置手动停止排水泵，报相关部门处理 ② 如高水位排水泵不启动，报相关部门处理 ③ 如超高水位排水泵不启动，则置自动/停止/手动切换开关于手动位置手动启动排水泵，报相关部门处理，并现场等待维修人员 ④ 如手动不能启动排水泵，报相关部门处理 ⑤ 如自动/停止/手动切换开关置非自动位置，则将其转至自动位置 ⑥ 对于其他情况，则报相关部门处理
12	区间维修电源箱	箱门是否关闭（手动检查）	箱门关闭	① 如箱门打开，则关闭并锁牢箱门 ② 如箱门损坏，则临时应急关闭箱门，报相关部门处理
13	车站照明（包括应急照明）	① 灯具能否点亮 ② 灯具安装是否脱落	① 灯具能点亮 ② 灯具无脱落	① 如整排（或数量较多）灯具不点亮，则检查照明配电室相应照明回路开关是否跳闸；如跳闸，试重合开关，否则报相关部门处理 ② 如灯具不能点亮，则更换灯泡/灯管；如仍不能点亮，则报相关部门处理 ③ 如灯具脱落，则临时处理，并报相关部门处理
14	疏散诱导指示牌	① 疏散诱导指示牌外表 ② 疏散诱导指示牌等待/充电指示灯	① 疏散诱导指示牌外表无破损、牌面发亮光 ② 疏散诱导指示牌等待/充电指示灯点亮 ③ 按压试验按钮，疏散诱导指示牌牌面亮光闪动	报相关部门处理
15	区间照明（包括应急照明、里程标志照明）	① 灯具能否点亮 ② 灯具安装是否脱落，是否破损	① 灯具能点亮 ② 灯具无脱落，无破损	① 如整排（或数量较多）灯具不点亮，则检查隧道口及照明配电室相应照明回路开关是否跳闸；如跳闸，试重合开关，否则报相关部门处理 ② 如灯具脱落或破损，则临时处理，报相关部门处理
16	应急照明蓄电池装置	① 2个回路进线电源指示灯 ② 1个交流电源指示灯 ③ 1个直流投入指示灯 ④ 10个故障光字牌直流母线电压太高；（直流母线电压太低；直流母线接地；电池组退出；电池温度太高；1.5I_h；1.2I_h；交流失电；熔断器；错序或缺相） ⑤ 蓄电池组端电压、电压表	① 2个回路进线电源指示灯之一点亮 ② 1个交流电源指示灯点亮 ③ 10个故障光字牌均不亮 ④ 蓄电池组端电压、电压表指示电压≥210V	如2个回路进线电源指示灯均不亮，报相关部门送电；对于其他情况，则报相关部门处理

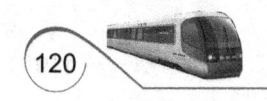

任务四　低压配电及照明系统的故障处理

【理论模块】

低压配电及照明系统是城市轨道交通系统机电设备的一部分，其故障（事故）处理须遵循"先通后复"的原则；任何作业均必须保证运营安全，包括行车安全、乘客安全和工作人员安全；需要在轨行区内进行的抢修作业和可能侵入轨行区的抢修作业，必须在停运后进行，尽可能减少故障（事故）对城市轨道交通正常运营的影响。

低压配电及照明系统故障处理过程如图6-9所示。

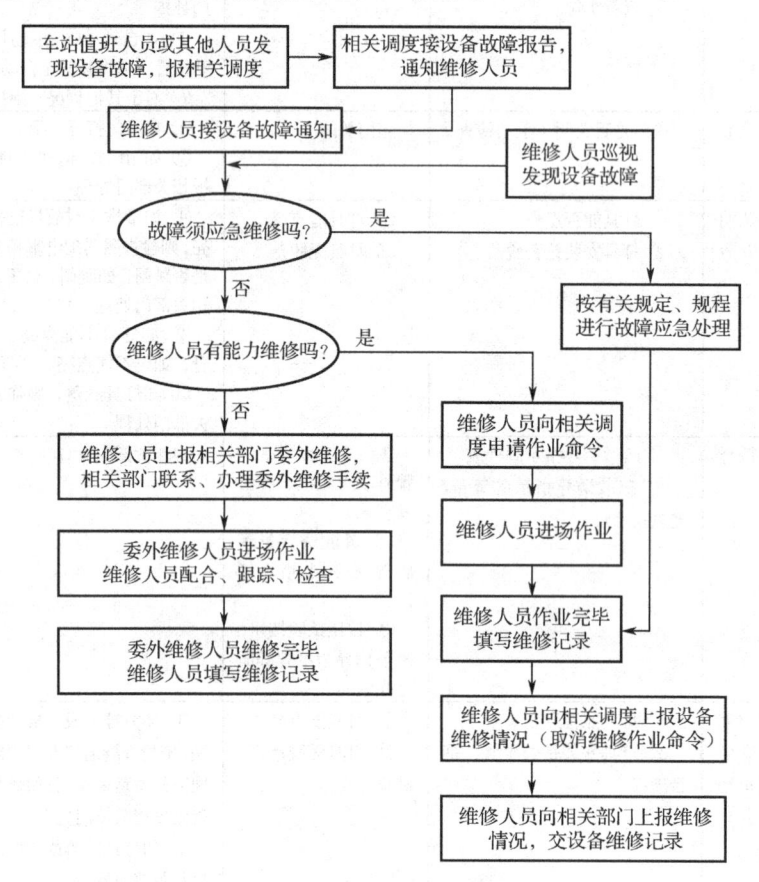

图6-8　低压配电及照明系统故障处理过程

一、紧急故障处理

1. 局部应急照明故障处理

（1）使用应急灯。

（2）使用活动线架或橡套电缆就近接取电源，并用手提灯或荧光灯管或碘钨灯照明。

（3）使用汽油发电机发电，并用手提灯或荧光灯管或碘钨灯照明，或将汽油发电动机输出电源馈送至需要局部应急照明场所的照明开关箱进线开关下接线柱。

2. 局部应急排水故障处理

(1) 使用活动线架或橡套电缆就近接取电源,并用排水专用单相水泵或三相水泵进行排水。

(2) 使用给排水专用柴油水泵进行排水。

(3) 使用汽油发电机发电,并用给排水专用单相水泵进行排水。

3. 隧道口雨水泵控制柜故障应急处理

当雨水泵控制柜出现故障且需要排水应急处理时,可将雨水泵电动机电源线直接接于控制柜进线空气开关下柱(注意电源相序及电动机转向)进行排水应急处理。此时需要人工监视雨水泵运行和水位情况。

4. 车站环控电控柜双回路电源进线自投/自复故障处理

在正常情况下,环控电控柜(环控一、二类负荷)由双回路进线电源同时供电(进线开关采用 ATSE 切换装置)。当其中一个回路进线电源失电时,此失电回路电源进线断路器自动分断,环控电控柜由另一个回路进线电源供电。当失电回路进线电源恢复供电时,备用电源断路器自动分断,原失电回路进线电源断路器自动闭合,环控电控柜自动恢复双回路进线电源供电模式。

5. 回路进线电源故障处理

当出现下列情况时,应手动操作两个回路电源进线断路器,确保系统处于正常供电状态。

(1) 当其中一个回路进线电源失电,失电回路电源进线断路器不能自动分断,备用电源断路器不能自动闭合时,应手动将失电回路电源进线断路器分断,将备用电源断路器闭合,确保环控电控柜(环控一、二类负荷)由另一个回路电源供电,并查找故障原因。

(2) 当失电回路进线电源恢复供电,备用电源断路器分断,原失电回路进线电源断路器闭合时,恢复环控电控室双回路进线电源供电,并查找故障原因。

二、典型故障处理

1. 空气开关(或断路器)跳闸故障处理

(1) 检查空气开关(或断路器)本体是否受损。

(2) 检查负载设备是否故障,测量负载设备及线路绝缘。

(3) 检查空气开关(或断路器)额定电流值与空气开关(或断路器)实际负载电流值是否匹配,如不匹配,则更换空气开关(或断路器)或调整负载。

(4) 检查空气开关(或断路器)整定值(长延时倍数与动作时间、短延时倍数与动作时间、瞬动倍数与动作时间)与空气开关(或断路器)实际负载电流值是否匹配,如不匹配,则调整空气开关(或断路器)整定值。

(5) 如核查无任何异常,可试重合空气开关(或断路器)。

2. 短路故障处理

(1) 使用电缆故障测试仪查找短路点,并将查找到的短路点绝缘处理后予以恢复。

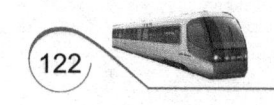

（2）沿电缆敷设路径查找异常点，并将查找到的异常点绝缘处理后予以恢复。

（3）如电缆线路较长，可将电缆分段查找异常点，并将查找到的异常点绝缘处理后予以恢复。

（4）当无法确认异常点时，重新分段或整条敷设电缆予以替换。

3. 断路故障处理

（1）使用电缆故障测试仪查找开路点，并将查找到的开路点重新驳接处理后予以恢复。

（2）沿电缆敷设路径查找异常点，并将查找到的异常点重新驳接处理后予以恢复。

（3）如电缆线路较长，可将电缆分段查找异常点，并将查找到的异常点重新驳接处理后予以恢复。

（4）当无法确认异常点时，重新分段或整条敷设电缆处理予以替换。

4. 控制系统失灵、显示故障处理

（1）检查控制系统失灵、故障现象。

（2）根据控制原理查出控制系统失灵、故障原因，处理后予以恢复。

思考与练习

（1）请绘制城市轨道交通车站供电系统简图。

（2）请列举城市轨道交通车站照明系统的负荷类型及功能。

（3）请简述城市轨道交通车站照明系统的供配电方案。

（4）请简述城市轨道交通车站低压配电及照明系统的故障处理流程。

项目七 空调通风系统

地铁地下线路是一座狭长的地下建筑，除了各站出入口、通风道口与大气沟通外，基本上是与大气隔绝的。由于列车运行、设备运转和乘客等都会散发出大量的热量，若不及时将其排出地铁，地铁内部的空气温度就会升高。同时，由于地铁周围土壤通过地铁围护结构的渗湿量也较大，若不将其排出，地铁内部的空气湿度会增大，甚至使乘客无法忍受。另外，巨大的客流集中在地铁内部，必须补充足够的新鲜空气以保证地铁内部的空气环境符合相关规范的要求。因此，必须通过一套专用的设备对地铁内部的温度、湿度、气流速度和空气质量等空气环境因素进行控制，为乘客和工作人员创造一个心理和生理上都能够满意的舒适环境，并满足地铁设备正常运转的要求。

空调通风系统是一套可以对环境进行空气处理的系统，其作用是调节指定区域的空气温度、湿度，并控制二氧化碳、粉尘等有害物质的浓度，对包括车站站厅、站台、隧道、设备及管理用房等地方的环境起控制调节作用。

空调通风系统是地铁系统中一个不可缺少的重要系统。它的完善程度，不仅直接关系到整个地铁内部空气环境能否满足乘客和工作人员的生理、心理条件要求和设备正常运转的需要，也关系到险情（列车阻塞、火灾等）发生时整个地铁系统的防灾、救灾工作。

空调通风系统的具体功能如下。

（1）当列车正常运行时，保证地铁内部空气环境在规定的标准范围内，为乘客提供一个往返于地面、车站和列车之间的"过渡性"舒适环境，为工作人员提供较适宜的工作环境等。

（2）根据地铁系统内各种设备的工艺要求，空调通风系统能够进行空气调节或通风换气，以保证设备良好运行时所需的工作环境要求。

（3）当列车阻塞在区间隧道时，空调通风系统能够对阻塞隧道进行机械通风，为列车空调系统提供运行所需的空气冷却能力和新风量，并在阻塞期间维持列车内部乘客能接受的环境条件，或者向疏散的乘客提供足够的新鲜空气，使乘客能迎着新风方向疏散。

（4）当列车在地铁内发生火灾时，根据火灾发生的部位和具体位置，空调通风系统能够对事发点采取有效的通风、排烟措施，以利于乘客安全撤离火场及消防人员进行灭火工作。

空调通风系统分为通风系统和空调系统。

空调通风系统的运行模式包括正常运行模式、阻塞运行模式和事故运行模式。正常运行模式是一种占主导地位的运行方式；阻塞运行模式是指列车在区间发生阻塞时，通风设

施维持列车空调连续运转的模式；事故运行模式是指发生火灾时，开启通风设施，为乘客提供安全通道的模式。

学习目标

（1）了解车站通风系统的设计原则。
（2）熟悉空调系统的分类及组成。
（3）熟悉典型空调系统的结构及工作原理。
（4）掌握空调系统的运行工况调节。
（5）了解空调水系统的供冷方式。
（6）了解空调通风系统的运行管理组织架构。

学习任务

任务一：通风系统的认知
任务二：空调系统的认知
任务三：空调水系统的认知
任务四：空调通风系统的控制及运行管理

教学建议

可在具有空调通风系统设备模型或实物的理实一体化教室开展理实一体化教学；或在具有空调通风系统仿真的实训室进行仿真教学；或先进行理论教学，再到地铁车站进行现场教学。

任务一　通风系统的认知

对于城市轨道交通，通风系统主要设置于区间隧道和地下车站，其基本任务是向区间隧道和车站各工作地点供给足量的新鲜空气，稀释和排除有害物质，调节车站内部的气象条件，创造舒适的乘车环境。

【理论模块】

一、车站通风系统

1. 车站通风系统的设计原则

（1）在地铁日常运营时，能够给乘客和设备提供适宜的环境。
（2）在事故及灾害情况下，能够进行通风、排烟、排毒、排热，起到生命保障及辅助灭火的作用。
（3）能够提高系统的实用性、可控性及可靠性。
（4）能够减少系统的数量及控制模式，降低系统复杂程度，从而减少火灾等紧急情况下的反应时间，确保乘客的安全。
（5）降低工作人员操作难度和培训难度，提高系统设备的可维护性，降低运营管理成本。

（6）系统设计、设备选型和实际安装结果应达到设计的总体要求，并具有对是否达到设计的总体要求进行考核的能力及系统的基本参数调试检测能力。

2. 车站通风系统具体的方案设计

（1）通风系统常见的通风方式有自然送排风、机械送排风、机械送风自然排风3种。其中，机械送排风一般用于对通风要求较高的地下设施。地下车站是人员密集的地方，一般应采用机械送排风的通风方式。

（2）通过功能的协调与兼顾，对每个设备的功能进行扩展和限定，找出最优的方案。例如，隧道风机在正常情况下用于隧道的送排风，在突发事件情况下可以当作站台的排风机。再如，在不增加大型设备的情况下，通过增加少量风阀，赋予风机新的功能，从而降低风机改变工况时的启停次数等。这样就可以使各系统设备的数量减少，容量减小，充分发挥各系统设备的作用。

（3）用于突发事件的设备最好能"平战"结合，这样可以通过日常的使用，检查设备的完好情况，及时发现问题，便于及时修复；一旦发生突发事件，能确保设备投入使用。最好是采用主—备机的形式，平常可以是"一主一备"交替运行，一旦发生突发事件，主机和备机两台设备都投入使用，增强适应突发事件的能力。

（4）应实现各种工况下的参数平衡和控制；减少系统实际调试匹配平衡带来的困难；给仪器仪表选型和调节阀计算提供依据。应考虑增设一些必要的参数检测和控制，以方便环控工艺系统调试和参数匹配平衡，并对系统是否达到设计要求进行考核。

（5）地面新风口与排风口应拉开距离，排风口与乘客进出口、通道口也应拉开距离，若相距太近，则排出去的风又被抽回来，使得车站内空气难以改善。应尽量减少风道的长度及急转弯，从而使风道顺畅。在风道内，一般需要加装消声器以减少噪声污染。

（6）地下车站所用的风机形式应根据车站通风系统的特性和地下工程的特定条件来决定。一般地下车站通风系统具有通风量大、风压低的特点。同时，所用风机长年累月地运转，负荷大，而地下工程的特点决定了地下车站空间小，要求采用结构紧凑、效率高、安装检修方便的风机。因此，在地下车站中一般采用轴流风机，以满足上述各项要求。

（7）风道连接有串联和并联两种方式。为减少通风距离，降低通风阻力，要尽量减少串联风道，广泛利用并联风路。中间进风两翼排风的方式如图7-1所示。

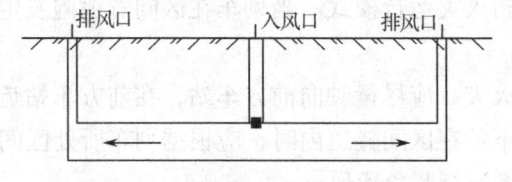

图 7-1 中间进风两翼排风的方式

某地下车站通风系统的设计方案如图7-2所示。

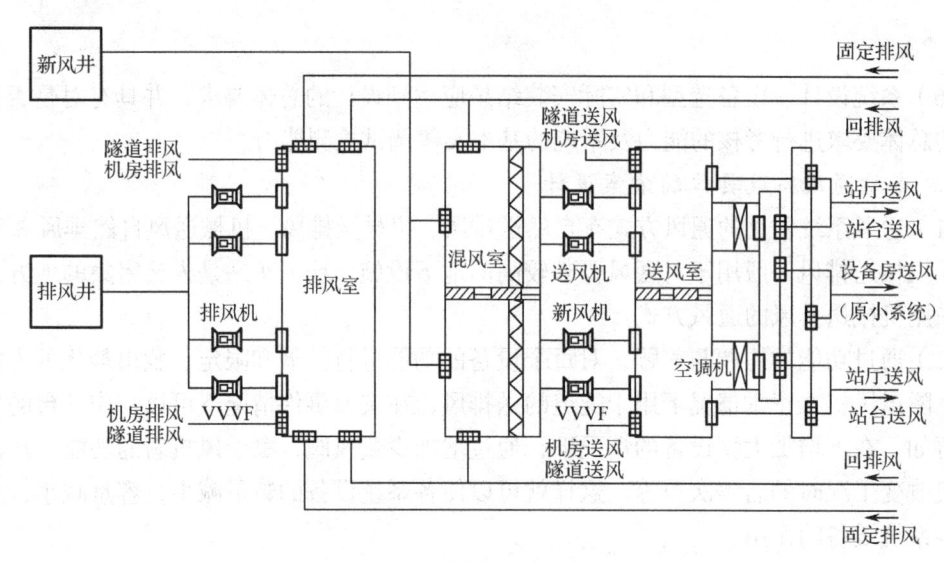

图 7-2 某地下车站通风系统的设计方案

二、隧道通风系统

隧道通风系统由区间隧道通风系统和车站隧道通风系统两大部分组成。车站隧道通风系统主要由轨道排风机、电动风阀和防火阀、风道等设备组成。区间隧道通风系统由车站两端端头井内设置的事故/冷却风机、与两边隧道相接的活塞风井、隔断风门、旁通风门等组成。区间隧道通风系统主要有正常运行、阻塞运行和事故运行 3 种运行模式。

1. 正常运行模式

当列车正常运行时，利用列车在隧道内高速运动产生的活塞效应从车站一端风井引入新风，经过区间隧道由下一站风井排风。当列车停靠车站时，列车下部的制动发热量和顶部的空调冷凝发热量由站台排热通风系统进行排放。

2. 阻塞运行模式

阻塞运行模式是当列车因故滞留在区间隧道时，为使列车空调正常运转，关闭列车后方车站机房内的旁通风门，风机向区间隧道送入新风，前方车站风机将区间隧道内的空气排至地面。区间隧道内的气流方向应与列车的行进方向（行车方向）保持一致。

3. 事故运行模式

事故运行模式主要指火灾运行模式。当列车在区间隧道内发生火灾时，隧道通风系统进入火灾运行模式。

列车在运行时发生火灾，应尽量驶向前方车站，在前方车站疏散乘客、排烟和灭火。当列车发生火灾且不得不停在区间隧道内时，应根据列车所处区间隧道位置和列车火灾位置，执行预先设计的方案进行紧急通风。

区间隧道通风系统事故运行模式的设计原则如下。

（1）一旦出现列车发生火灾且停在区间隧道内，应立即启动相应的火灾运行模式。

（2）隧道通风系统按与多数乘客疏散方向相反的方向送风。

（3）列车发生火灾且停在隧道内的情况及通风方案如下。

【情况1】 列车中部着火且停在近前方车站位置。

当列车中部着火且停在近前方车站位置时，乘客应立即从列车头部和尾部的逃生门疏散，隧道通风系统按与行车方向一致的方向送风，列车前方车站的风机进行排烟，后方车站的风机进行送风，如图7-3所示。

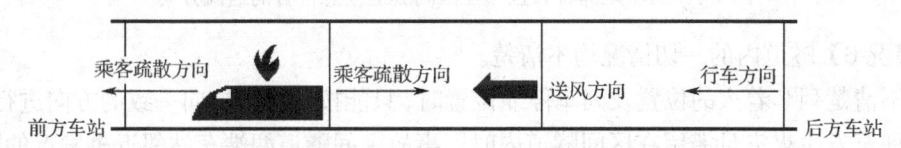

图7-3 列车中部着火且停在近前方车站位置的通风方案

【情况2】 列车中部着火且停在区间隧道中部位置。

若列车中部着火且停在区间隧道中部位置时，乘客分别从列车头部和尾部的逃生门疏散，隧道通风系统按与行车方向一致的方向送风，如图7-4所示。

图7-4 列车中部着火且停在区间隧道中部位置的通风方案

【情况3】 列车中部着火且停在近后方车站位置。

当列车中部着火且停在近后方车站位置（刚发车不久便发生火灾而被迫停车的情况）时，乘客应立即从列车头部和尾部的逃生门疏散，隧道通风系统按与行车方向相反的方向送风，列车后方车站的风机进行排烟，前方车站的风机进行送风，如图7-5所示。

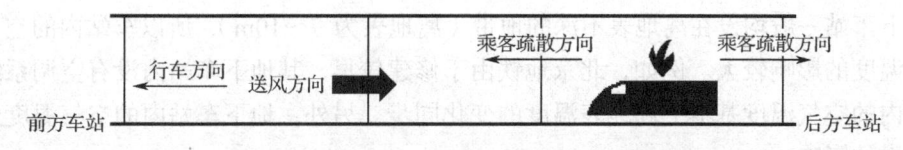

图7-5 列车中部着火且停在近后方车站位置的通风方案

【情况4】 列车头部着火且停在区间隧道中部位置。

当列车头部着火且停在区间隧道中部位置时，乘客应从列车尾部的逃生门疏散，隧道通风系统按与行车方向一致的方向送风，如图7-6所示。

图7-6 列车头部着火且停在区间隧道中部位置的通风方案

【情况5】 列车尾部着火且停在区间隧道任意位置。

当列车尾部着火且停在区间隧道任意位置时，乘客应从列车头部的逃生门疏散，隧道

通风系统按与行车方向相反的方向送风,如图 7-7 所示。

图 7-7 列车尾部着火且停在区间隧道任意位置的通风方案

【情况 6】 隧道内的一切情况均不清楚。

当不清楚列车着火的位置及列车停靠位置时,只能按与行车方向一致的方向进行送风。

当列车发生火灾且滞留在区间隧道内时,事故区间隧道两端车站邻近事发点的隧道通风系统就将转入火灾运行模式,同时车站公共区间空调系统及空调水系统均应停止运行。

当列车因故障(非火灾原因)或前方车站未发车而必须停在区间隧道超过 4min 时,阻塞区间隧道两端车站邻近事发点的隧道通风系统就将转入阻塞运行模式。在此种情况下,这两个车站中邻近事发点的半个车站公共区间空调系统停止运行,但不会对整个地铁系统造成很大的不利影响。

注意:车站公共区间空调系统和隧道通风系统合用的设备(包括风机、风阀等)需要在短时间内根据不同的运行模式进行相互转换,且实施起来有一定的难度,尤其是电动风阀,其电动执行器必须选用工业专用类执行机构,才能长期保证这种转换运行的可靠性。

【拓展模块】

空气温度、湿度和舒适度

一、空气温度

地下车站一般均设在离地表不深的地带(离地表为 7~10m),所以车站内的空气温度受地表温度的影响较大。例如,北京地铁由于修建较早,其地下车站内没有空调系统,故其车站内的空气温度基本上和地表温度的变化同步。另外,地下车站内的空气温度还受到以下因素的影响。

1. 垂直高度的影响

一般在垂直高度上每变化 100m,空气的温度变化在 1℃ 左右,但这一因素对地下车站内的空气温度影响不大。

2. 地下岩石温度的影响

夏天岩石由空气吸热而增温,冬天岩石向空气放热而降低岩石本身温度。根据地表构造,可把地下岩石温度的变化分成温度变化带(地深为 0~15m)、增温带(地深为 20~30m)和高温带(地深大于 30m)。

3. 工作设备的影响

大量的地下车站工作设备,尤其是动力设备、照明设备将产生大量的热,从而使地下车站内的空气升温。

二、空气湿度

空气湿度取决于空气中所含的水分。地下车站内的空气与地面空气一样，都是由空气和水蒸气混合而成的湿空气。在单位体积或重量的空气中含有的水蒸气量即为空气湿度，一般可采用绝对湿度、含湿量和相对湿度来表示。

绝对湿度是指 $1m^3$ 或 $1kg$ 湿空气中所含水蒸气量。湿空气中水蒸气含量达到该温度下的最大值时的空气状态即为饱和状态。

含湿量是指 $1kg$ 干空气相应含有的水蒸气量。

相对湿度是指 $1m^3$ 湿空气中所含水蒸气的重量与同一温度下 $1m^3$ 饱和空气中所含水蒸气重量之比的百分数。

影响地下车站空气湿度变化有许多因素，如季节、气温、地下含水层和地下水位等。

三、空气舒适度

地下车站的空气舒适度主要是指地下车站的气象条件是否使车站工作人员和乘客感到舒适。它取决于车站内的空气温度、湿度、流速及它们之间的综合作用。一般在相同气温下，湿度大的空气要比湿度小的空气使人感到闷热；在相同温度与湿度条件下，有风要比无风时的空气感到凉爽。所以，空气舒适度是空气温度、湿度和风速三者综合作用的结果，是人体感应周围空气环境的舒适指标。

任务二　空调系统的认知

为保证地下车站内部有一个相对舒适的大气环境，除了配备必要的通风设备以外，还必须通过强制性手段使车站内部的大气物理条件保持在一个适宜的状态。这种强制性手段就是我们通常所说的空调系统，它是在任何自然环境下将室内空气维持在一定的温度、湿度、流速及清洁度的系统。

地铁车站一般具有独立的空调系统，包括空调机组、各类风机，以及为空调机组提供冷冻水的空调水系统等设备。车站空调系统是沿长度方向均匀送风的，其中两侧由上向下送风，中间上部回风。

【理论模块】

空调系统由被调对象、空气处理设备、空气输送设备和空气分配设备等组成，其任务是对空气进行预先设置的处理，使其能满足人们的要求，然后将其输送到地下车站的各个空间，使各个空间内空气的温度、湿度、清洁度稳定在一定范围内，满足乘客在地下车站内乘车时对环境舒适度的要求。

一、空调系统的分类

1. 按照空气处理设备的设置分类

（1）集中式空调系统，又称中央空调。它是将所有空气处理设备及通风机、水泵等功能设备都设置在一个集中的空调机房内，且经其处理后的空气，经风道输送到各个空间。

集中式空调系统按照处理的空气来源又分为封闭式空调系统、直流式空调系统和新回风混合式空调系统。

（2）半集中式空调系统。它除了设有集中在空调机房内的空气处理设备（用来处理部分空气），还设有分散在部分空间内的空气处理设备（对部分空间的空气进行就地处理或对来自集中空气处理设备的空气再进行补充处理），以便满足不同空间对送风状态的不同要求。

（3）分散式空调系统。它将空调机组全部分散在各个空间。空调机组把空气处理设备、风机、冷源和热源以及控制装置都集中在一个箱体内，形成一个紧凑的空调系统。

2. 按照负担室内热湿负荷所用的介质分类

（1）全空气式空调系统。它对各个空间内的空气调节全部由经过处理的空气来实现，此时需要用较多的空气量才能消除各个空间空气的余热、余湿，所以要求有较大的风道断面或较高的风速。

（2）全水式空调系统。它对各个空间内的空气调节全靠水作为冷热介质来实现，可用少量的水来消除各个空间空气的余热、余湿，但不能解决对各个空间空气的通风换气问题。

（3）制冷剂直接蒸发式空调系统。它通过制冷剂的直接蒸发来实现对各个空间的空气调节。由于制冷剂的双向工况运行特性，该系统具有制冷和取暖的双向功能。

3. 其他分类方式

按照风道中空气流速的不同，空调系统可分为高速空调系统和低速空调系统；按照空调系统的风量固定与否，空调系统可分为定风量空调系统和变风量空调系统等。

二、空调系统的组成

空调系统主要由通风兼排烟系统、公共区空调系统（空调大系统）、设备及管理用房空调系统（空调小系统）、空调水系统等组成。

1. 通风兼排烟系统

通风兼排烟系统能够保证车站范围内空气的流通，兼具有排烟功能。

2. 公共区空调系统（空调大系统）

公共区空调系统能够保证车站公共区的空气环境满足工作人员和乘客的舒适性要求。

3. 设备及管理用房空调系统（空调小系统）

设备及管理用房空调系统能够保证工作人员的空气环境舒适性要求和设备正常运转所需的空气环境条件。

4. 空调水系统

空调水系统为空调系统提供空调用冷冻水，以满足冷却空气的需要。

以上 4 个空调系统部分既相互独立又在相关运营工况下相互协调运行，从而完成对车站整体空气调节的功能。

三、典型空调系统介绍

1. 普通集中式空调系统

普通集中式空调系统是一种低速、单风道集中式空调系统。下面以直流式空调系统为例对普通集中式空调系统进行介绍，如图 7-8 所示。

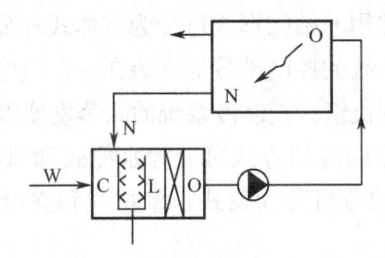

图 7-8 直流式空调系统工作原理

在夏季，该系统的空气处理任务就是将室外空气由状态 W 处理到规定的送风状态 O，然后送入室内，以改变或达到室内要求的空气状态 N，满足室内温度的要求。为此，该系统采用的处理方法：室外空气由状态 W，经喷水室进行冷却减湿处理，达到机器露点状态，然后经过加热器加热到状态 O，送入室内，既能保持送风温差，又能消除室内空气的余热、余湿，使室内空气维持状态 N。同理，在冬季将室外空气加热、加湿后送到室内，提高室内空气的温度和湿度。

2. 半集中式空调系统

下面介绍半集中式空调系统中的风机盘管机组。风机盘管机组的结构如图 7-9 所示。室内回风直接进入风机盘管机组进行冷却、去湿或加热处理。风机盘管机组的新风供给方式主要如下。

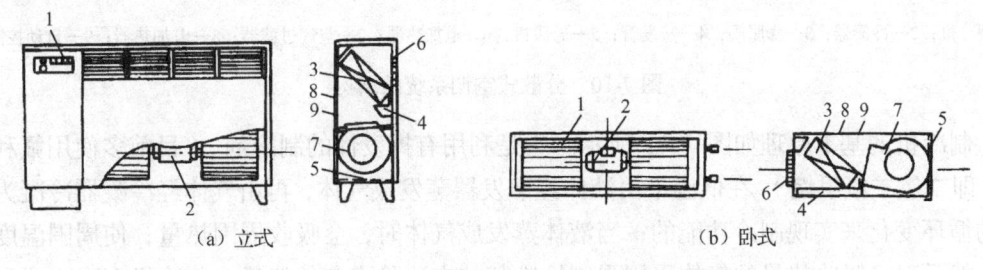

(a) 立式　　(b) 卧式

1—风机；2—电动机；3—盘管；4—凝水盘；5—循环风进口及过滤器；
6—出风格栅；7—控制器；8—吸声材料；9—箱体

图 7-9 风机盘管机组的结构

（1）借助室外空气的渗入和室内机械排风以补给新风。

（2）通过墙洞引入新风，直接进入机组。

（3）由独立的新风系统供给新风。

在风机盘管机组中，随着季节变化，盘管可能需要供冷水或热水来为半集中式空调系统提供冷源或热源。对于具有供、回水管各一根的风机盘管水机组，采用夏季供冷水，冬季供热水的方法提供半集中式空调系统所需的冷源或热源。

3. 分散式空调系统

分散式空调系统是一种采用制冷剂直接蒸发的小型空调系统。它将空气处理设备各部件与通风机、制冷机组组合成一个整体，结构紧凑，安装方便，使用灵活。

分散式空调系统按目前常用的结构形式可分为整体式和分体式。其中，前者是将空气处理部分、制冷部分和电控系统的控制部分等安装在一个机体中形成一个整体；后者是将蒸发器和室内风机作为室内侧机组，把制冷系统的除蒸发器以外的部分移于室外。

分散式空调系统按冷凝器的冷却方式可分为水冷式和风冷式；按使用功能可分为单冷型和冷热两用型；按装置位置可分为窗式、壁挂式和立柜式等。分散式空调系统的结构如图 7-10 所示。

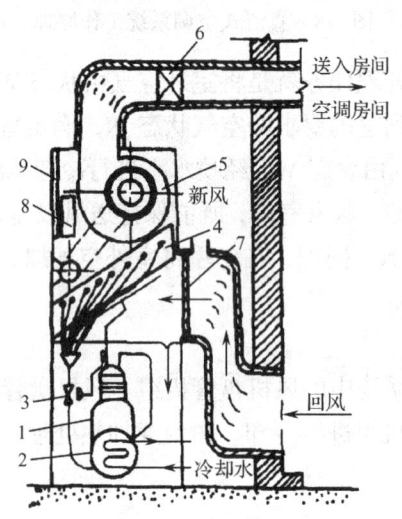

1—制冷机；2—冷凝器；3—膨胀阀；4—蒸发管；5—通风机；6—电加热器；7—空气过滤器；8—电加热器；9—自动控制屏

图 7-10　分散式空调系统的结构

制冷机的基本原理如图 7-11 所示。它是利用有挥发性的制冷剂（目前多使用氟利昂 12，即二氯二氟甲烷），在低温下由液体经蒸发器蒸发成气体，再由气体经冷凝器冷凝为液体的循环变化来实现制冷功能的；当液体蒸发成气体时，会吸收周围热量，使周围温度降低，然后对已吸收热量的气体采用强制性冷却的方法除去它的热量，制冷机有水冷式和风冷式两种类型。风冷式制冷机一般采用压缩制冷的方法，即蒸发器使制冷剂液体吸热汽化后，经压缩机压缩，使其压力升高，再经冷凝器使高压制冷剂气体冷凝为高压制冷剂液体，高压制冷剂液体流经节流阀变为低压低温制冷剂液体，再不断供向蒸发器，经过重复吸热汽化、压缩冷凝的过程达到制冷目的。

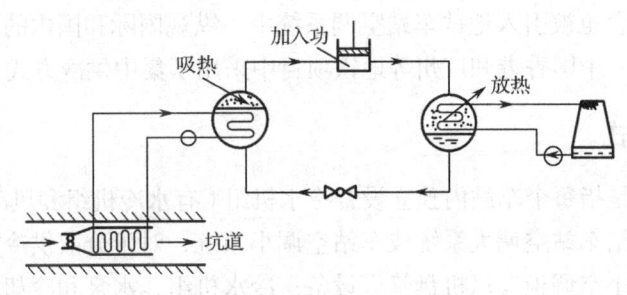

图 7-11　制冷机的基本原理

四、空调系统的运行工况调节

空调系统的运行工况调节是指空调系统在工作过程中既要满足人们对环境、大气物理条件的要求，又要使空调系统处于相对经济的运行状态，从而要求空调系统能够根据室内外大气物理条件的变化情况（如冬季、夏季，室内的热量变化等）调整运行工况（如强冷、弱冷和通风等不同运行工况）。一般空调系统经济合理的运行工况调节遵循以下几个原则。

（1）使室内的温度保持在允许的范围内。

（2）在冬季和夏季，为减少热量和冷量的消耗，在满足卫生要求的前提下，尽量利用室内循环空气。

（3）在过渡季节，尽量利用室外空气的自然调节能力，而对于地下车站，则可充分利用列车活塞风的效应。

（4）尽可能缩短冷冻机的工作时间。

空调系统有空调运行、全新风运行和事故运行 3 种模式。

① 空调运行模式运行在夏季。当站台和站厅的温度、湿度值大于设定值时，开始启动空调系统，向站台和站厅送冷风。通过送、回风温度、湿度变化调节新风与回风的比例及进入空调器的冷水量，保证站台、站厅的温度、湿度要求。

② 全新风运行模式主要运行在春、秋两季。当室外空气的焓值低于站内空气的焓值时，启动全新风风机，将室外新风送至车站。

③ 事故运行模式是指当站台层或站厅层发生火灾时，关闭站台层送风系统及站厅层回风、排风系统，启动全新风风机向站厅层送风，由站台层回风、排风系统将烟雾经风井直接排向地面。

任务三　空调水系统的认知

【理论模块】

空调水系统主要为空调系统提供冷却水源。按照空调系统冷却水源设置的集中程度不同，空调水系统有分散供冷和集中供冷两种方式。

这两种不同的供冷方式均有不同的优缺点。其中，分散供冷方式是目前在地铁车站中

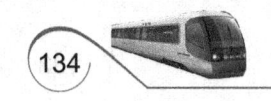

使用最为广泛、技术最为成熟的供冷方式。随着区域供冷空调方式在世界范围内的大力推广，集中供冷的概念也被引入地铁车站空调系统中。纵观国际和国内的地铁空调系统，目前已经有埃及开罗、中国香港和广州等地铁项目中采用了集中供冷方式。

一、分散供冷方式

分散供冷方式是指每个车站内独立设置冷水机组（有水冷机组和风冷机组），通过冷冻水泵将二次冷源供给车站空调大系统或车站空调小系统，对于分散供冷方式，空调末端采用大组合空调柜、小空调柜及风机盘管等设备；冷水机组、水泵和冷却塔均分车站设置，独立运行。

二、集中供冷方式

集中供冷方式是指集中设置制冷机组、联动设备及其他辅助设备，通过室外管廊、地沟架空、区间隧道敷设冷冻水管，用二次水泵将冷冻水长距离输送到车站空调大系统末端，以满足多个车站所需的冷量。

集中供冷方式水系统原理如图7-12所示。

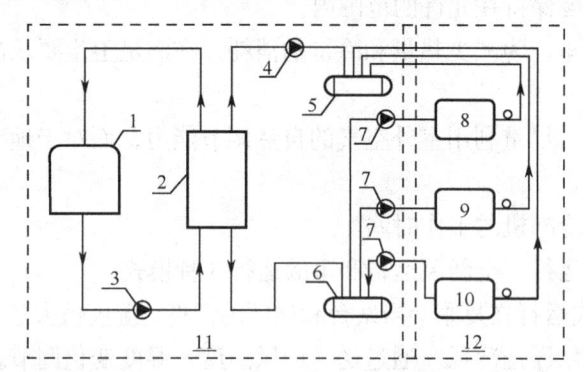

1—冷却塔；2—冷水机组；3—冷却水泵；4—冷冻水一次泵；5—集水器；
6—分水器；7—冷冻水二次泵；8—车站1末端空调设备；9—车站2末端空调设备；
10—车站3末端空调设备；11—集中冷冻站级空调水系统；12—车站级空调水系统

图7-12 集中供冷方式空调水系统原理

1. 制冷系统环路

制冷系统环路主要由冷水机组、冷冻水一次泵、冷却水系统及其附属设备组成。它的主要功能是根据空调系统控制的时间表，早晨运营前进行系统预冷，晚间利用余冷提前关机，正常运营时制备空调冷冻水。

当空调系统正常运营时，根据二次环路的实际冷负荷量，同时参考比较环路上设置的温度测点值及监测末端比例积分二通阀的开度确定一次环路中冷水机组的开启台数并进行相应的联锁控制，而冷站的冷水机组与冷冻水一次泵联动，由冷水机组的主控制器完成。冷冻水一次泵与冷水机组是一一对应的。

2. 冷冻水二次环路

冷冻水二次环路，由冷冻水二次泵、变频器、管网等组成。它主要实现的功能是通过监视空调系统末端的阀门开度，计算末端的负荷量，调节阀门的开度来满足车站实际冷负荷需求，冷冻水二次泵的变频由末端差压控制。

由于管网长度长，水网稳定性差，造成了冷站与最远端车站之间的车站管压头压力超标，需要平衡阀进行水力平衡和减压。

3. 末端设备

末端设备主要由组合空调器、风机盘管及前后的控制阀门组成。组合空调器（或落地式风机盘管）的过水量是通过出水管上的比例积分二通阀控制的。站台、站厅温度探头检测的温度值通过车站PLC进行计算并转换为控制信号，然后传给比例积分二通阀控制阀门的开度。同时，车站PLC还将站台、站厅温度及进出水温度参数通过网络传给冷站控制室。

【技术模块】

本模块将主要介绍空调水系统的主要设备及控制原理。

一、离心式冷水机组

（1）离心式冷水机组的技术参数及要求见表7-1。

表7-1 离心式冷水机组的技术参数及要求

机组	机组型号	19XL4343446CQ	19XL4242436CN	19XL4l41425CM	19XL4040425CM
	制冷量（RT）	450	400	350	300
压缩机	压缩机型号	446	436	425	425
	制冷剂R22质量/kg	658	635	608	576
	吸入压力下的饱和温度/℃	5.03	5.02	5.04	5.06
	吸入温度/℃	5.16	5.15	5.17	5.24
	排气压力下的饱和温度/℃	39.10	39.12	39.14	39.09
	制冷剂过热温度	N/A	N/A	N/A	N/A
	ARI标准下的负载范围	20%～100%	20%～100%	20%～100%	20%～100%
电动机	转速/r·min^{-1}	2950	2950	2950	2950
	最大功率/kW	360	295	267	267
	型号	CQ	CN	CM	CM
	输出功率/kW	320	279	250	223
	功率因数	0.9	0.9	0.9	0.9
	电源	380V，三相，50Hz	380V，三相，50Hz	380V，三相，50Hz	380V，三相，50Hz
蒸发器	结构	壳管式	壳管式	壳管式	壳管式
	型号	43	42	41	41
	类型	满液式	满液式	满液式	满液式
	制冷剂	R22	R22	R22	R22
	介质	清水	清水	清水	清水
	直径/mm	724	724	724	724
	长度/mm	3658	3658	3658	3658

续表

蒸发器	厚度/mm	9.52	9.52	9.52	9.52
	最大/最小流量/L·s^{-1}	107.3/26.8	95.1/23.8	84/21	74.4/18.6
	蒸发器净容积	N/A	N/A	N/A	N/A
	传热管管号	290	257	227	201
	传热管材料	铜	铜	铜	铜
	直径/in[①]	3/4	3/4	3/4	3/4
	厚度/in	0.25	0.25	0.25	0.25
	管束内部压降/kPa	109.2	105.7	102.4	95.6
	水侧压降/kPa	1034	1034	1034	1034
	污垢系数/m^2·K·kW^{-1}	0.044	0.044	0.044	0.044
	水管直径/in	8	8	8	8
冷凝器	结构	壳管式	壳管式	壳管式	壳管式
	型号	43	42	41	40
	制冷剂	R22	R22	R22	R22
	载冲剂	清水	清水	清水	清水
	壳体直径/mm	629	629	629	629
	长度/mm	3658	3658	3658	3658
	壳体粒度	9.52	9.52	9.52	9.52
	最大/最小水流量/L·s^{-1}	111.8/28	111.8/28	111.8/28	111.8/28
	冷凝器净容积	N/A	N/A	N/A	N/A
	传热管材料	铜	钢	铜	铜
	厚度/in	0.25	0.25	0.25	0.25
	管束内部压降/kPa	91.6	95.6	92.1	85.5
	水侧压降/kPa	1034	1034	1034	1034
	污垢系数/m^2·K·kW^{-1}	0.044	0.044	0.044	0.044
	水管直径/in	8	8	8	8
	水管号	282	246	213	285
	润滑油标号	PP2382101	PP2382101	PP2382101	PP2382101

① 1in=0.0254m。

（2）离心式冷水机组的主要技术要求见表7-2。

表7-2　离心式冷水机组的主要技术要求

制冷剂	R22
蒸发器进/出水温度/℃	12/7
冷凝器进/出水温度/℃	32/37
负载范围	20%～100%
电　源	380（1±10%）V，三相，50Hz
启动方式	Y—△闭式转换
水　源	城市管网自来水
环境温度条件	0～45℃
环境相对湿度条件	10%～95%

续表

运作形式	① 单机运作 ② 双机运作 ③ 三机运作
组合方式	两台离心机加一台活塞机
机体自身保温	蒸发器、电动机和吸入管道
防锈处理	需要
减振装置	需要

（3）离心式冷水机组的主要安全保护及控制要求。

① 主电动机过载保护。

主电动机电压过高保护：主电动机电压不能大于供电电压的110%（60s）。

主电动机电压过低保护：主电动机电压不能小于供电电压的90%（60s）或小于供电电压的85%（3s）或小于供电电压的50%（1/60s）。

主电动机温度过高保护：主电动机温度不能大于104.4℃。

② 循环间歇保护。

再次开机间隔不能小于15min；停机到下次开机间隔不能小于3min；限制频繁启动或开机间隔时间太短。

③ 轴承油温过高保护：轴承油温不能大于85℃。

④ 蒸发器制冷剂低温保护：蒸发器制冷剂温度不能小于2.2℃。

⑤ 冷凝器制冷剂高压保护：由工厂或现场设定，一般断开保护极限值为1793kPa，在1421kPa复位。

⑥ 压缩机排气温度过高保护：压缩机排气温度不能大于104.4℃。

⑦ 润滑油低压保护：润滑油压力差不能小于103kPa。

⑧ 喘振保护。

最小负载工况：$T=0.8℃$，$P=517kPa$。

最大负载工况：$T=5.6℃$，$P=1379kPa$。

注：T—蒸发器进出水温差；P—冷凝器与蒸发器压差。

⑨ 蒸发器流量保护：不允许通过蒸发器的水流量小于其额定值的10%。

⑩ 冷凝器流量保护：不允许通过冷凝器的水流量小于其额定值的5%。

⑪ 启动器故障保护：启动器动作正常，加速时间一般应为15s（不能太长），转换时间应小于1s。

⑫ 冷冻水温度过低保护：冷冻水温度不能小于0.8℃。

⑬ 控制要求：设备能够实现全自动控制、就地/远程控制，并可以与机电设备控制系统连接。

二、双螺杆式冷水机组

（1）双螺杆式冷水机组的技术参数及要求见表7-3。

表 7-3 双螺杆式冷水机组的技术参数及要求

机组	机组型号	WCFX33C	WCFX22C	WCFX45C	WCFX30-30C
	制冷量（RT）	308	193	430	568
压缩机	压缩机型号	1215,1218	1210,1212	1215,1218	1215
	制冷剂（R22）质量/kg	239	160	343	436
	吸入压力下的饱和温度/℃	5.03	5.02	5.04	5.06
	吸入温度/℃	5.00	5.00	5.00	5.00
	排气压力下的饱和温度/℃	38.6	38.6	38.6	38.6
	制冷剂过热温度	N/A	N/A	N/A	N/A
	ARI 标准下的负载范围	12.5%～100%	12.5%～100%	10%～100%	6.25%～100%
电动机	转速/r·min^{-1}	2950	2950	2950	2950
	最大功率/kW	198	127		267
	型号	CQ	CN	CM	CM
	输出功率/kW	203	127	274	369
	功率因数	0.93	0.93	0.93	0.93
	电源	380V，三相，50Hz	380V，三相，50Hz	380V，三相，50Hz	380V，三相，50Hz
蒸发器	结构	壳管式	壳管式	壳管式	壳管式
	型号	M3	L1	V4	M2
	类型	满液式	满液式	满液式	满液式
	制冷剂	R22	R22	R22	R22
	介质	清水	清水	清水	清水
	长度/mm	3175	3175	3175	5334
	厚度/mm	9.52	9.52	9.52	9.52
	最大/最小流量/L·s^{-1}	317/63.5	220/35	309/78	485/99
	蒸发器净容积	N/A	N/A	N/A	N/A
	传热管外径/mm	19	19	19	19
	传热管厚度/mm	0.6	0.6	0.6	0.6
	传热管根数	199	139	284	222
	传热管管号	290	257	227	201
	传热管材料	铜	铜	铜	铜
	管束内部压降/kPa	16.2	34.1	16.7	40.8
	水侧压降/kPa	1050	1050	1050	1050
	污垢系数/m^2·℃·kW^{-1}	0.086	0.086	0.086	0.086
	水管进出直径/mm	203/203	168/168	254/254	203/203
冷凝器	结构	壳管式	壳管式	壳管式	壳管式
	型号	L2	L1	T3	M2
	制冷剂	R22	R22	R22	R22
	载冷剂	清水	清水	清水	珠江水
	长度/mm	3175	3175	3175	5334
	壳体粒度	9.52	9.52	9.52	9.52

续表

冷凝器	最大/最小水流量/L·s⁻¹	484/47	268/42.3	592/149	484/114
	冷凝器净容积	N/A	N/A	N/A	N/A
	传热管材料	铜	铜	铜	钛
	传热管外径/mm	19	19	19	19
	传热管厚度/mm	0.7	0.7	0.7	0.7
	传热管根数	245	164	353	387
	管束内部压降/kPa	91.6	95.6	92.1	85.5
	水侧压降/kPa	1034	1034	1034	1034
	污垢系数/m²·K·kW⁻¹	0.086	0.086	0.086	0.086
	进出水管直径/mm	203/203	168/168	203/203	203/203
	润滑油标号/质量/kg	4GS/39.6	4GS/33	4GS/59.4	4GS/79.1

（2）双螺杆式冷水机组的控制功能。

集中冷站由冷站中央监控系统依照前一天运行数据、冷机运行时间，以及冷负荷量的大小决定应当投入或退出冷水机组台数。

每台双螺杆式冷水机组开启压缩机的数量是由双螺杆式冷水机组计算机来控制的。先开一台压缩机，如果这台压缩机满负荷后出水温度还是高于设定值，双螺杆式冷水机组会自动启动第二台压缩机或第三台压缩机；如果出水温度低于设定值，超过温度下限值，双螺杆式冷水机组会自动关闭一台压缩机；如果出水温度降到设定值，会重新启动停止的压缩机，如此反复……

负荷控制：双螺杆式冷水机组计算机通过给压缩机上的加载/卸载电磁阀传送脉冲信号，把冷冻水温度控制在一个很窄的范围内。可以通过加载/卸载电磁阀确定压缩机滑阀的位置，从而控制冷负荷量的大小。压缩机的加载/卸载的依据是电流限制功能优先于温度控制功能。

爬坡控制：通过爬坡控制可以改变压缩机组从启动开始算起的加载时间，实现预定的加载速度，有助于减少能耗及运行费用。

（3）螺杆式冷水机组的安全保护功能。

① 控制电源掉电。

双螺杆式冷水机组计算机在出现控制电源故障后，可通过自动或手动的方法重新启动（此功能由出厂设定）。在这种情况下，双螺杆式冷水机组计算机会记录一个掉电报警信息，当报警复位后双螺杆式冷水机组计算机才会重新启动。

② 欠电压保护。

双螺杆式冷水机组出现电压过低、相序不正确、缺相等供电故障时，双螺杆式冷水机组控制继电器就会掉电，从而切断控制电路。此时，双螺杆式冷水机组计算机会记录一个掉电报警，报警复位后才能重新启动。

③ 蒸发器制冷剂压力过低时停机。

双螺杆式冷水机组在蒸发器制冷剂压力过低时可以停止运行。当蒸发器制冷剂压力降低至压力设定值以下时，双螺杆式冷水机组计算机就会让压缩机停机，点亮报警信号灯。

同时，双螺杆式冷水机组计算机会记录一个低压报警信息。双螺杆式冷水机组蒸发器制冷剂压力出厂设定值为 0.4MPa。

④ 压差过低时报警。

为保证良好润滑，在冷凝器与蒸发器之间压缩机需要有 207kPa 的压差。当压缩机运行时，若该压差小于 207kPa 达 3min，所有压缩机都会停机。

⑤ 制冷剂排气压力过高时停机。

这一功能用来保护压缩机，使之不会在制冷剂排气压力过高时运行。当制冷剂排气压力达到高压设定值（1.7MPa）时，双螺杆式冷水机组计算机会让压缩机停机，并让控制柜上的报警指示灯点亮。双螺杆式冷水机组计算机会记录一个制冷剂排气压力过高报警信息。

⑥ 蒸发器结冰时停机。

若冷冻水出水温度降低到结冰设定值（水冷式的为 0℃）以下时，双螺杆式冷水机组计算机会让双螺杆式冷水机组停机，并记录一个结冰报警信息。

⑦ 油位过低时停机。

每一台压缩机都有一个油位开关。若压缩机运行时，油位过低指示持续 60s，则双螺杆式冷水机组计算机会控制这个油位开关使压缩机停机，同时报警。

⑧ 油温过高时停机。

每台压缩机都有一个油温控制器。当油温超过 95℃时，油温控制器会切断压缩机运行电路使压缩机停机。油温指示灯会指示油温过高，双螺杆式冷水机组计算机记录一次不运行故障。

⑨ 电动机温度过高时停机。

每台压缩机的电动机线圈中都接入了 3 个温度传感器。它们由固态电动机温度保护器来监控。如果任何一个温度传感器检测出温度超过电动机运行安全温度，固态电动机温度保护器就会切断压缩机运行电路，并使相应的电动机温度过高指示灯点亮，双螺杆式冷水机组计算机中会记录一个不运行故障信息。

⑩ 过载保护。

每台压缩机都有一个固体过载保护器。固体过载保护器通过监控三相电流来防止压缩机电流过高。

⑪ 传感器故障报警。

双螺杆式冷水机组计算机若判断出某传感器检测值（如温度、压力）与正常运行值相差甚远，就会关闭与之有关的压缩机，并会记录一个与该传感器故障相对应的报警码。

⑫ 不停机报警。

如果双螺杆式冷水机组计算机关闭了一台压缩机，但该压缩机的输入信号仍然有效，双螺杆式冷水机组计算机就会产生一个不停机报警，并切断控制电源继电器，使所有压缩机控制电路断开。这时，说明有接线或硬件错误。

（4）双螺杆式冷水机组控制方式。

双螺杆式冷水机组能实现全自动控制、就地/远程控制，并能与机电设备控制系统连接。

三、半封闭式冷水机组

（1）半封闭式冷水机组的技术参数及要求见表 7-4。

表 7-4　半封闭式冷水机组的技术参数及要求

机组	机组型号	30HR140E	30HR120E
	制冷量（RT）	115	96
压缩机	型号	06E6299/F175	06E6299/F175
	每台机组的压缩机数量	4	4
	每台压缩机的汽缸数	6	6
	制冷剂（R22）质量/kg	78	78
	吸入温度/℃	4	4
	负载压力下的饱和温度/℃	42	41
	负载范围	19%～100%（8级）	17%～100%（8级）
电动机	转速/r·min^{-1}	1450	1450
	最大功率/kW	130	101
	冷却方式	制冷剂冷却	制冷剂冷却
	输入功率/kW	113	89
	功率因数	0.85	0.85
	电源	400(1±10%)V，三相，50Hz	400(1±10%)V，三相，50Hz
蒸发器	结构	壳管式	壳管式
	型号	10HA 400—464	10HA400—204
	类型	非满液式	非满液式
	制冷剂	R22	R22
	蒸发器数量	1	1
	直径/mm	406	406
	长度/mm	2743	2108
	厚度/mm	12	12
	正常流量/L·s^{-1}	19.3	16.2
	蒸发器净容积/m^3	0.99	0.153
	传热管材料	铜	铜
	蒸发面积/m^2	34.9	27.1
	传热管直径/mm	9.5	9.5
	传热管总长/mm	2807	2172
	管束内部压降/kPa	25.1	32.3
	水侧压降/kPa	1724	1724
	污垢系数/m^2·K·kW^{-1}	0.044	0.044
	水管直径/mm	152	27
冷凝器	结构	管壳式	管壳式
	类型	水冷式	水冷式
	型号	09RP070	09RP070
	制冷剂	R22	R22
	载冷剂	清水	清水
	冷凝器数量	2	2
	直径/mm	365	365
	长度/mm	2524	2524

续表

冷凝器	厚度/mm	1.09	1.09
	正常水流量/L·s⁻¹	24.4	24.4
	冷凝器净容积/m³	0.52	0.43
	传热管材料	铜	铜
	冷凝面积/m²	39.8	34.1
	传热管直径/mm	9.5	9.5
	传热管总长	2188	2188
	管束内部压降/kPa	39.7	28.4
	水侧压降/kPa	1034	1034
	污垢系数/m²·K·kW⁻¹	0.044	0.044
	水管直径/mm	102	76

（2）半封闭式冷水机组的主要技术要求见表 7-5。

表 7-5　半封闭式冷水机组的主要技术要求

制冷剂	R22
蒸发器进/出水温度/℃	12/7
冷凝器/进/出水温度/℃	32/37
调节级数	8 级
负载范围	20%～100%
电　源	380V±10%，三相，50Hz
启动方式	Y—△
水　源	城市自来水管网
机房环境条件温度	0～45℃
相对湿度	10%～95%
运作形式	① 单机运作 ② 双机运作 ③ 三机运作
组合方式	两台离心机加一台活塞机
机体自身保温	蒸发器和吸入管道
防　锈	需要
减振装置	弹簧减振器

（3）半封闭式冷水机组的主要安全保护及控制要求。

① 制冷剂压力过低保护：制冷剂压力不能小于 400kPa。

② 水流量过低保护：冷冻水不允许通过半封闭式冷水机组的水流量大于其额定值的 10%，且不允许通过半封闭式冷水机组的水流量小于其额定值的 5%，否则无法开机。

③ 冷冻水温度过低保护：冷冻水温度不能小于 1.7℃。

④ 润滑油低压保护：润滑油压力差不能小于（34.5±6.9）kPa。一般润滑油压力差为 150～300kPa。

⑤ 控制电压过低保护：控制电压不能小于 220（1-10%）V。

⑥ 压缩机温度过高保护：压缩机温度不能大于 104.4℃。

⑦ 压缩机压力过高保护：压缩机压力不能大于1900kPa。
⑧ 压缩机电动机过载保护：压缩机电动机过载量不能大于5%。
⑨ 制冷剂温度过低保护：制冷剂温度不能小于2.2℃。
⑩ 制冷剂压力过高保护：制冷剂压力不能大于1900kPa。
⑪ 循环间歇保护：接到开机指令后1.5～3min启动第一台压缩机。压缩机停机顺序与压缩机启动顺序相反。

任务四 空调通风系统的控制及运行管理

【理论模块】

一、空调通风系统的控制

空调通风系统的控制为中央级、车站级和现场级三级控制。

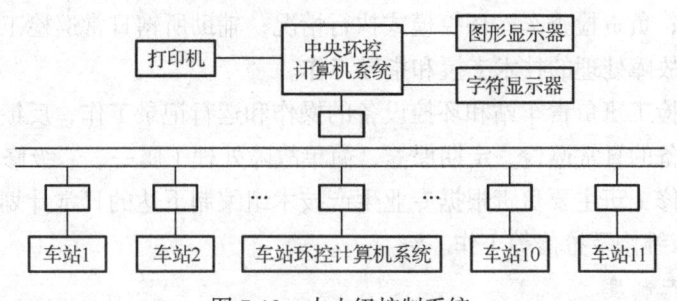

1. 中央级控制系统

中央级控制系统是通过中央环控室内的环控防火计算机控制台对全线系统的环控设备（主要指各车站通风机和空调机组）的运行状态进行监控的，必要时可直接向车站控制室发出控制指令，并显示主要设备的非常状态，记录设备事故情况，以及遥测各车站内及区间的各点空气物理状态。中央级控制系统由中央实时服务器、中央历史服务器、操作人员工作站和工程师工作站等组成。

2. 车站级控制系统

车站级控制系统是以车站监控工作站为基础的，包括车站监控局域网、打印机和后备操作盘等设备。它的主要功能包括监视车站及所辖区域的通风和空调设备的运行状态；按环控要求及负荷参数，使设备按既定模式进行运转；确保车站设备协调工作，必要时人为干预。

3. 现场级控制系统

现场级控制系统由各类传感器、执行器、远程I/O模块、接口模块和装置组成，设置在设备机房内，可直接操纵设备的运行。它的主要功能包括向车站控制室传送所控制设备的工作状态，执行车站控制室发出的控制指令，在车站控制室发生故障时独立地进行设备监控，在维修及更换设备时进行现场调试等。

中央级控制系统如图7-13所示。车站级控制系统如图7-14所示。

图7-13 中央级控制系统

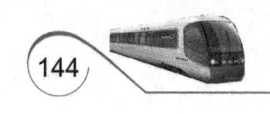

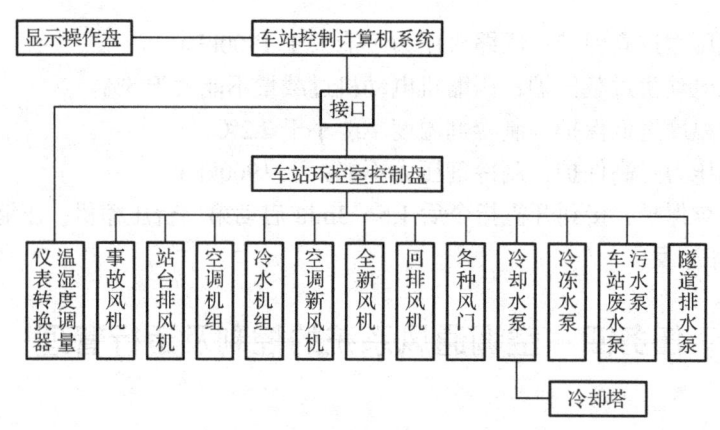

```
显示操作盘 ── 车站控制计算机系统
                        │
                       接口
                        │
              车站环控室控制盘
    ┌────┬────┬────┬────┬────┬────┬────┬────┬────┬────┬────┬────┐
   仪表  温湿  事故 站台 空调 冷水 空调 全新 回排 各种 冷却 冷冻 车站 隧道
   转换  度调  风机 排风 机组 机组 新风 风机 风机 风门 水泵 水泵 污水 排水
   器    量器       机              机                        废水 泵
                                                              泵
                                              │
                                             冷却塔
```

图 7-14 车站级控制系统

二、空调通风系统的管理

空调通风系统的管理包括设备维修计划的制订、相关技术的支持、技术资料的整理与记录、系统运行档案的建立、设备的巡检、设备的维修、设备的质量检查，以及相关工作人员的管理等各项工作。

1. 组织架构

（1）在空调通风系统设备运行管理方面设有日常巡检工班、专用维修工班、专用技术组。

（2）环控专业工程师负责制订各种作业计划、材料计划，必要时为维修工作提供技术支持。环控专业工程师任职要求：具有工程师或助理工程师资格证书。

（3）专业维修工班执行各种计划作业、故障抢修、临时维修任务，并及时反馈各种作业情况。每个专业维修工班包括6～12人，由电工、钳工、制冷工、管道工等工种组成。专业维修工班的从业人员应持证上岗。

2. 主要任务

（1）环控专业工程师主要负责编制环控专业的年度和月度生产计划和材料消耗计划；检查考核日常巡检工班和专业维修工班的维修作业情况、安全作业情况和材料消耗情况；负责空调通风系统的设备管理工作；负责编制和实施专业内的培训工作；辅助环控专业各类生产和技术文本的编制工作，以及企业标准相关部分的编制工作；负责检查车站环境控制参数实现情况；负责检查车站环控模式执行情况；辅助所辖日常巡检工班和专业维修工班的各项作业、故障处理的技术支援和指导工作。

（2）日常巡检工班负责车站和环控设备的操作和运行记录工作，反馈设备运行状态，负责车站环控设备的日常巡检、定期保养、简单故障处理（属一、二级修程）的工作。

（3）专业维修工班主要负责根据专业生产技术组编制下达的日常计划性维修（属三～五级修程）、故障维修及抢修等工作。

3. 安全生产制度

环控设备维修人员必须认真执行"三不动""三不离""三不放过""三级施工安全措施"

等基本安全生产制度。

"三不动":未联系登记好的设备不动;对性能、状态不清楚的设备不动;正在使用中的设备不动。

"三不离":维修完不复查试验好不离开;发现故障不排除不离开;发现异状、异味、异声不查明原因不离开。

"三不放过":分析不清的事故原因不放过;未符合制度的防范措施不放过;未受到教育的责任人与群众不放过。

在安排维修作业时,应有安全防范措施,并严格遵守有关技术作业安全规定。

各特殊工种的人员必须持证上岗,并进行必要的岗前培训,且上岗证应按规定进行年审。

空调通风系统各层级都应设专职或兼职安全员,负责安全工作及监控,形成安全管理网络。

思考与练习

(1)请简述轨道交通空调通风系统的功能。

(2)请简述空气处理的常用途径,并列举常用的设备。

(3)请简述空调系统的类型及工作特点。

(4)请简述空调系统如何进行经济、合理的工况调节。

(5)请简述空调水系统的分类及系统组成。

项目八 给排水系统

对于地铁车站，给排水系统的功能是满足车站的生产、生活和消防用水对水量、水质、和水压的要求，保证车站和车辆段排水畅通，为轨道交通安全运营提供服务，同时对生活污水和生产污水进行收集和处理，达到排放标准。另外，给排水系统还包括消防水系统。由于消防水系统与防灾报警系统、自动灭火系统密切联系，国家技术规范规定消防水系统应由消防系统统一控制管理，因此消防水系统由消防联动控制系统进行控制。

生活给水系统主要是对给水系统的状态、参数进行监测与控制，保证给水系统的运行参数满足建筑的供水要求，以及供水系统的安全要求。

学习目标

（1）掌握给排水系统的组成。
（2）了解给排水系统设备的结构及工作原理。
（3）了解给排水系统的运行管理工作内容。
（4）了解给排水系统设备的维修工作内容。
（5）了解给排水系统的故障处理流程及方法。

学习任务

任务一：给排水系统的认知
任务二：给排水系统的运行管理
任务三：给排水系统设备的维修
任务四：给排水系统的故障处理

教学建议

本部分内容可先进行理论教学，再到地铁车站或具有给排水设备的工厂（如自来水厂）进行参观学习。

任务一 给排水系统的认知

对于地铁车站，给水系统采用城市自来水作为供水水源，分别在车站两端从城市自来水管网的干管引入两条进水管（管径为 DN150～DN200）经风亭进入车站，且水管连接处的水压要求不低于 0.2MPa。两条进水管上的电动蝶阀及隧道两端的消防电动碟阀由车站控制室的机电设备控制系统实行监控。两条进水管互为备用，进站前设置水表和水表井，且每条进水管水表前设置室外消火栓和水泵接合器。

对于地铁车站，给排水系统由给水系统和排水系统两部分组成。其中，给水系统包括生活、生产给水系统和消防给水系统（均采用分开的直接给水方式）；排水系统则包括污水系统、废水系统和雨水系统。

【理论模块】

一、系统的组成

1. 给水系统的组成

（1）生活、生产给水系统的组成。

生活、生产给水系统由水源（城市自来水）、水池、水泵、水塔（水箱）、气压罐、管道、阀门、水龙头等组成，且采用枝状或环状管网。

（2）消防给水系统的组成。

消防给水系统由水源（城市自来水）、消防水泵、管道、阀门、消火栓（喷头）、水流指示器等组成，且采用环状管网。

对于消防给水系统，如果管网压力能满足消防用水对水压、水量的要求，则不必再另设加压系统；如果管网压力不能满足消防用水对水压、水量的要求，则必须设消防水泵进行加压。整个车站的消防管网与区间的消防管网连接。

2. 排水系统的组成

1）污水系统的组成

污水系统主要由集水井、潜污泵、管道及附件、化粪池、压力井、排水检查井等组成。将站厅或站台的厕所、盥洗室、茶水间冲洗水等生活污水通过潜污泵提升，经过地面压力井降压后进入车站地面化粪池，再排入城市排水系统。要求压力井内进、出水管道不在一条出水直线上，且侧壁有防冲洗的措施。车站化粪池采用各市环卫局规定的 4 号化粪池。

污水系统框图如图 8-1 所示。

来自车站污水 → 集水井 → 压力井 → 化粪池 → 城市排水系统

图 8-1 污水系统框图

2）废水系统的组成

废水系统主要由集水井、潜污泵、管道及附件、压力井和排水检查井等组成。

废水系统将车站内的生产、消防废水、结构渗漏水通过潜污泵提升，经过地面压力井降压后排入城市排水系统。每个区间隧道基本上独立设置一套排水系统，废水泵房设在区间隧道线路下坡道的最低处。对于明挖施工区段，废水泵房设在隧道外侧边或联络通道处；对于盾构施工区段，则利用联络通道作为废水泵房。压力井内进、出水管道要求与污水系统一样。

废水系统框图如图 8-2 所示。

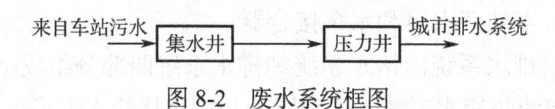

图 8-2 废水系统框图

3）雨水系统的组成

雨水系统包括室外排水明沟（埋地雨水沟）、PVC 排水管、排水检查井等。对于雨水，不进行处理，汇集后直接排入城市附近江河。

二、给排水系统的设备

给排水系统的设备主要包括潜污泵、变频变量恒压给水设备、全自动气压供水设备、自动清洗过滤器、去污处理设备、地埋式污水处理一体化设备、消火栓、给排水管道、消防管道、冲洗栓、水龙头、阀门等。

1. 阀门

给排水系统的阀门主要有闸阀、蝶阀、止回阀（单向阀）、排气阀、安全阀，以及卫生间的各种冲洗水阀，如水龙头（水嘴）、小便冲洗阀、大便冲洗阀。

1）闸阀

闸阀如图 8-3 所示。闸阀的优点：在介质通过阀体时流动方向不变，因此产生的流动阻力小；安装时没有方向性；开启缓慢，不会产生过大冲击。闸阀的缺点：结构复杂，外形尺寸大，闭合面磨损快，维修不方便。

图 8-3 闸阀

2）蝶阀

蝶阀按驱动方式分为手动蝶阀和电动蝶阀，如图 8-4 和图 8-5 所示。蝶阀质量小，体积小。与金属密封的闸阀和截止阀相比，采用软密封的蝶阀可实现完全密封，气密性非常好。蝶阀操作简便，在 90°回转范围内即可实现启闭功能。

项目八 给排水系统

图 8-4 手动蝶阀　　　　图 8-5 电动蝶阀

3）止回阀

止回阀是利用阀前、阀后的压力差使阀门完成自动启闭的，从而控制管道中的介质只向指定的方向流动。当介质即将倒流时，止回阀能自动关闭，从而阻止介质逆向流动，如图 8-6 所示。地铁给排水系统采用的止回阀包括排水泵站和市政给水引入管上的橡胶瓣止回阀（旋启式单向阀），以及气体消防管路上气液单向阀（升降式单向阀）。

图 8-6 止回阀

4）排气阀

在一般情况下，水中含少量的溶解空气，在输水过程中，这些空气从水中不断释放出来，聚集在管线的高点处，形成空气袋，使输水变得困难，系统输水能力可因此下降 5%～15%。排气阀的作用就是排除管道中聚集的空气。

5）安全阀

当管路里的流体压力超过一定值时，打开安全阀，就可以排放一定量的液体，释放部分压力，保护管路安全。安全阀如图 8-7 所示。

安全阀阀盖上方有一根弹簧，这根弹簧的作用力将阀盖压在出水口上。当流体压力小于弹簧作用力时，阀盖保持关闭；当流体压力大于弹簧的作用力时，阀盖被顶开。弹簧的作用力决定了安全阀的动作范围。安全阀属于一种水力阀。

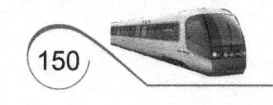

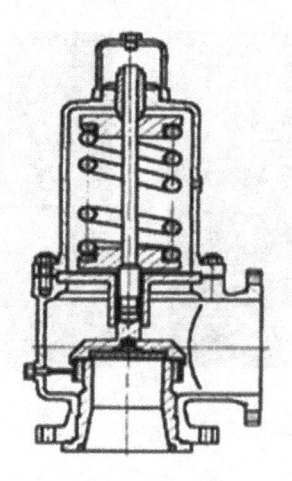

图 8-7　安全阀

2. 水泵

地铁给排水系统采用的水泵有潜污泵和消防泵两种。这两种水泵都是离心泵，但因所适用的环境不同，结构上也存在差异。潜污泵因电动机部分必须能完全淹没于水面以下运行，所以对防水的要求较高。

1）潜污泵

潜污泵是水泵和电动机一体化的水泵，电动机可完全淹没于水面以下运行，水泵和电动机中间有一个油腔。水泵和油腔之间采用机械密封进行隔离；油腔和电动机之间采用骨架油封进行隔离，也有采用机械密封进行隔离的。潜污泵如图 8-8 所示。

图 8-8　潜污泵

2）消防泵

消防泵因扬程较高，一般采用多级泵。消防泵的结构特点：多叶轮串联在一起，下一级叶轮的出水口为上一级叶轮的吸水口，水泵的扬程为所有叶轮扬程的总和。

任务二　给排水系统的运行管理

给排水系统维修人员需要完成对所辖区域给排水设备的维护、保养和巡视工作，通过对给排水系统设备的维护、保养，使之能持续、高效地运行。对给排水系统维修人员的要求：必须熟悉给排水系统设备的性能；了解给排水系统设备的结构及工艺、运行环境等要求；掌握给排水系统设备的操作、保养、简单维修等技能。

【技术模块】

一、运行管理的有关规定

对给排水系统设备的运行进行有效管理，及时发现给排水系统设备的运行异常现象，并在保证安全的情况下及时进行维修，以确保给排水系统正常运行。

给排水系统的运行管理遵循以下规定。

（1）由给排水技术管理人员和维修计划安排进行给排水专业设备的运行管理。

（2）工班负责做好日常巡视工作，并填写相应巡视记录，如遇故障必须及时处理和汇报。

（3）区间泵房、雨水泵房为重点运行管理对象，按维修计划安排对其进行运行管理。

（4）记录各车站和车辆段每月水表读数，并向生产调度汇报。

（5）牢记安全操作事项及用电安全。

（6）地面车站的消防泵每3个月启动一次。

（7）各车站的水源均为两路供水，且电动蝶阀每3个月定期轮换一次。

（8）必须对损坏、偷盗消防设备的情况向有关部门及时汇报。

二、运行管理的主要工作内容

给排水系统运行管理的主要工作有按维修、保养、操作规程操作和维护设备；按规定的周期对设备进行不同内容的检查、检测，以保证车站能正常运营。

1. 潜污泵的运行管理

车站泵房集水池内一般设两台潜污泵（一用一备）轮换运行，必要时可同时运行。集水池一般设置2～4个超高、中、低、超低液位控制器，根据水位高、低自动控制潜污泵的启停。当水位达到超低水位时，两台潜污泵均停止运行，且手动和自动都无法将其启动；当水位达到低水位时，开启第一台潜污泵；当水位达到中水位时，两台潜污泵同时开启。对于由液位控制器失灵引起的水位报警，机电设备控制系统将会发出报警信号，通知站务人员到现场，将转换开关打到手动位置，手动启动潜污泵。

2. 消防水系统设备运行管理

（1）消防水管上的阀门保持常开。工作人员发现火灾时，应及时按下消火栓箱的手动报警器或通过箱体上的报警电话向车站控制室报警，并取出消防水带，接上消火栓及水枪后，打开阀门，持水枪喷水灭火。火被扑灭后，关闭消火栓阀门，取下水枪、水带，在冲净、晾干后将器材放回原位，并在转盘的摇臂、箱锁、阀门等处涂上2号钙基酯，以便再

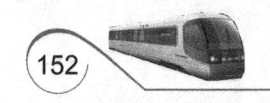

次使用。区间消防管道上的电动蝶阀自动开启，同时操作人员迅速到现场将手动蝶阀打开，进行灭火。车站消防设施应建设完善的巡视、检查、登记制度，至少每周巡视一次，每3个月开箱检查一次，每年功能测试一次。

（2）对于自动喷水灭火系统，当发生火灾时，喷头口的玻璃球熔化并自动喷洒水雾，由于自动喷水灭火系统内水压突降，在湿式报警阀两端产生压力差，从而使湿式报警阀打开，延时30s后，自动启动消防水泵进行灭火，同时发出报警声。

3．自动清洗过滤器运行管理

1）开机

（1）同时打开进水阀和出水阀。

（2）打开自动清洗过滤器上封头的排气阀，并在排除罐内的空气后，将排气阀关闭。

2）观察

（1）观察浊水腔和清水腔压力表，看其压力是否正常。

（2）观察自动清洗过滤器（上下封头的轴封、罐体法兰、阀门法兰、压力表和差压控制器取样管）有无泄漏，如有泄漏应及时处理。

3）反清洗

反清洗机构一般有手动和自动两种工作状态。电控箱的切换开关若置于手动位置，则处于手动工作状态；若置于自动位置，则处于自动工作状态。

（1）手动反清洗。

可在任意时间间隔，或者根据两个压力表的压力差（压力差达到一定值时），按动电控箱上反冲洗电动机启动按钮，使反冲洗吸管旋转；同时按动"排污阀开"按钮，使排污阀打开，即开始冲洗。反冲洗时间依据水质污浊程度而定，当清洗后压力差恢复正常，即表示过滤柱内污渣已经洗净后，按动"反冲洗电动机停"和"排污阀门关"按钮，结束手动反冲洗。

（2）自动反冲洗。

自动清洗过滤器中的差压控制器可自动控制反冲洗的开始和结束。

① 在差压控制器上设定两个压力值：压力差和切换差。压力差是指罐体浊水腔和清水腔的压力差；切换差是指差压控制器中微动开关的切换范围。

② 差压控制器的差压设定范围为0.02~0.16MPa，切换差设定范围为0.035~0.15MPa。

③ 当差压控制器启动减速机时，电动蝶阀自动打开。

④ 自动清洗过滤器还设有定时反冲洗功能。

任务三　给排水系统设备的维修

给排水系统设备的维修是根据给排水系统设备的性能，按照一定的科学管理程序和制度，以一定的技术管理要求，对其进行日常养护和维修更新，确保给排水系统设备设施性能良好。

项目八　给排水系统

【技术模块】

在给排水系统设备中，水泵的维修作业最多、最复杂。

一、水泵的装配工艺

（1）将下轴承盖套在转子总成轴的轴颈上。

（2）将下轴承压入转子。

（3）分别在下轴承下端装好弹性挡圈，利用弹性挡圈挡住轴承。

（4）将装有下轴承的转子部件压入。

（5）将孔用弹性挡圈装在下轴承上端轴承座卡槽内。

（6）将下轴承盖用螺钉与轴承座装配，紧固。

（7）将泄漏检测器插入橡胶圈内，再插入轴承座内。

（8）将上机械密封推入轴承座内，并用轴用弹性挡圈卡住。

（9）机械密封座止口上套入O形密封圈，通过该止口装配机械密封座与轴承座。

（10）将下机械密封装入机械密封座内。

（11）将O形密封圈套入机械密封座内。

（12）装配涡壳与机械密封座。

（13）用螺钉将轴承座、机械密封座及涡壳紧固。

（14）叶轮装在轴上，用键固定。

二、水泵的拆卸工艺

水泵的拆卸与其装配顺序相反，这里不再赘述。

三、水泵维修注意事项

（1）定期（每季）检查电动机相间和相对地之间的绝缘电阻，其值不得低于2MΩ，否则应检查水泵接地是否牢固可靠。

（2）在水泵每次安装时，都要检查电动机的旋转方向是否正确。电动机正确的旋转方向：从水泵的吸入口往上看，叶轮逆时针方向旋转。如果电动机的旋转方向不正确，可以调换电动机三相电源线中的任意两相电源线的位置。

（3）在水泵运转前，应检查电源电压。该电源电压不允许超出其额定值的10%。

（4）每年检查一次变压器的机械油，如变压器的机械油呈乳化状态或有水沉淀出来，应及时更换10～30号机械油和机械密封。

（5）在正常条件下，水泵工作一年后，应进行一次全面维修，更换已磨损的易损件，并检查紧固件的状态。对于在恶劣条件下使用的水泵，更应经常维修。

（6）对于装有耐磨环的水泵，若叶轮与耐磨环之间的磨损间隙在直径方向的最大值超过20mm，则应更换耐磨环。

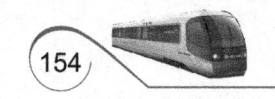

（7）为防止水泵在使用多次时内部积有杂质，可用清洁的水来清洗水泵，尤其要清洗水泵的下密封处，以免结块、堵塞。当水泵长期不用时，应将水泵从水中提出，不要使水泵长期浸泡在水中，以减少电动机受潮的机会，从而延长水泵的使用寿命。水泵在每次提出来时，最好用清水冲洗一次。

（8）非专业人员不能拆卸水泵。拆卸水泵要按标准规范作业，不要野蛮操作，以免损坏零部件，破坏密封，从而损坏电动机。

（9）在水泵运行中，应经常检查各种仪表的安全可靠性和正确性。例如，电流表指示的电流值是否正常，是否超出铭牌所示的范围。

（10）水泵应在规定的范围内使用。水泵的流量不可超过其额定流量太多，以免超载，并可以通过出口闸阀来调节。闸阀关小，流量也就变小，相应的电流、功率也就减小。

（11）固定水泵底座的不锈钢螺钉应牢固，无锈蚀现象。

（12）水泵与泵座接口应吻合密封。

（13）接地应牢固，接地线为黄绿线（比其他线长50mm）。

（14）水泵润滑油为0～40号机械油。

（15）对于水泵控制箱，导线连接应坚固，无松动；主交流接触器触点光滑，无明显的磨损现象；各辅助触点动作正常。

四、水泵的维修及安装标准

水泵的维修及安装标准见表8-1。

表8-1 水泵的维修及安装标准

项	目		质量标准	检验方法
保证项目	离心泵/轴流泵	水平度	允许偏差≤0.1mm/m	用水平仪在水泵的底座、泵体水平中分面、轴颈或主轴外露部分进行检查
		铅垂度		
	深井泵	出水管连接	出水管与水泵间的连接必须对正、牢固可靠	观察检查
		叶轮与导水壳的轴向间隙	必须按设备技术文件和传动轴长度准确计算后进行检查，在首次运转20min后再次调整其间隙	检查施工记录
	往复泵	泵体水平度	泵体纵向、横向水平度的允许偏差≤0.1/1000mm	用水平仪在机身滑道、水（汽）缸镜面或其顶端平口、轴承座或其他光洁平面检查
		轴瓦与轴颈间隙	轴瓦与轴颈的径向间隙(顶间隙和侧间隙)和轴间隙必须符合设备技术文件的要求	用压铅法检查,用塞尺插试检查或检查施工记录
		联轴器同轴度	电动机、减速器、泵体曲轴与联轴器连接，同轴度的允许偏差必须符合设备技术文件的要求	用塞尺或专用工具检查
		轴颈水平度	轴颈水平度允许偏差≤0.1/1000mm	用水平仪检查

续表

项	目		质量标准	检验方法
保证项目	往复泵	曲颈中心垂直度	曲轴中心与机身滑道中心线垂直度的允许偏差必须符合设备技术文件的要求	以机身滑道为准，拉中心线用内径百分尺检查
		活塞组装	活塞在水（汽）缸内距离两端头的间隙必须符合设备技术文件的要求	用压铅法检查或检查施工记录
		深井泵清洗	深井泵的橡胶轴承应用水清洗，且必须符合设备技术文件要求	观察检查或检查清洗记录
	试运转	离心泵、轴流泵和深井泵	① 填料使压盖松紧适当，允许有滴状泄漏，温度不得过高 ② 电动机的电流不得超过额定值 ③ 运转中无较大振动，声音正常；各连接部分不得松动或泄漏 ④ 滚动轴承最高温度≤70℃，滑动轴承最高温度≤60℃	检查试运转记录或试车检查
		往复泵	① 连接法兰和密封装置不得有渗漏现象 ② 润滑油温度≤60℃，压力不得低于设备技术文件的要求值 ③ 各运转部件不得有不正常的声响和摩擦现象 ④ 冷却水运转供应正常，进出口水温不得超过设备技术文件的要求 ⑤ 电动机的电流不得超过额定值	在轻负荷下运转 10min，在 1/2Pa 和 3/4Pa 下各运转1h，在 1Pa 下运转不少于 8h
基本项目	地脚螺栓		应垂直，螺母应拧紧，扭力矩一致。螺母与垫圈、垫圈与设备底座的接触应紧密	用手拧检查和观察检查
	垫铁		垫铁组应放置平稳，位置正确，接触紧密；每组垫铁不应超过 3 块	用小锤轻击垫铁和观察检查
	离心泵及轴流泵露体组装		叶轮吐出口的中线与涡室的线应对准。多级泵平行盘与平衡环靠紧的情况下，叶轮吐出口外缘的位置应在导翼进口宽度范围内	用钢板尺垫铁和观察检查
	离心泵及轴流泵体组装		叶轮和密封环或轴流泵叶片外壳与泵壳的间隙应均匀，每侧径向实际最小间隙不应小于设备技术文件要求值的 40%，但径向两侧之和不应大于设备技术文件要求的最大值；对于输送含有固体颗粒悬浮物质的离心泵，叶轮壁两侧与涡室的间隙应调整到设备技术文件要求值	用塞尺插试检查
	离心泵及轴流泵体组装		填料环应对准水封管，填料压盖与泵轴的间隙应均匀，不应有互相摩擦	用扳手插试和观察检查
	深井泵	泵管互相连接	泵管互相连接，管端与轴承支架端面应连接紧密，如无轴承支架，两管端应位于螺旋连接节中心位置，允许偏差为 5～6mm	用扳手拧试，用钢板尺检查和观察检查
		底座与传动轴、泵管	底座与传动轴、泵管的中心线应垂直，与泵管的连接法兰应对准，螺栓坚固	用水平仪检查，扳手拧试和观察检查

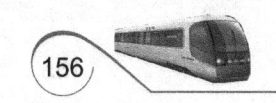

续表

项目		质量标准	检验方法
基本项目	深井泵 电动机轴孔间隙	电动机转子轴孔与传动轴的间隙应均匀	用塞尺插试检查
	往复泵 轴瓦与轴颈接触面	接触面不应小于60°，接触面积不应小于接触弧面的70%，接触点分布要均匀	用着色法检查或检查施工记录

任务四 给排水系统的故障处理

给排水系统设备是城市轨道交通系统机电设备的一部分，其事故（故障）原则要求遵循城市轨道交通制定的相关规定及要求，即"先通后复"，尽可能减少事故（故障）对城市轨道交通正常运营的影响。

【技术模块】

一、区间消防水管爆裂事故的处理

（1）车站接事故报警后，由当日轮值按如下程序负责组织抢修。
① 通知车站人员关闭爆管区间两端消防蝶阀。
② 与运行控制中心联系，封锁事故区段线路，站台设置红闪灯。
③ 组织专业维修人员并准备维修工具，到指定地点集中候车。
④ 申请抢险用工程车，同时要求车务部派人现场协助。
⑤ 各项准备工作就绪后，开工程车赶往事故现场。
（2）抢修人员分工。
在一般情况下，至少要将人员划分为两组，一组负责拆、装水管及检查、关闭区间爆裂水管附近两端蝶阀；另一组负责运送水管。
（3）安全注意事项。
严格遵守《维修安全规则》，做好并检查安全防范措施，防止发生工伤事故。
（4）事故处理。
经抢修队长确定爆管长度后，命令一组人员用活动扳手，在爆管两端将柔性卡箍拆下，然后将另一组人员运送的水管割好并对好位，经抢险队长确认无误后，再装上柔性卡箍并试漏、试压。
所有抢修工作结束后，出清线路；向车站控制室、运行控制中心汇报修复情况和线路出清情况；车站和控制中心解除线路封锁；运营车辆恢复运行；抢修人员回车间向轮值汇报。
（5）车间轮值通知生产调度。
（6）总结分析事故发生原因，出具事故报告。

二、水泵的故障分析与处理

给排水系统故障绝大多数是因为水泵发生故障引起的，因此熟知水泵故障发生的原

因及处理方法，对快速处理给排水系统故障有着重要意义。常见水泵故障的分析与处理见表 8-2。

表 8-2　常见水泵故障的分析与处理

序号	故障现象	故障原因	处理方法
1	水泵流量不足或不出水	水泵反转	关掉总电源，调换任意两相电源线
2		阀门未打开或打开角度不够	检查并打开阀门
3		管道、叶轮堵塞	清理管道或叶轮的堵塞物
4		出水管泄漏	找出泄漏点并校正
5		耐磨环磨损	更换
6		耦合挂件断裂	更换
7	水泵运行不正常、噪声振动异常	叶轮或转子不平衡	校平衡
8		轴承磨损	更换
9		转轴弯曲	送厂家校正或更换
10	绝缘电阻偏低	电缆接线端松动	拧紧电缆接头
11		电缆线破损	更换
12		机械密封损坏	更换
13		O 形密封圈失效	更换
14	电流过大	管道、叶轮堵塞	清理管道或叶轮的堵塞物
15	水泵无法停止或自动启动	浮球失灵	更换浮球
16		浮球上浮子卡在工作位置	松开，如需要可以改变位置
17	泵启动和停止太频繁或长时间运行	浮球开关的时间太短	重新调整浮球开关，延长运行时间
18		止回阀故障	检查止回阀，并维修

思考与练习

（1）请简述给排水系统的组成。
（2）请简述给排水系统的主要设备及其功能。
（3）请简述给排水系统潜水泵的维修方法。
（4）请简述给排水系统水泵的常见故障及处理方法。

项目九　机电设备控制系统

机电设备控制系统是以计算机为基础的自动化系统，通过计算机对所控设备的运行情况进行实时监控与动态跟踪分析，同时根据运营要求对这些设备的运行发出相应的指令进行动态调整。机电设备控制系统主要由工作站、服务器、各种设备控制器、终端设备、交换机及网络系统组成。它能对通风空调系统、消防报警系统、给排水设备、自动扶梯、照明设备、屏蔽门系统等的运行状态进行实时监控；对设备的运行进行远程控制；对空调系统进行节能控制；在火灾发生的情况下，可接收火灾报警系统的报警信号，自动控制所有设备转入防灾工作模式，控制排烟风机、通风机、气体灭火装置、消防水系统协调工作，以保证人员和设备的安全。

对于"机电设备控制系统"的英文翻译，各地铁公司有所不同，例如，南京地铁公司将其翻译为 Building Automation System（BAS）；广州地铁公司的将其翻译为 Electrical and Mechanical Control System（EMCS）；还有的将其翻译为 Main Control System（MCS）。本书对其采用 BAS 的英文翻译方式。

BAS 的设计原则：安全、可靠、节能。

BAS 的架构：一般分为中央级、车站级和就地级 3 个层次。

本项目将主要以南京地铁 BAS 为例，对 BAS 的组成、控制原理、操作及管理进行详细介绍。不同地铁公司的 BAS 可能会存在一些差异，但其基本功能及操作大同小异。

学习目标

（1）了解 BAS 的结构、功能、接口及控制原理。
（2）能够识别 BAS 的操作界面。
（3）能够利用 BAS 操作界面对空调、照明等系统进行中央级控制。
（4）能够通过 BAS 界面监控电扶梯系统和安全门系统的工作状态。

学习任务

任务一：BAS 的认知
任务二：BAS 操作界面的使用
任务三：BAS 对空调系统模式的控制
任务四：BAS 对广告照明系统模式的控制

项目九　机电设备控制系统

> **教学建议**
>
> 可在具有仿真 BAS 的实训室进行教学，或先进行理论教学，再到车站控制室进行现场教学。

任务一　BAS 的认知

【理论模块】

BAS 源于建筑楼宇自控系统。将 BAS 应用到城市轨道交通，实现对城市轨道交通系统机电设备、消防报警设备按预先规定进行的自动远程控制。

地铁运行控制中心（OCC）到地下车站的 BAS 结构如图 9-1 所示。选择地下车站是因为地下车站设备齐全，而高架车站由于不需要通风、照明等设备，因此设备较少，结构相对简单些。

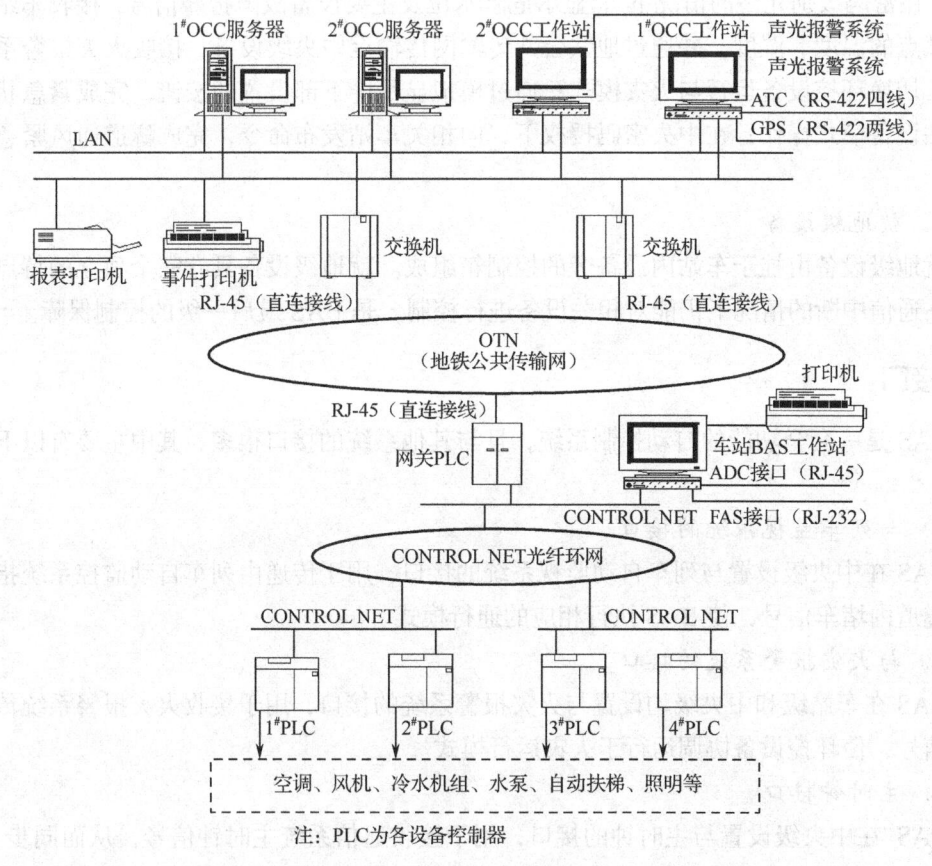

图 9-1　地铁运行中心（OCC）到地下车站的 BAS 结构

一、功能

BAS 采用中央级和车站级二级管理制度，能够实现中央级、车站级和就地级三级控制。其中，中央级与车站级信息传递通过地铁公共传输网实现；车站级与就地级信息传递通过

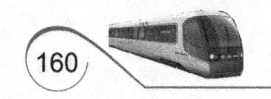

局域网实现，如图 9-1 所示。

1. 中央级设备

中央级设备位于控制中心大楼内，包括操作工作站、大屏幕显示屏、网络交换机、服务器等设施。中央级设备主要功能：监视全线各车站通风、空调、制冷、给排水、扶梯等设备的运行状况；监控隧道通风系统，并在需要时向相关车站发布命令，完成环控通风模式的转换；及时显示危险水位及主要设备故障状态；记录全线各车站典型测试点的温度、湿度；记录统计全线环控主要设备的累积运行报告并给出维修警报；文件管理和打印定期报表；与相关系统（如列车自动监控系统、火灾报警系统及主时钟系统）交换有关信息。

2. 车站级设备

车站级设备位于车站内的车站控制室，包括操作员工作站，模拟显示屏等设备。车站级设备主要功能：监视车站内及所辖区间隧道内的通风、空调、制冷、给排水、扶梯、照明等设备的运行状态；协调车站内各设备的动作，并可以完成参数修改、模式调整等人工干预（在密码级别允许的情况下）；显示危险水位及主要设备故障报警信号；接收车站内典型测试点的温度、湿度，并通过地铁公共传输网传输至中央级设备；接收火灾报警系统的信息，切换环控设备运行与火灾模式；通过模拟显示屏下部设置的按钮，完成紧急状态下的车站设备模式操作；在中央密码授权下，向相关车站发布命令，完成隧道通风紧急控制模式。

3. 就地级设备

就地级设备由挂于车站内设备旁的控制箱组成。就地级设备具有完全独立的特点，在同车站通信中断的情况下仍能对相关设备进行控制，是 BAS 最后一级的控制保障。

二、接口

BAS 是一套全功能的自动控制系统，且与其他系统的接口很多，其中主要有以下几个接口。

1. 与列车监视系统的接口

BAS 在中央级设置与列车自动监视系统的接口，用于传递由列车自动监控系统指定的列车隧道内堵车信号，使 BAS 执行相应的通行模式。

2. 与火灾报警系统的接口

BAS 在车站级和中央级均设置与火灾报警系统的接口，用于接收火灾报警系统传来的火灾信号，使环控设备协调运行于火灾运行模式。

3. 主时钟接口

BAS 在中央级设置与主时钟的接口，用于接收通信系统主时钟信号，从而同步 BAS 内部各子系统。

BAS 的拓扑结构种类较多，有集散型、星型、环形等多种结构，以实现设备的远程控制和协调工作。

三、控制原理

BAS 的控制原理如图 9-2 所示。

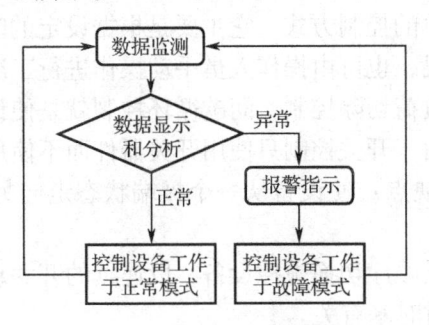

图 9-2 BAS 的控制原理

1. 数据监测

所谓数据监测就是采集过程数据，再把数据转换成具有明确物理意义的值，然后把它存储在主存储器的整个过程。所监测的数据既可以是模拟量，也可以是数字量。

由于过程变量与时间一一对应，所以计算机保存的过程变量与实时时间必定有关。一般只把最新值存储在主存储器中，因为只有这些值才直接决定下一步的控制动作。在利用数据之前，必须保证数据的合理性。为此，往往需要检查所采集数据的有效性，排除可能出现的干扰、传输差错、敏感元件故障、电缆或终端故障等（这些故障一般表现为开路或短路、输出零电压或高电压）。

2. 报警指示

报警指示的产生一般有以下 3 种情况。

（1）不断地监测输入的状态信号，若该状态信号达到报警条件，则产生报警指示，但不产生报警的原因。当产生报警指示时，各报警点向系统操作员报告，同时一直维持报警指示，直到系统操作员删除为止。

（2）对每个模拟量输入通道上的测量值设置阻值（包括上限值和下限值），如果测量值超过限值且有效，则产生报警指示。这些报警指示同样要被保存起来，直到系统操作员把它们删除为止。

（3）若组合的测量值超过限值，则产生报警指示。例如，在空调装置中，设定开关 S_1, S_2, S_3 开，S_4 关，则产生报警指示。报警指示可以是几个变量的函数或逻辑组合。

3. 数据显示和分析

计算机采集到的数据和分析所得的数据可以以各种形式向操作人员显示，如打印记录、模拟工况图、灯光显示板等。操作人员通过计算机可查看任意时间下的工况、一段时间的工况变化规律和未来可能出现的变化趋势。

计算机可以通过一定的数学方法（如回归分析法、相关分析法等）对所采集到数据进行大量的实时分析。

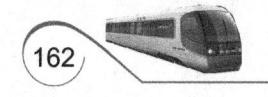

4. 设备控制

计算机对相关设备的控制包括开关控制、顺序控制、反馈控制、直接数字控制、监督控制、预测控制、自适应控制和最优控制等多种方式。

（1）开关控制是最简单的控制方式。它主要是根据设定的时间状态值自动从一个规定工况切换到另一个规定工况，也可由操作人员手动操作进行工况的切换。此外，开关控制也可实现间歇循环控制和负荷切除控制。间歇循环控制就是使设备有规律地启停。负荷切除控制可自动卸掉负荷。由于开关控制只使用开关器件而不使用模拟器件，控制接口比较简单。但它有一个致命的缺点：使设备从一个极端状态走向另一个极端状态，缺乏可调性。

（2）顺序控制是按预定顺序切换被控设备，以连续的开关动作控制一组输出信号。这些开关动作顺序通常与实时时基有关。

（3）反馈控制是连续控制中最简单的一种形式。它根据被控设备状态变化值的大小调整工况，即控制变化值随偏离目标值的大小而变化，偏差越大，所需调整的差值也就越大。

（4）直接数字控制是利用计算机实施控制的。它的基本原理：将输入的模拟信号转变成数字信号再通过计算机进行处理，然后把处理的结果或输出指令（数字信号）再转变为模拟信号，以驱动执行机构对所控设备进行动态控制。

（5）监督控制利用计算机进行计算，并把计算结果输出给模拟控制器，作为模拟控制器的给定值。此时，计算机只是间接控制器，而真正实施控制的仍然是模拟控制器，一旦计算机出现故障，模拟控制器将按原给定值继续运行。

（6）预测控制按照事先确定的过程控制模型对运行中的设施进行实时动态控制。此时，过程控制模型的准确性就显得尤为重要。一旦发现过程控制模型与实际运行工况出现较大偏差时，应及时对该模型进行修正，以保证必要的拟合度。

（7）自适应控制通过适时修改控制程序的参数改善控制程序性能，使控制过程始终能正确而及时跟上实际工况变化。因此，自适应控制实际上就是参数的自适应调整。

（8）最优控制利用动态规划中的最优解模型找出被控参数的最优值和其存在的边界条件，使所控设备按照数学上的最优方案实施工况变化。

【实操模块】

上海地铁一号线车站 BAS

上海地铁一号线车站 BAS 主要用于对车站环控设备及相应环境的控制，以保证车站处于一个相对舒适的环境中，以便为乘客提供良好的服务。

一、功能

（1）监控车站环控设备的运行。环控设备包括各类风机、风门等，主要分布在车站站厅层两端的环控机房内。BAS 在车站控制室内的计算机上集中显示、控制、记录这些设备的运行状态及故障报警。

（2）监视车站各类排水泵的运行及水池水位，并当水池水位超过超高水位时，发出报警信号。车站的废水泵、污水泵、出入口集水泵分散在车站的各处，且在相邻两个车站之间的区间隧道有废水泵房。BAS 在车站控制室内的计算机上集中显示水泵的运行状态；对水泵的运行时间进行累计；当水池水位超过超高水位时，发出报警信号。

（3）监视地下车站环境温度和湿度。地下车站基本上在一个封闭空间内，主要靠通风系统维持空气的新鲜和流通。BAS 自动检测通风系统的新风、回风、送风的温度和湿度并在计算机上显示。

（4）监视空调系统设备。BAS 以车站回风温度为被控对象，调节冷冻水三通阀的开度，控制进入冷凝器和回流的冷冻水流量比例。

（5）执行火灾工作模式。当火灾发生时，BAS 会接收火灾报警系统发来的报警信号，根据火灾发生的不同位置，按照计算机中编制的程序，完成站厅、站台的通风、排烟控制。

二、组成

上海地铁一号线 BAS 主要由车站控制室、环控机房和电控室、水泵房等部分组成，如图 9-3 所示。

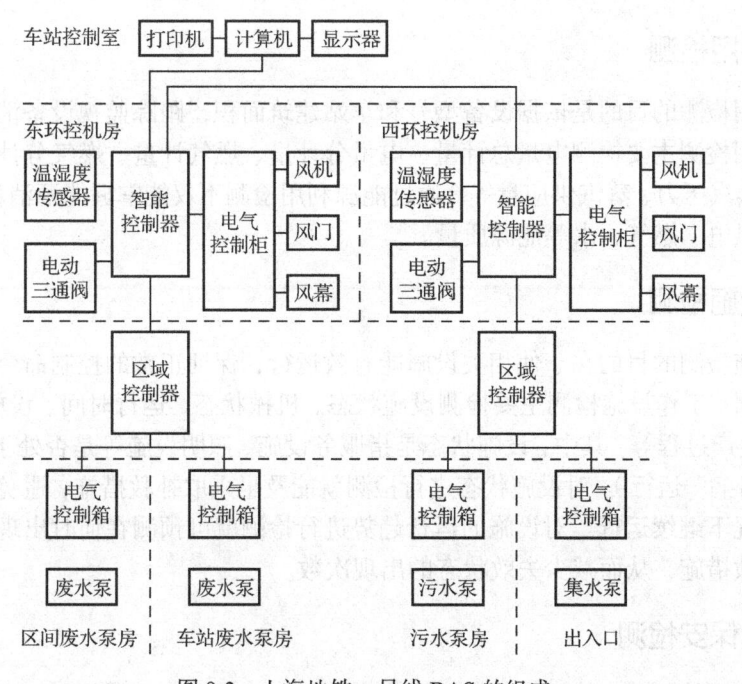

图 9-3 上海地铁一号线 BAS 的组成

车站控制室是监控中心。车站控制室内的设备包括计算机、显示屏、打印机、不间断电源和声光报警器等。机电值班人员可以从计算机屏幕上观察各种设备的运行情况，并进行指挥操作。

环控机房和电控室内的设备包括智能控制器、电气控制柜、温湿度传感器、各种控制阀，以及风机。

水泵房内的设备包括电气控制箱和各种水泵。

【拓展模块】

BAS 中的信息检测

在车站，BAS 中的信息检测包括室内环境检测，能源利用检测，工作设施检测和消防、保安检测等。

一、室内环境检测

室内环境检测的目的在于检测用于车站及其服务设施的控制参数或控制方法是否达到预期效果，其中控制参数主要包括空间温度、空气流速和通风率、相对湿度、空气污染程度、照明度等。在车站内工作或等待乘降的人员对室内温度、相对湿度和空气新鲜度等，都希望达到令人满意的舒适范围。例如，就室内温度和相对湿度而言，分别要求在 23～27℃ 和 30%～60% RH 范围内。一般将实际检测得到的环境衡量指标与事先设定的舒适度衡量指标进行动态比较，一旦出现明显的指标偏差，计算机即指示相关执行机构对有关设备的运行状态做出参数或工况调整，以保证实际现场环境的指标值在设定的允许范围内波动。

二、能源利用检测

能源利用检测的目的是依据设备型号和车站建筑面积，跟踪监视设备消耗及利用的状况。能源利用检测主要检测电量总计量、电量分计量、燃气计量、燃气分计量、供水量、供水温度、蒸汽压力、蒸汽供应量等。通过能源利用检测不仅能掌握能源消耗的实时动态，还能监控所供电、燃气、水等能源质量。

三、工作设施检测

工作设施检测的目的在于使相关设施能有效运行，保证正常的控制命令执行，为设施控制提供数据。工作设施检测主要检测设施状态、机械状态、运行时间、设施的运行趋势、电源电压、生产过程等。其中，设施状态是指服务设施、照明设施等是否处于失效状态（出现故障或"带病"运行）。对设施状态进行检测就能及早采取补救措施，避免设施在联锁机构失灵的情况下继续运行。对设施的运行趋势进行检测就可预测在何时出现失效状态，并及时采取补救措施，从而减少失效状态的出现次数。

四、消防、保安检测

消防、保安检测的目的在于及早获得火灾、保安报警和支援的信息。消防、保安检测的主要检测进入车站人员的占有率、车站空间和管道温度、烟尘度等。

在从检测现场获得数据和进行数据分析的同时，也需要由计算机向相关设备发送控制命令，驱动这些设备按一定的要求工作。一般计算机必须驱动的设备如下。

（1）继电器和接触器：用于开关电器设备、风机、水泵、压缩机等。
（2）电动调节风门：包括开关型和全调制型两种类型。
（3）调节阀：包括开关型和全调制型两种类型。
（4）闭环控制器。

前三项设备通过计算机对服务设施实现直接控制。第四项设备则是通过计算机对服务设施实现监督控制。

任务二　BAS 操作界面的使用

下面以南京地铁一号线南延线 BAS 为例，详细介绍 BAS 操作界面的使用方法。

【实操模块】

［实训任务］
BAS 操作界面的使用。

［实训目的］
会使用 BAS 操作界面。

［实训要求］
（1）熟悉 BAS 操作界面的结构。
（2）熟悉 BAS 操作界面的使用方法。

［实训环境］
具有 BAS 的地铁车站或具有仿真 BAS 的实训室。

［实训指导］
指导老师先进行介绍和操作演示，学生再进行实操训练。

一、BAS 软件的启动

在启动 BAS 软件之前必须先打开操作员工作站。在开机时，必须输入用户名和密码，才能启动计算机。

BAS 软件的启动分自动启动和手动启动两种情况。

如果在安装软件时设置为自动启动，则在开机后，当计算机操作系统启动完成后，BAS 会自动启动并运行所需的软件；如果在安装软件时没有设置自动启动，则在计算机启动完成后，双击桌面上 图标，即可手动启动 BAS 所需软件。

二、BAS 操作界面的结构

1. 主界面

车站的 BAS 主界面如图 9-4 所示，可划分为标题栏（最上部一栏）、工作区（中部大部分区域）、报警信息提示栏、主功能区（最下面一栏）等区域。

2. 登录

① 单击"用户登录"按钮，弹出如图 9-5 所示的 BAS 登录界面。

车站站务员在使用 BAS 时，第一步应使用车站操作员级别的用户名及密码登录 BAS，要注意不得向其他人员泄露密码，并在 BAS 使用完毕后，注销用户。BAS 将记录下每个登录者的操作过程。

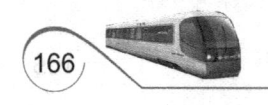

3. 报警信息提示栏（如图 9-6 所示）

在报警信息提示栏中，可以显示当前报警日期和时间；可以显示未确认报警总数；可以查询报警内容；"报警消音"按钮用于"关闭""打开"声音报警；"确认报警"按钮用于对报警信息进行确认；"查看汇总"按钮用于查看所有报警信息，如图 9-6 所示。

图 9-4　车站的 BAS 主界面

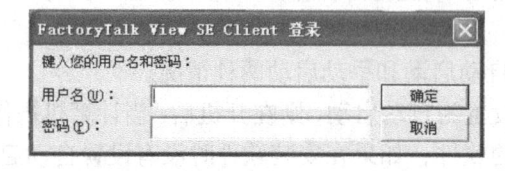

图 9-5　BAS 登录界面

图 9-6　报警信息提示栏

4. 主功能区（如图 9-7 所示）

主功能区包含若干个系统按钮，单击某个系统按钮即可进入相应系统界面。这些系统按钮包括"网络图"按钮、"平面图"按钮、"空调系统"按钮、"排水系统"按钮、"照明导向"按钮、"电扶梯"按钮、"传感器"按钮、"暖通模式"按钮、"照明模式"按钮、"时间表"按钮、"其他"按钮。

图 9-7　主功能区

三、设备图标

1. 单体设备控制优先级

单体设备控制优先级见表 9-1。

表 9-1　设备单体控制优先级

优先级	控制状态
1	就地
2	PC 控制
3	自动控制

2. 风机

当风机运行时，风机图标中心的叶片转动；当风机发生故障时，风机图标黄、灰闪烁；当风机停止时，风机图标中心的叶片静止。当风机被设置为非自动模式时，相应风机图标旁边出现"就地""车站""OCC"字样。其中，"就地"表示设备处于就地控制状态，"车站"表示设备处于车站手动控制状态，"OCC"表示设备处于运行控制中心手动控制状态。

单击相应的风机图标可对所选设备进行操作。

（1）普通风机（单速风机、双速风机）图标说明见表 9-2。

表 9-2　普通风机图标说明

编号	典型图标状态	说明
1		表示风机停止
2		表示风机故障
3		表示风机运行

（2）变频风机图标说明见表 9-3。

表 9-3　变频风机图标说明

编号	典型图标状态	说明
1		表示风机停止
2		表示风机故障
3		表示风机运行

（3）轴流风机图标说明见表 9-4。

表 9-4　轴流风机图标说明

编号	典型图标状态	说明
1		表示风机运行
2		表示风机故障
3		表示风机停止

（4）射流风机图标说明见表9-5。

表9-5　射流风机图标说明

编　号	典型图标状态	说　　明
1		表示风机运行
2		表示风机故障
3		表示风机停止

3．空调机组

当空调机组运行时，空调机组图标中心的叶片转动；当空调机组发生故障时，空调机组图标呈红色；当空调机组停止时，空调机组图标中心的叶片静止。当空调机组被设置为非自动模式时，相应空调机组图标旁边出现"就地""车站""OCC"字样。其中，"就地"表示设备处于就地控制状态，"车站"表示设备处于车站手动控制状态，"OCC"表示设备处于运行控制中心手动控制状态。

单击相应的空调机组图标可对所选设备进行操作。空调机组图标说明见表9-6。

表9-6　空调机组图标说明

编　号	典型图标状态	说　　明
1		表示过滤网报警中
2		表示空调机组故障
3		表示空调机组过载
4		表示空调机组运行
5		表示空调机组停止

4．阀门（风阀、水阀）

当阀门被设置为非自动模式时，相应的阀门图标旁边出现"就地、"车站""OCC"字样。其中，"就地"表示设备处于就地控制状态；"车站"表示设备处于车站手动控制状态；'"OCC"表示设备处于运行控制中心手动控制状态。

单击相应的阀门图标可对所选设备进行操作。

（1）开关型电动组合风阀图标说明见表9-7。

表9-7　开关型电动组合风阀图标说明

编　号	典型图标状态	说　　明
1		表示风阀完全打开
2		表示风阀完全关闭
3		表示风阀报警

（2）开关调节型电动组合风阀图标说明见表9-8。

项目九　机电设备控制系统

表 9-8　开关调节型电动组合风阀图标说明

编　号	典型图标状态	说　　明
1		表示风阀完全打开
2		表示风阀并未全开/关，存在开度
3		表示风阀完全关闭
4		表示风阀报警

（3）电动蝶阀图标说明参表 9-9。

表 9-9　电动蝶阀图标说明

编　号	典型图标状态	说　　明
1		表示打开，开度显示为 100%
2		表示完全关闭，开度显示为 0
3		表示超时故障

5. 照明配电箱

（1）照明配电箱图标。

照明配电箱分为工作照明配电箱、广告照明配电箱、节电照明配电箱、区间照明配电箱和导向照明配电箱 5 种。BAS 操作界面上 5 种照明配电箱的图标如图 9-8 所示。

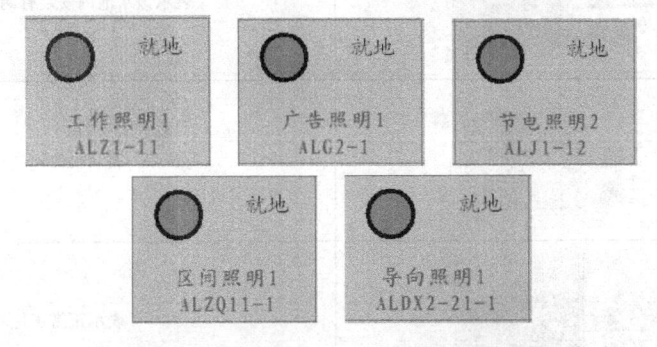

图 9-8　BAS 操作界面上 5 种照明配电箱的图标

（2）设备代号。

照明配电箱的设备代号组成如图 9-9 所示。例如，"ALZ1-11"表示站台层 11#工作照明配电箱。

（3）操作说明。

单击 BAS 操作界面上相应的照明配电箱图标可对所选设备进行操作。如图 9-8 所示的 5 种照明配电箱处于就地、分闸状态。其中，"就地"用于指示该照明配电箱处于"就地"控制状态还是"BAS"控制状态；"●"用于描述工作照明处于"合闸"还是"分闸"状态（绿色表示配电箱合闸，灰色表示配电箱分闸）。

6. 水泵

水泵图标说明见表 9-10。单击相应的水泵图标可对所选设备进行操作。

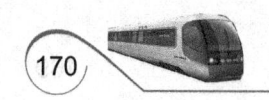

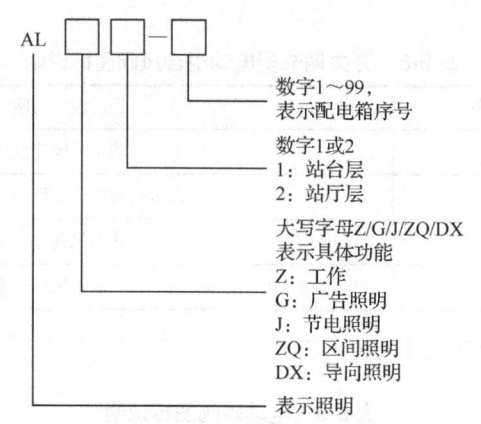

```
AL □□-□
      │ │ │
      │ │ └─ 数字1~99,
      │ │    表示配电箱序号
      │ │
      │ └─── 数字1或2
      │      1：站台层
      │      2：站厅层
      │
      └───── 大写字母Z/G/J/ZQ/DX
             表示具体功能
             Z：工作
             G：广告照明
             J：节电照明
             ZQ：区间照明
             DX：导向照明
   └──────── 表示照明
```

图 9-9 照明配电箱的设备代号组成

表 9-10 水泵图标说明

编号	典型图标状态	说　　明
1	1#泵 2#泵 3#泵（水池内三台水泵）	表示该水池内安装有三台水泵
2	1#泵 2#泵（水池内两台水泵）	表示该水池内安装有两台水泵
3	1#泵 2#泵（水位高）	表示水位超高
4	1#泵 2#泵（水位正常）	表示正常水位
5	1#泵 2#泵（水位低）	表示水位超低
6	泵	表示水泵停止
7	1#泵	表示水泵故障
8	←1#泵	表示水泵运行

项目九 机电设备控制系统

7. 电梯

单击相应的电梯图标可对所选设备进行操作。

通过单击电梯图标，可以弹出电梯属性框，查看电梯运行状态，如图 9-10 所示。

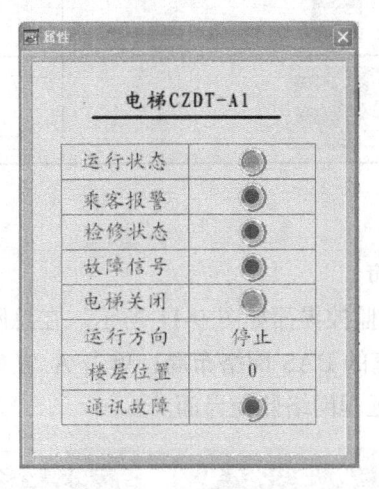

图 9-10　电梯属性框

8. 扶梯

扶梯图标说明见表 9-11 所示。

单击相应的扶梯图标可对所选设备进行操作。

表 9-11　扶梯图标说明

编　号	典型图标状态	说　　明
1		表示扶梯处于停止状态
2	FT-A1　上	表示扶梯处于上行状态
3	FT-A1　下	表示扶梯处于下行状态

9. 其他设备

车站 BAS 负责监控的其他设备还包括冷却水泵、冷却水塔、冷水机组、后备空调等，其图标说明见表 9-12 所示。

单击相应的其他设备图标可对所选设备进行操作。

表 9-12　其他设备图标说明

编　号	典型图标状态	说　　明
1		表示冷却水泵

续表

编号	典型图标状态	说明
2		表示冷却水塔
3	蒸发器 手动 冷凝器	表示冷水机组

四、各系统的监控界面

1. 总网络系统监控界面

车站 BAS 的总网络系统监控界面如图 9-11 所示。在总网络系统监控界面中，可显示综合控制室，南北两端环控室的 BAS 网络布局；单击 A 端 RI/O 或 B 端 RI/O，可进入 A 端远程网络监控界面或 B 端远程网络监控界面。

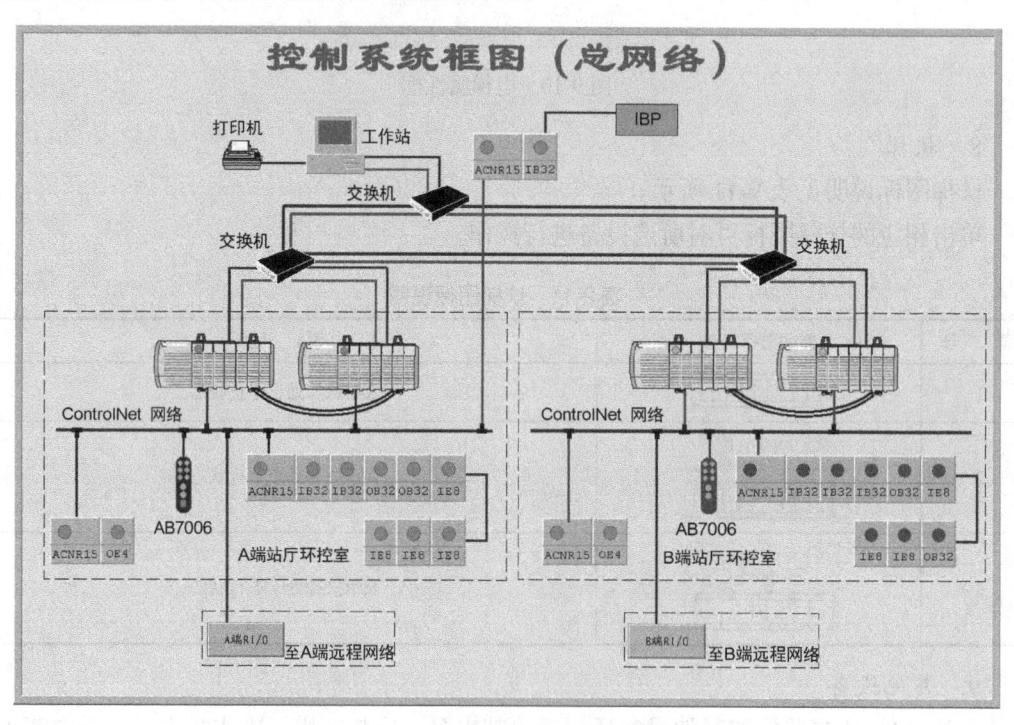

图 9-11 车站 BAS 的总网络系统监控界面

2. 环控系统监控界面

环控系统主要包括车站空调大系统、车站空调小系统、空调水系统和隧道通风系统。

（1）车站典型空调大系统监控界面。

车站典型空调大系统监控界面如图 9-12 所示。

操作注意事项：

车站主送/排风机启动前必须将与其联锁的风阀打开；

风阀关闭前必须将与其联锁的送/排风机关闭。

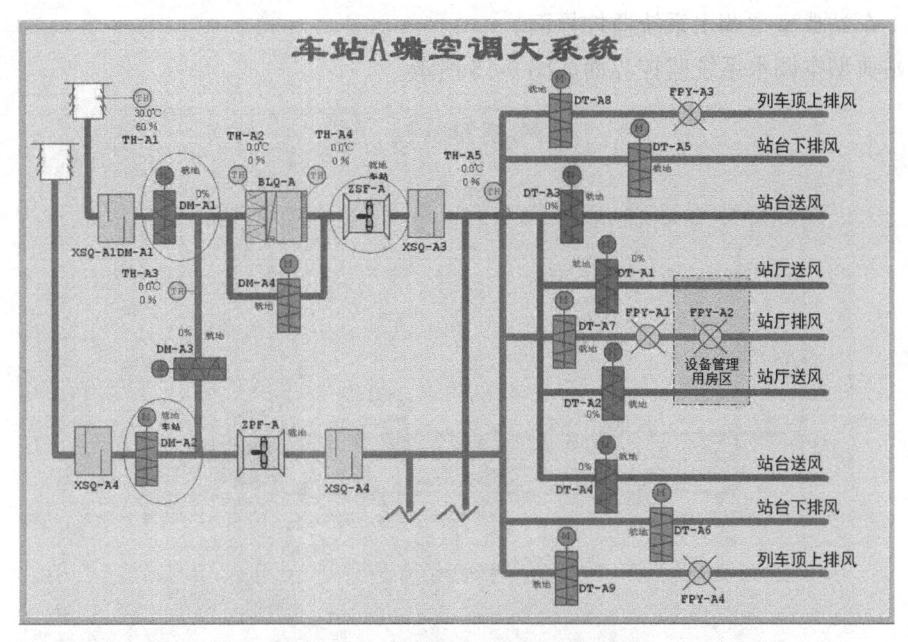

图 9-12　车站典型空调大系统监控界面

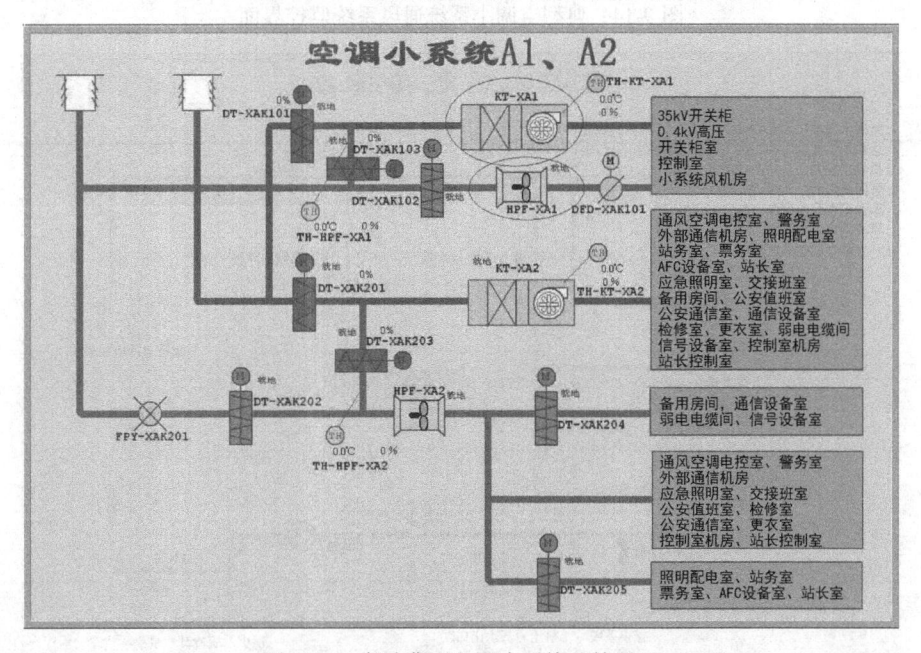

图 9-13　车站典型空调小系统监控界面

（2）车站典型空调小系统监控界面。

车站典型空调小系统及其通风系统监控界面如图 9-13 和图 9-14 所示。

操作注意事项：

空调机组启动前必须将与其联锁的风阀打开；

所有小系统送/排风机启动前必须将与其联锁的风阀打开。

（3）车站典型空调水系统监控界面。

车站典型空调水系统监控界面如图 9-15 所示。

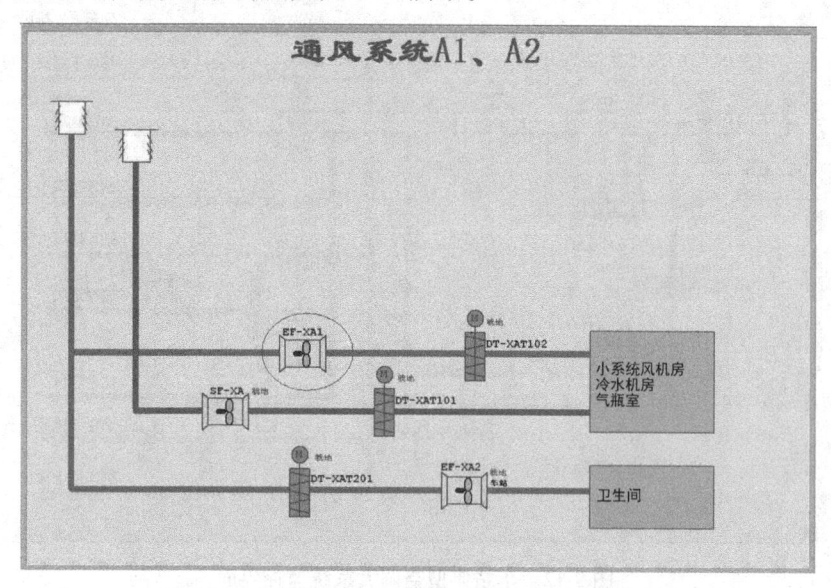

图 9-14　典型空调小系统通风系统监控界面

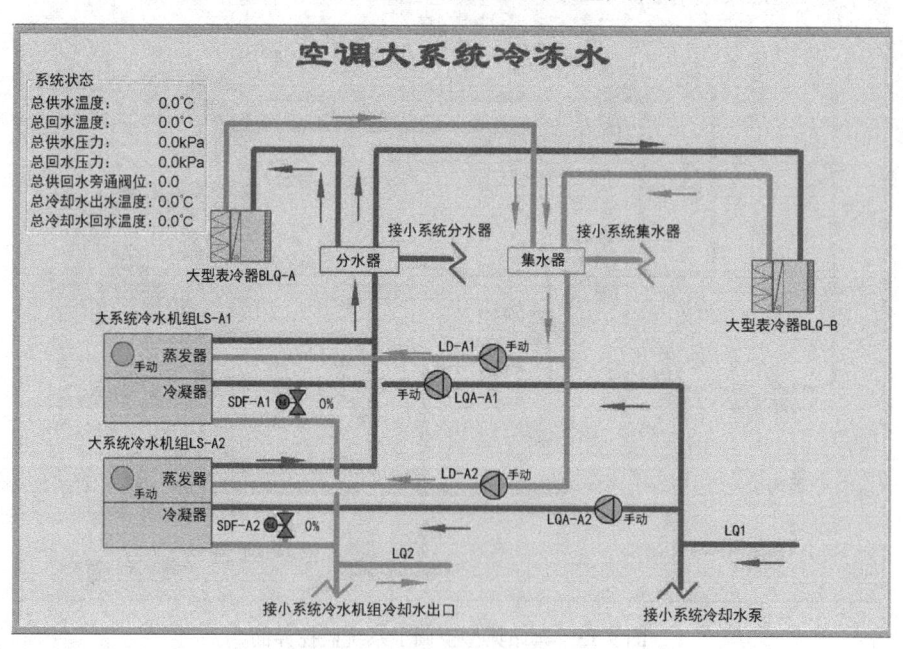

图 9-15　车站典型空调水系统监控界面

（4）典型隧道通风系统监控界面。

典型隧道通风系统监控界面如图 9-16 所示，主要显示事故风机、区间射流风机的当前状态。

操作注意事项：

风机启动前必须将与其联锁的风阀打开；

风阀关闭前必须将与其联锁的风机关闭。

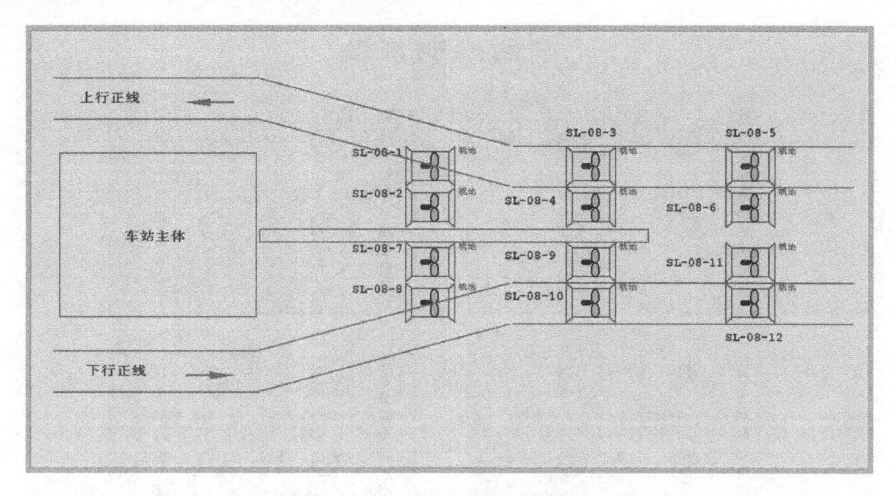

图 9-16　典型隧道通风系统监控界面

3. 车站典型给排水系统监控界面

车站典型给排水系统监控界面如图 9-17 所示，主要显示废水池、污水池、区间排水池及相关排水泵、污水泵的运行状态。

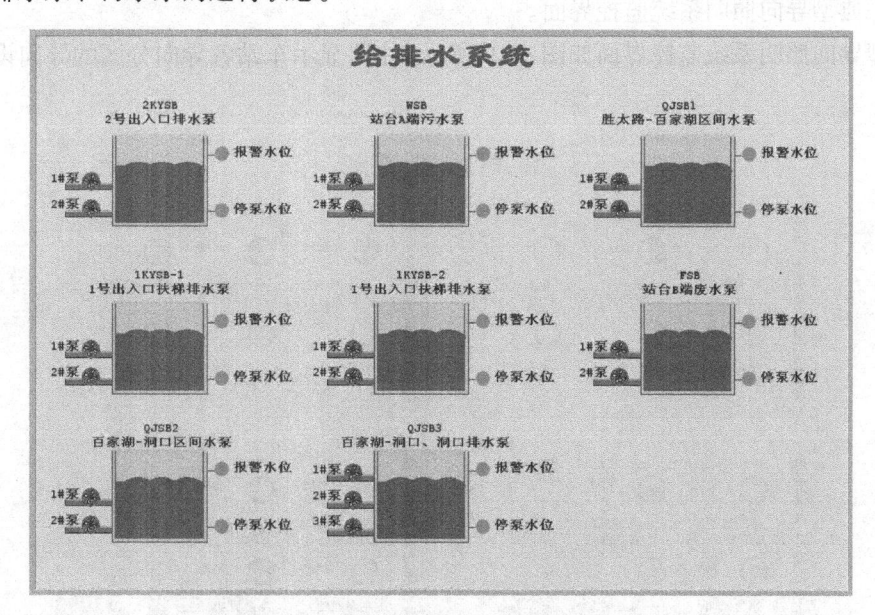

图 9-17　车站典型给排水系统监控界面

4. 照明系统监控界面

照明系统包括车站照明系统、导向照明系统、广告照明系统和区间照明系统。

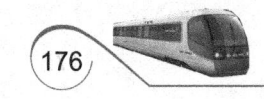

（1）典型车站照明系统监控界面。

典型车站照明系统监控界面如图9-18所示，主要显示车站各照明分区的照明设备运行状态。

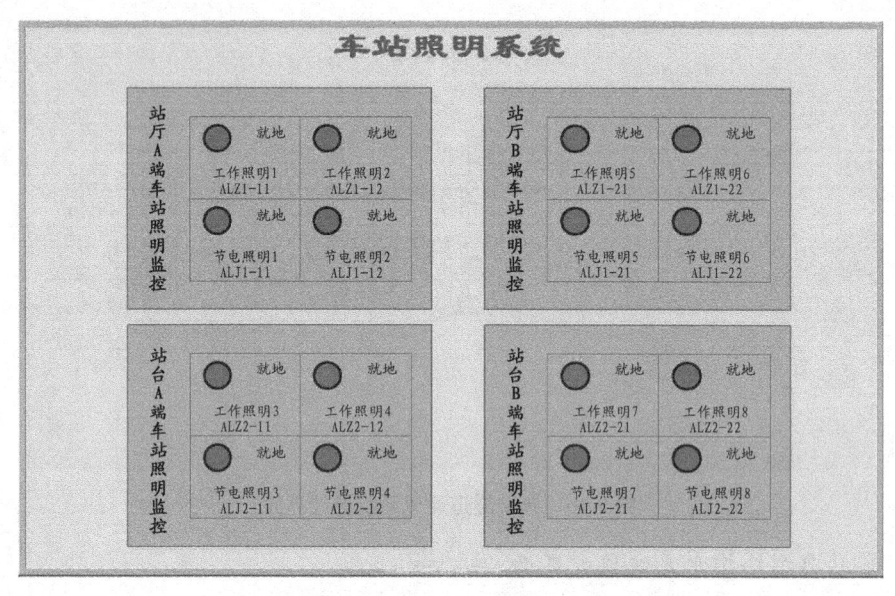

图9-18 典型车站照明系统监控界面

（2）典型导向照明系统监控界面。

典型导向照明系统监控界面如图9-19所示，主要显示车站各导向分区的导向设备运行状态。

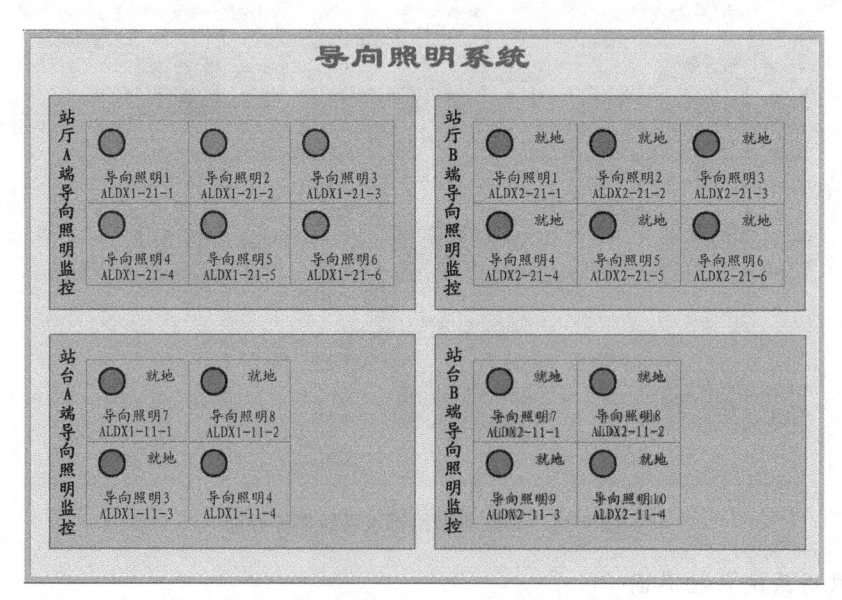

图9-19 典型导向照明系统监控界面

（3）典型广告照明系统监控界面。

典型广告照明系统监控界面如图 9-20 所示，主要显示车站广告照明设备运行状态。

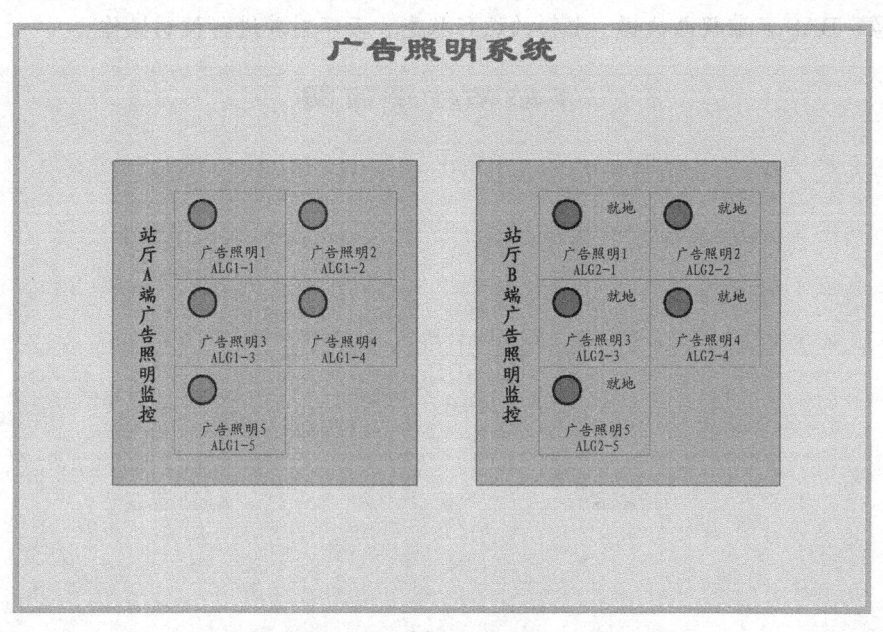

图 9-20　典型广告照明系统监控界面

（4）典型区间照明系统监控界面。

典型区间照明系统监控界面图 9-21 所示，主要显示车站区间照明设备运行状态。

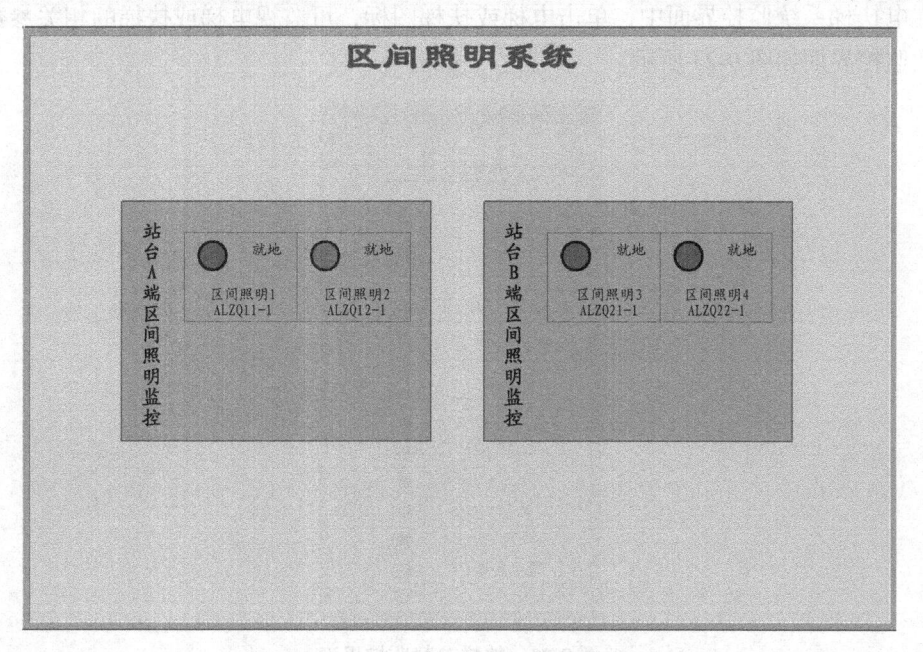

图 9-21　典型区间照明系统监控界面

5. 典型电扶梯系统监控界面

典型电扶梯监控界面如图 9-22 所示，主要显示车站各个电扶梯、电梯当前的运行状态。

注意：BAS 只监视电扶梯、电梯的运行状态，而不对其进行控制操作。

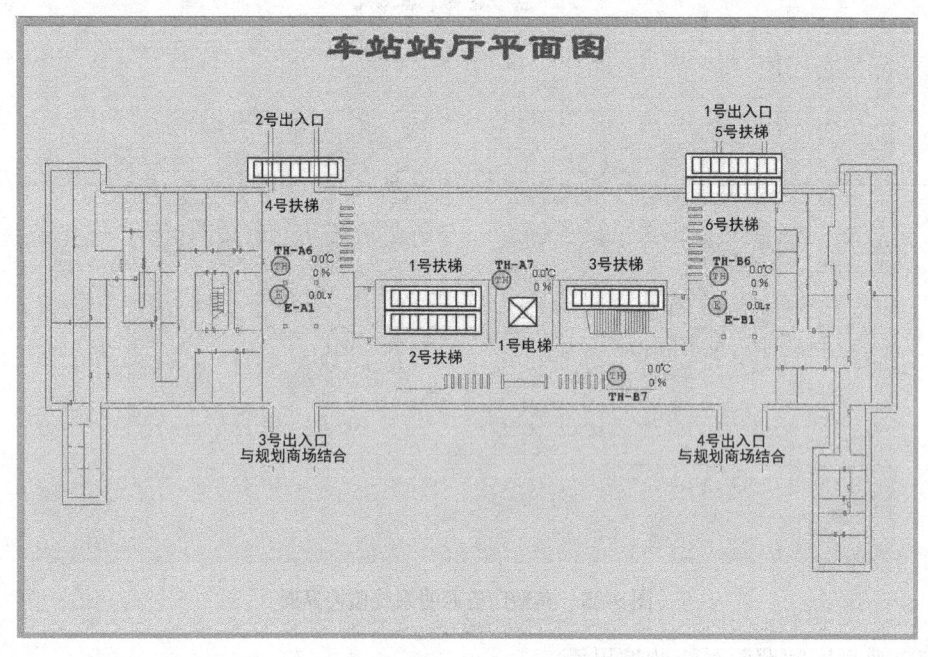

图 9-22　典型电扶梯系统监控界面

在电扶梯系统监控界面中，单击电梯或扶梯图标，可监视电梯或扶梯的相关参数。扶梯参数监控界面如图 9-23 所示。

图 9-23　扶梯参数监控界面

6. 典型安全门系统监控界面

典型安全门系统监控界面如图 9-24 所示，主要显示车站各安全门当前的运行状态。

注意：BAS 只监视安全门运行状态，不对其进行控制操作。

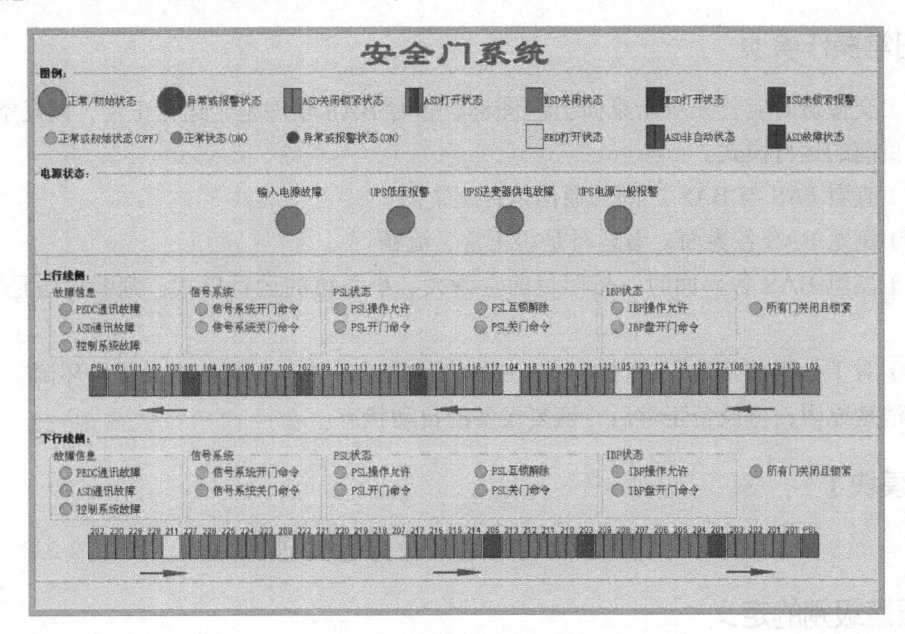

图 9-24 典型安全门系统监控界面

五、用户权限

对于车站 BAS 软件，具有参观者、操作员和管理员三级管理权限。

1. 参观者

参观者具有最低等级的管理权限。它的管理权限如下。

（1）可以查看设备画面，观察设备状态。

（2）不能操作设备。

（3）不能更改时间表，不能变更模式等。

（4）不能修改用户名和密码，不能增减用户，不能变更用户权限。

（5）不能退出系统。

2. 操作员

操作员的管理权限如下。

（1）具有参观者的所有管理权限。

（2）可以手动操作设备。

（3）可以变更时间表，可以手动发出模式变更。

（4）可以修改自己的密码，但不能修改用户名，也不能增减用户，不能变更用户权限。

（5）不能退出系统。

3. 管理员

管理员具有最高等级有的管理权限。它的管理权限如下。

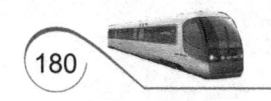

（1）具有操作员的所有管理权限。

（2）可以增减用户，可以变更用户名、用户权限，可以修改任何用户的密码。

（3）可以退出系统。

六、日常操作事项

（1）交接班时应首先双击桌面上 🖥 图标，查看 BAS 软件是否运行正常，以及空调大、小系统目前的运行模式。

（2）查看 FAS 与 BAS 之间的通信是否正常。

（3）浏览 BAS 各界面，看运行是否正常、流畅。

（4）浏览 BAS 各界面时，按照目前空调大、小系统的运行模式，判断设备是否运行正确。

（5）对于处于"就地""车站""OCC"状态的设备，应向交接班人员或环调、机电人员询问清楚原因；待设备正常后，恢复设备的自动状态。

【拓展模块】

报警级别的定义及报警处理原则

一、报警级别的定义

BAS 在发现系统出现事故或故障时将进行报警。根据事故或故障的严重程度，报警分为以下几个级别（按严重程度从高到低排序）。

（1）特大灾害（严重程度1级）：包括隧道火灾，车站站台、站厅火灾。

（2）灾害（严重程度2级）：包括车站附属用房火灾。

（3）普通灾害（严重程度4级）：列车在隧道内发生阻塞事故。

（4）故障（严重程度6级）：包括风机、水泵的设备故障，电动机过热（线圈温度、轴温超标）、变频器故障，冷水机组报警等。

（5）一般故障（严重程度7级）：控制器故障，通信中断，设备动作超时，传感器数据错误，污水泵水位越限，空调机组过滤器压力差超限（过滤网阻塞），模拟量越限等。

二、报警处理原则

站务人员在发现有报警时应及时处理，而处理的一般原则如下。

（1）对于一般故障（严重程度7级）报警，直接确认即可。

（2）对于故障（严重程度6级）报警，应报环调，由环调根据实际情况处理。

（3）对于普通灾害（严重程度4级）报警，主要依赖运行控制中心处理；在自动控制失去作用时，要根据环调人员的要求开启相应风机，并注意风机的转向。

（4）对于灾害（严重程度2级）报警，在确认火情后，运行控制中心向相关车站发送相应的火灾模式，启动大功率事故风机；在自动控制失去作用时，站务人员要手动按下对应车站控制室的综合后备盘上的按钮。

项目九 机电设备控制系统

(5) 对于特大灾害（严重程度 1 级）报警，通过火灾报警系统、BAS 接口，接收火灾报警系统发送的火灾模式信号，BAS 根据火灾模式启动对应的事故模式，实现关联设备的运行，保证灾害情况下通风设备的正常运行；在自动控制失去作用时，站务人员要手动按下对应车站控制室的综合后备盘上的按钮。

注意：

上述各种报警状况消除后，应全面检查设备状态，使其恢复到原始状态。对于灾害报警（含区间阻塞、区间火灾、车站火灾），BAS 同一时间只能执行一个事故模式，在未复位以前，对于再给出的事故模式信号，BAS 不会执行。

任务三 BAS 对空调系统模式的控制

BAS 可控制车站空调系统工作于空调大系统模式、空调小系统模式和隧道系统模式。这 3 种系统模式又可分为正常通风模式、停机模式、火灾模式、阻塞模式（仅隧道系统模式有）。

一、空调大系统模式

1. 进入空调大系统模式界面

(1) 在主功能区，单击"暖通模式"按钮。

(2) 在图层区，单击"空调大系统"按钮，弹出如图 9-25 所示的界面。

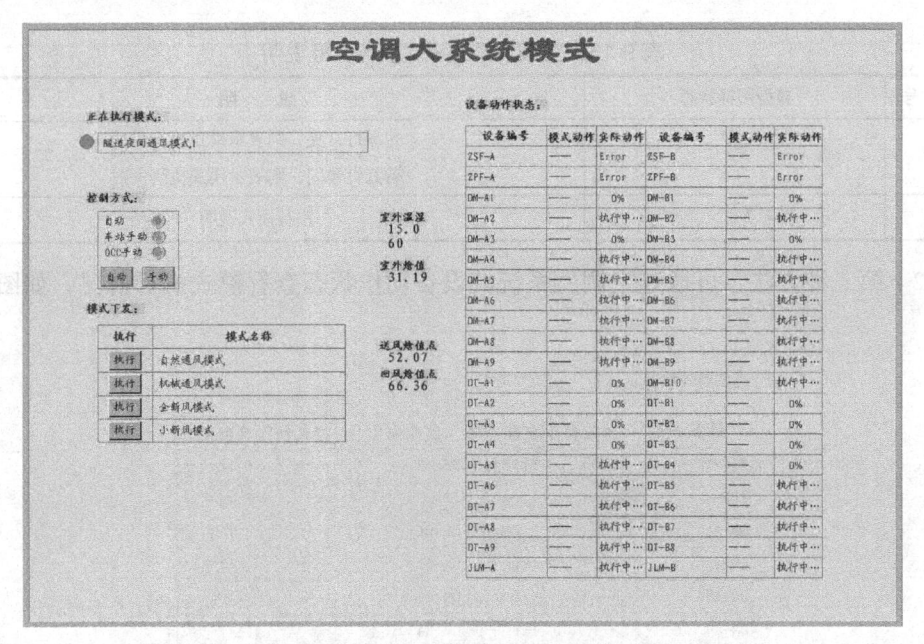

图 9-25 空调大系统模式界面

在空调大系统模式界面中，左上角显示当前正在执行模式，右侧显示设备动作状态；左中侧可调整控制方式为"自动"或"手动"，且当控制方式设置为"自动"时，相应的"手动"按钮失效,当控制方式设置为手动时,可手动下发相应的模式。

2. 手动下发模式步骤

(1)单击如图 9-26 所示的空调大系统控制方式中的"手动"按钮。

(2)单击图 9-27 中的"执行"按钮即可使空调大系统执行相应的模式。

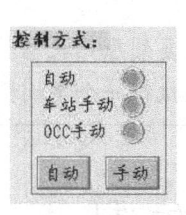

图 9-26　空调大系统的控制方式

图 9-27　空调大系统的模式

3. 模式执行成功或失败的查看方法

(1)第一种方法:当空调大系统无论执行哪个模式(正常通风模式、火灾模式、区间阻塞模式或停机模式),操作人员可通过空调大系统模式界面查看正在执行哪个模式及其是否执行成功,如图 9-28 所示。空调大系统模式执行图标说明见表 9-13。

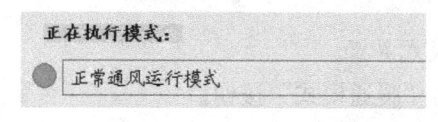

图 9-28　空调大系统正在执行模式

表 9-13　空调大系统模式执行图标说明

编号	典型图标状态	说　　明
1	●	若绿灯常亮,则表示模式执行成功 若红灯慢闪,则表示模式执行失败
2	预留	执行模式说明

(2)第二种方法:可通过空调大系统的设备动作状态查看模式执行情况,如图 9-29 所示。

图 9-29　空调大系统的设备动作状态

若模式执行成功，则"模式动作"栏和"实际动作"栏中的内容完全一致。

若模式执行失败，则"模式动作"栏和"实际动作"栏中的有一个或几个内容不一致。

二、空调小系统模式

1. 进入空调小系统模式界面

（1）在主功能区，单击"暖通模式"按钮。

（2）在图层区中，单击"空调小系统"按钮，弹出如图 9-30 所示的界面。

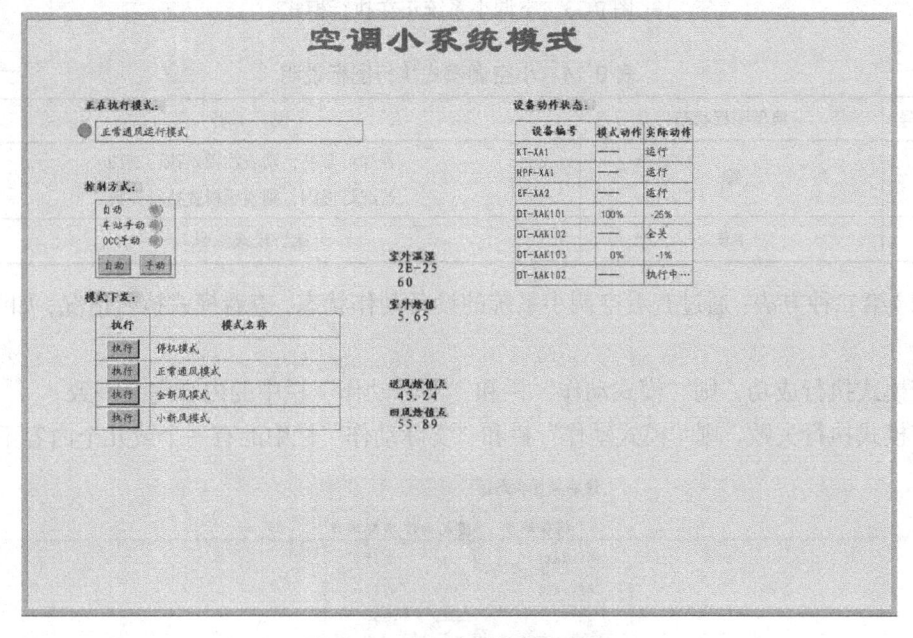

图 9-30　空调小系统模式界面

在空调小系统模式界面中，左上角显示当前正在执行模式；右侧显示设备动作状态；左中侧可调整控制方式为"自动"或"手动"，且当控制方式设置为"自动"时，相应的手动下发模式失效，当控制方式设置为"手动"时，可手动下发模式。

2. 手动下发模式步骤

（1）单击如图 9-31 所示的空调小系统控制方式中的"手动"按钮。

（2）单击如图 9-32 所示的"执行"按钮，手动开启相应模式。

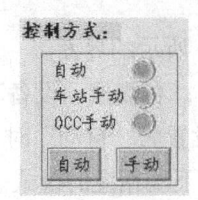

图 9-31　空调小系统的控制方式　　　　图 9-32　空调小系统的模式

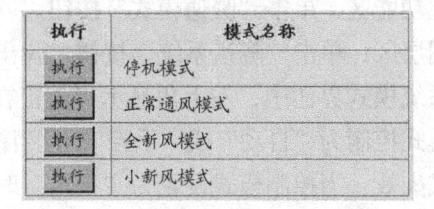

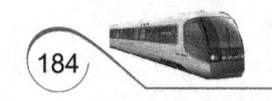

3. 模式执行成功或失败的查看方法

（1）第一种方法：当空调小系统无论执行哪个模式（正常通风模式、火灾模式、区间阻塞模式或停机模式），操作人员可通过空调小系统模式界面查看正在执行哪个模式及其是否执行成功，如图9-33所示。小空调模式执行图标说明见表9-14。

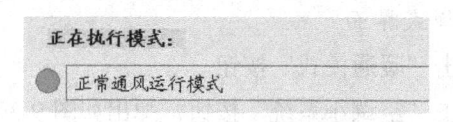

图 9-33　空调小系统正在执行模式

表 9-14　小空调模式执行图标说明

编　号	典型图标状态	说　　明
1	●	若绿灯常亮，则表示模式执行成功 若红灯慢闪，则表示模式执行失败
2	预留	执行模式说明

（2）第二种方法：通过查看空调小系统的设备动作状态，查看模式执行情况，如图9-34所示。

若模式执行成功，则"模式动作"栏和"实际动作"栏中的内容完全一致。

若模式执行失败，则"模式动作"栏和"实际动作"栏中的有一个或几个内容不一致。

图 9-34　空调小系统的设备动作状态

三、隧道系统模式

1. 进入隧道系统模式界面

（1）在主功能区，单击"暖通模式"按钮。

（2）在图层区，单击"隧道系统"按钮，弹出如图9-35所示的界面。

在隧道系统模式界面中，左上角显示当前正在执行模式；右侧显示设备动作状态；左中侧可调整模式控制为"自动"或"手控"，且当模式控制设置为"自动"时，相应的"手控"下发模式失效，当控制模式设置为"手动"时，可手动下发相应的模式。

项目九　机电设备控制系统

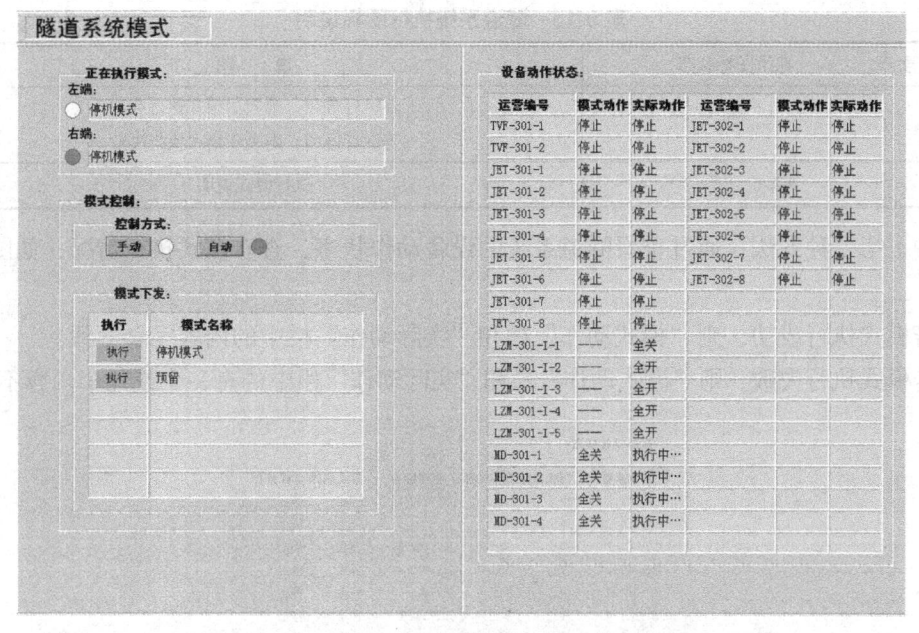

图 9-35　隧道系统模式界面

2. 手动下发模式步骤

（1）单击如图 9-36 所示的隧道系统控制方式中的"手动"按钮。

（2）单击图 9-37 中的"执行"按钮即可使隧道系统执行相应的模式。

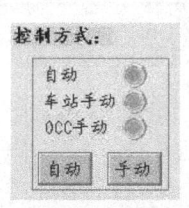

图 9-36　隧道系统的控制方式　　　　图 9-37　隧道系统的模式

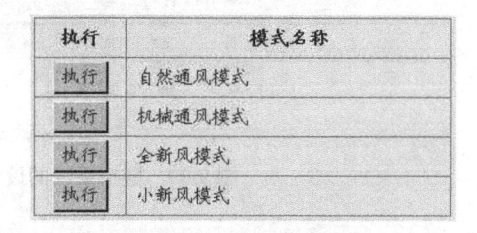

3. 模式执行成功或失败的查看方法

（1）第一种方法：当隧道系统无论执行哪个模式（正常通风模式、火灾模式、区间阻塞模式或停机模式），操作人员可通过隧道系统模式界面查看正在执行哪个模式及其是否执行成功，如图 9-38 所示。隧道系统执行图标说明见表 9-15。

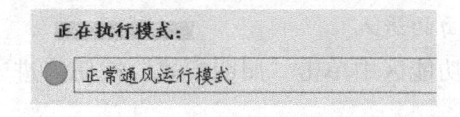

图 9-38　隧道系统正在执行模式

表 9-15　隧道系统执行图标说明

编　号	典型图标状态	说　明
1		若绿灯常亮，则表示模式执行成功 若红灯慢闪，则表示模式执行失败
2	预留	执行模式说明

（2）第二种方法：通过查看隧道系统的设备动作状态，查看模式执行情况，如图 9-39 所示。

若模式执行成功，则“模式动作”栏和“实际动作”栏中的内容完全一致。

若模式执行失败，则“模式动作”栏和“实际动作”栏中的有一个或几个内容不一致。

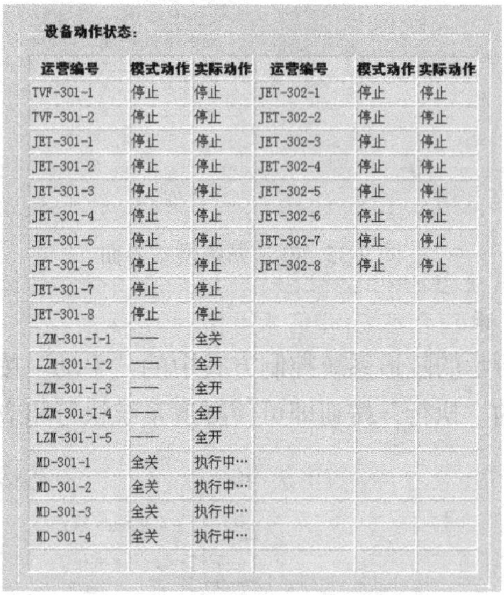

设备动作状态：

运营编号	模式动作	实际动作	运营编号	模式动作	实际动作
TVF-301-1	停止	停止	JET-302-1	停止	停止
TVF-301-2	停止	停止	JET-302-2	停止	停止
JET-301-1	停止	停止	JET-302-3	停止	停止
JET-301-2	停止	停止	JET-302-4	停止	停止
JET-301-3	停止	停止	JET-302-5	停止	停止
JET-301-4	停止	停止	JET-302-6	停止	停止
JET-301-5	停止	停止	JET-302-7	停止	停止
JET-301-6	停止	停止	JET-302-8	停止	停止
JET-301-7	停止	停止			
JET-301-8	停止	停止			
LZM-301-I-1	——	全关			
LZM-301-I-2	——	全开			
LZM-301-I-3	——	全开			
LZM-301-I-4	——	全开			
LZM-301-I-5	——	全开			
MD-301-1	全关	执行中…			
MD-301-2	全关	执行中…			
MD-301-3	全关	执行中…			
MD-301-4	全关	执行中…			

图 9-39　隧道系统的设备动作状态

任务四　BAS 对广告照明系统模式的控制

在 BAS 中，照明系统有广告照明系统模式、工作照明系统模式、导向照明系统模式和区间照明系统模式，在 BAS 操作界面上对这些模式的控制操作基本一样。下面以广告照明系统模式为例，详细介绍车站照明系统界面的进入、控制方式的变更及模式执行情况的判断方法。

1. 车站照明系统界面的进入

在 BAS 主界面的主功能区中单击“照明模式”按钮，进入车站照明系统界面，如图 9-40 所示。

2. 控制方式的变更

在车站照明系统界面中，单击“广告照明”按钮，弹出如图 9-41 所示的广告照明系统模式界面。

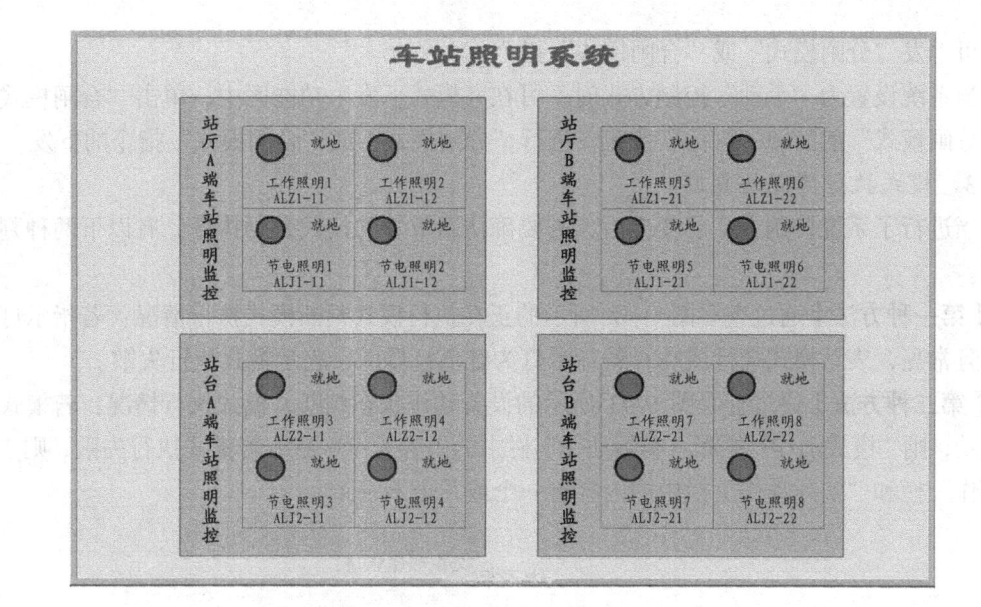

图 9-40 车站照明系统界面

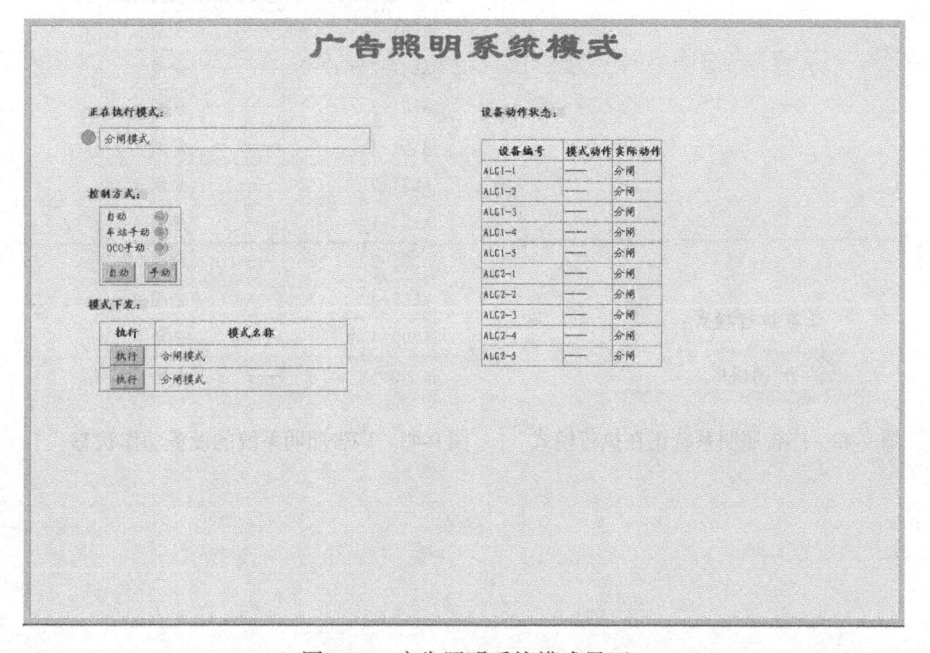

图 9-41 广告照明系统模式界面

在广告照明系统模式界面中,有"正在执行模式""控制方式""模式下发""设备动作状态"4个功能区。

可通过"控制方式"栏中的"自动"或"手动"按钮进行系统控制方式的变更。

在图 9-41 中,系统目前正处于"手动"控制方式。此时,可单击"自动"按钮,将系统控制方式变更为"自动"控制方式。

当控制方式设置为"自动"时,相应的手动下发模式失效;当控制方式设置为"手动"

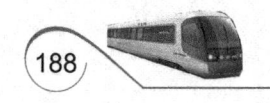

时，可下发"分闸模式"或"合闸模式"指令。

当系统设置为"手动"控制方式时，可在"模式下发"功能区中，单击"合闸模式"或"分闸模式"前面的"执行"按钮，进行"分闸模式"或"合闸模式"指令的下发。

3. 模式执行情况的判断

当进行了系统控制方式的变更后，需要确认新下发的模式是否执行，有以下两种判断方法。

【第一种方法】通过查看图9-42所示的正在执行模式判断模式执行情况：若指示灯为绿色且常亮，表示模式执行成功；若指示灯为红色且慢闪，表示模式执行失败。

【第二种方法】通过查看图9-43所示的设备动作状态判断，模式执行情况：若模式执行成功，则"模式动作"栏和"实际动作"栏中的内容完全一致；若模式执行失败，则"模式动作"栏和"实际动作"栏中的内容有一个或几个不一致。

设备编号	模式动作	实际动作
ALG1-1	——	分闸
ALG1-2	——	分闸
ALG1-3	——	分闸
ALG1-4	——	分闸
ALG1-5	——	分闸
ALG2-1	——	分闸
ALG2-2	——	分闸
ALG2-3	——	分闸
ALG2-4	——	分闸
ALG2-5	——	分闸

正在执行模式：
● 分闸模式

图9-42　广告照明系统正在执行模式　　图9-43　广告照明系统的设备动作状态